U0449919

中国人民大学2020年度
"中央高校建设世界一流大学（学科）和特色发展引导专项资金"支持

智库丛书
Think Tank Series

国家发展与战略丛书
人大国发院智库丛书

房地产行业整合与并购策略

Strategy of Integration and M&A
in Real Estate Industry

中国人民大学国家发展与战略研究院城市更新研究中心
平安银行地产金融事业部   编著

中国社会科学出版社

图书在版编目（CIP）数据

房地产行业整合与并购策略／中国人民大学国家发展与战略研究院城市更新研究中心，平安银行地产金融事业部编著 .—北京：中国社会科学出版社，2020.8
（国家发展与战略丛书）
ISBN 978 - 7 - 5203 - 6964 - 0

Ⅰ.①房… Ⅱ.①中…②平… Ⅲ.①房地产业—企业兼并—研究—中国 Ⅳ.①F299.233

中国版本图书馆 CIP 数据核字（2020）第 145690 号

出 版 人	赵剑英
责任编辑	马　明
责任校对	王福仓
责任印制	王　超

出　　版	中国社会科学出版社
社　　址	北京鼓楼西大街甲 158 号
邮　　编	100720
网　　址	http://www.csspw.cn
发 行 部	010 - 84083685
门 市 部	010 - 84029450
经　　销	新华书店及其他书店
印　　刷	北京君升印刷有限公司
装　　订	廊坊市广阳区广增装订厂
版　　次	2020 年 8 月第 1 版
印　　次	2020 年 8 月第 1 次印刷
开　　本	710×1000　1/16
印　　张	23
插　　页	2
字　　数	288 千字
定　　价	128.00 元

凡购买中国社会科学出版社图书，如有质量问题请与本社营销中心联系调换
电话：010 - 84083683
版权所有　侵权必究

编 委 会

顾　　问：谢永林　胡跃飞　周　强
主　　编：秦　虹　刘潺棠　王子明
副 主 编：浦　湛　况伟大　罗华标　朱　崔
编　　委：刘　勇　贾　蕾　房利松　丁朝飞　刘　罡
　　　　　陈昌彧　黄烨华　钱　璞　申倩倩　丁言豪
　　　　　张莹方

序 一

改革开放以来，我国取得了举世瞩目的成就，用40多年时间走完了美国100多年、欧洲200多年的工业化和城市化进程，经济社会发生全面、深刻、历史性的变化。2018年，我国国内生产总值已经达到13.6万亿美元，占世界经济的近16%。40多年来，中国为世界经济发展注入了活力，助力世界经济朝着更好的方向迈进。

受世界经济增长放缓、保护主义和单边主义上升等因素影响，自党的十九大以来，我国经济由高速增长阶段转向高质量发展阶段，经济增速面临一定的下行压力，但中国经济发展拥有巨大的韧性、潜力和回旋余地。在供给侧结构性改革的持续推动下，我们欣喜地看到，近几年中国经济发展方式发生了重大转变，经济结构不断优化，新旧动能持续转换，经济发展质地更加优良。2020年是我国全面建成小康社会和"十三五"规划的收官之年，中央政治局会议提出"四个坚持"，全面做好"六稳"工作，推动中国经济行稳致远，不断迈向高质量发展。我们持续看好中国的发展，坚信未来中国仍将是世界经济增长的主要引擎之一,改革开放的深入推进将提供大量发展机会,中华民族伟大复兴必将实现。

房地产业经过20多年的高速发展,住房短缺时代宣告终结,城镇人均居住水平持续提升,行业即将告别高速增长阶段,进入平稳发展期。未来,随着多主体供给、多渠道保障、租购并举的住房制度和房地产长效机制的建立与完善,房地产行业的发展空间、增长动力、业务机会、投融资模式、竞争格局等都将发生重大变化。城镇化、人口集聚、城市更新、行业并购整合等,将成为行业持续发展的原动力,支撑起未来几年房地产行业"十万亿元"级别的开发销售规模。我国城镇化推进思路由重点发展中小城市转向以中心城市和城市群发展为核心,意味着房地产行业的业务机会将逐渐集聚在产业竞争力强、人口持续流入、住房需求旺盛的一二线城市和核心城市群。同时,房地产企业的角色定位也将从"开发建设"向"开发+运营""开发+服务"转变。房企充分利用住房的引流、聚流作用,建立"房地产+"生态系统,通过住房将物业服务、社区金融、购物、教育、医疗健康、体育运动等串联起来,深挖住户需求,围绕住房做足文章。

从未来政策导向来看,下一阶段,中央仍将坚持"房住不炒"的主基调,对于房地产行业的核心要求是平稳发展,既不托底经济,也不拖累经济,"稳地价、稳房价、稳预期"将成为行业发展的主要目标。根据国外发展经验,当房地产行业从高速发展期进入成熟期后,行业整体规模基本框定,增长空间面临天花板,行业内的并购整合机会增多,市场份额逐渐向龙头房企集中。行业并购整合是市场经济的重要特征,能够促进行业优胜劣汰,增强发展活力,优化资源配置。从并购方的角度来看,通过并购,可以快速增加房企的土地和项目资源储备，提升销售规模，扩大市场份额，实现弯道超车。同时，并购也是房企进行多元化布局的重要渠道，通过并购，可以迅速切入目标行业，积累专业人才和发展经验，规避业务风险。对于被并购方而言，通过项目或公司的股权转让，可以回笼资金，缓解财务压力，降低负债率，为企业下一步的发展布局储备资金。

目前，我国登记在册的房地产开发企业超过9万家，房地产业协会统计的有效房企数量3万多家，房企数量明显过多。房地产业从外延式发展向内涵式发展演进，行业并购整合大时代已经到来，预计未来并购规模还将呈增长态势。但房地产企业并购是一个复杂的过程，涉及规划、投资、设计、财务、法律、税务等问题，还存在信息不对称和企业文化不兼容的风险，对主并购房企的综合能力要求很高。为此，平安银行联合中国人民大学合作撰写了《房地产行业整合与并购策略》一书，提炼出房地产企业并购的四大策略，并对并购流程与关键环节进行逐一分析，排查并购风险点，提出防范措施，希望能为房地产企业和金融机构提供决策参考。

时代在变，行业在变，平安银行也在不断寻求突破和提升。我们依托团金会平台，充分发挥集团综合金融优势，通过与集团内各子公司高度协作，共同搭建"房生态"体系，践行"3+2+1"的对公经营战略，在投融资渠道、信息科技平台、资源对接整合、资产运营管理上，构建起一个以"金融+科技"为支撑、房地产产业链和金融供应链融合发展的集成服务体系，为房企客户提供开发贷款、并购融资、结构化融资、资产证券化、股权投资基金、旧改基金等一揽子的综合金融解决方案，满足客户的一站式、全周期需求。未来，我们愿继续携手房地产企业、政府、金融机构，积极支持行业并购整合，进一步创新服务模式，提升服务效率，助力行业行稳致远。

平安银行董事长　谢永林
二〇一九年十二月

序二 房地产业未来的结构性机会

自1998年住房制度改革以来,我国的房地产业得到快速发展。1998年,全国城镇人均住房面积只有18.7平方米,户均不到60平方米,到2018年,在常住人口增长了4.2亿人的情况下,人均住房面积达到39平方米。2010年,我国城镇已达户均一套房;到2015年,进一步提升至人均1.07间,3间以上的家庭达到全部家庭总数的56%,城镇住房的自有率达到79.2%。中国的住房建设发展仅用了20年就走完了发达国家上百年的历程,住房发展速度非常快。住房水平和经济发展是相适应的。根据中国住房水平和经济匹配度,当前我国城镇化率为60%,人均GDP接近1万美元,按照现在的发展水平,中国的住房发展没有拖城镇化的后腿,没有拖经济发展的后腿。目前,我国人均住房面积现状与国际上的发达国家比较,还是有空间的。

未来,房地产发展的空间将从过去的趋势性机会转向结构性机会。趋势性机会是指,过去20年,我国城镇化率还处于较低水平,所以无论大中小城市还是中东西部地区,各地房地产市场都随着城镇化水平的提高而发展。因此，我们将这种伴随城镇化和经济发展出现的机会称为趋势性机会。但目前在城镇住房总量短缺已不存在、城镇化进入高级发展阶段时，房地产市场的趋势性机会开始减少，更多地表现为结构性机会，主要存在在有结构性人口红利的地方和细分市场下的短板业态。

结构性人口红利发现在城市群和大都市圈地区。未来，中国将继续推动新型城镇化发展，因为城镇化发展是中国经济结构调整和经济发展方式战略性转型的重要一环。我们未来要走扩大内需促进经济发展的道路，城镇化正是扩大国内投资和国内消费的结合点，所以说城镇化是扩大内需的最大潜力所在。城镇化对房地产行业的发展同样具有积极意义。目前，我国城镇化率已达60%，进入高级发展阶段，按国际一般规律，这个时候城市群和大都市圈开始兴起，人口流动特征从一般意义上的农村人口进城转变为中小城镇人口向大城市群地区集聚。城市群能否快速发展，不取决于规划而取决于城镇的密度，即在一定区域范围内城镇数量的多与少及整体城镇化水平的高与低。城镇化水平较高和城镇密度大的地区，城市群发展的速度才会快。因此，并不是政府规划的所有城市群都有同等的发展速度。大都市圈的发展更是取决于多重因素，如中心城市本身的经济规模及空间规模，都市圈内基础设施是否有一体化的规划，特别是都市圈交通网形成速度的快与慢，城市圈内中心城市与周边城市能否形成专业化分工协作、城市功能和产业互补，都市圈内能否打破行政壁垒、营造规则、统一开放、在社会保障等方面建立协商合作等推动机制。城市群和大都市圈将成为产业最密集、经济最活跃的地方，因而给房地产市场发展带来了机会。

结构性人口红利还出现在本地城镇化潜力大的地区，即某些省市自身人口规模总量很大，但整体城镇化水平并不高。这类省市城镇化潜力很大，仍然存在大量农村人口进城的需求。尽管这些地区可能并不在大城市群快速发展的地方，但本地城镇化潜力巨大，给当地房地产市场带来很大的机遇。

细分市场下的短板业态是新商业、新旅游、新居住、新物流、新产业园区及城市更新。这些均涉及企业的多元化探索，表现为：一是细分新类型，即在原有传统开发领域细分出新的产品和业务类型。例如，长租公寓、蓝领公寓等产品实际就是从住房租赁中细分出的新类型。又如，联合办公物业是从传统办公地产中细分出的新类型。二是拓展新业态，即在传统业态之外开拓出新业态，或在传统开发边缘开拓出交叉业态。养老地产、旅游地产、物流地产、产业地产等均属于这种情况。三是开拓新空间，即虽然仍属于传统地产开发领域，但伴随城镇化发展和城乡空间结构变化，进而拓展出的新空间。例如，城市更新、特色小镇等近几年成为房地产企业投入的热点领域，实际就是找到了新空间。这些新领域、新业态与房地产开发旧模式相比，均面临着要从过去一次售房取得收入到未来依靠经营获得长期现金流的转变，这对开发企业都是新挑战。

房地产业加速整合是结构性机会的必然结果。与较为成熟的房地产市场相比，我国房地产业集中度依然有一定提升空间。一是房地产开发空间增长的减速必然导致行业整合。房地产市场进入存量时代以及行业进入成熟期后，资金和优质土地资源将进一步向龙头房企集中。整合的诉求，一方面，来自房企对规模效应的追求，销售规模成为房企实力的重要表征，可为房企融资、拿地带来极大便利，因此大型房企通过区域深耕、高周转、快销售等方式做大规模；另一方面，随着金融严监管，中小房企融资难度加大，加之部分城市土地出让时对房企开发资质和规划设计能力要求较高，资金和土地逐渐向龙头房企集中，中小房企融资、拿地受困，有主动或被动退出市场的意愿。二是行业分化加速将孕育更多并购整合机会。销售增速放缓意味着短期内市场下行，叠加调控政策影响，会对企业综合实力尤其是现金流产生一定考验。规模较大、实力雄厚的房地产企业，凭借自身综合实力，通过逆势拿地或收并购，其业绩有望得到继续提升，规模得到进一步扩大。三是在细分市场，补短板业态要求企业转变发展模式带来的并购需求。例如，企业以多元化为方向拓展新领域，进一步涉足的配套服务、资产管理、金融投资等领域均需要专业能力和专业团队，一般通过并购专业化公司实现企业的稳健多元化。因此，以项目并购实现做大规模，公司并购实现多元化发展，均是必然趋势。本书聚焦房地产行业整合和并购的一般规律，对房地产行业整合和并购的趋势进行分析、判断，探索了房地产企业并购的策略、路径、目标及风险等问题，以期为房地产行业健康发展提供参考建议。

中国人民大学国发院城市更新研究中心主任　秦虹
二〇一九年十二月

前　言

  自 1998 年住房体制改革至今，中国房地产业实现快速成长，逐渐由扩张式高增长进入高质量转型阶段。百强房企销售额占全国房企销售额的比重近几年快速增长，截至 2019 年末已达到 61.5%，但集中度与发达国家相比仍有进一步提升空间。房地产业进入成熟期，企业竞争加剧，行业整合成为趋势。新时代新形势下，房地产企业生存发展新模式成为热点与重点问题。国发院城市更新研究中心对房地产行业整合趋势与并购策略进行研究，立足结构性机会，深刻思考房地产开发企业并购策略，为房地产行业及企业发展提供借鉴。

  需求侧与供给侧改革均推动行业发展转型，中国房地产业发展进入新阶段。一方面，随着劳动力人口红利减少、城镇化发展进入后增长及居民住房条件改善，中国住房需求渐至顶峰并趋于稳定。据统计，2013 年全国住房销售面积出现下降趋势，2015 年后棚改货币化，新增住房需求带动全国住房销售面积增长。该政策实施期届满，红利减少。一般性需求下，新建商品房需求趋于平衡，二手房交易和改善性需求持续增长，中国房地产市场进入存量阶段。另一方面，近年来，国家连续出台综合改革政策以促进消费增长及结构性改革，补短板目的突出，专业化发展要求提升且趋势显著。同时，京津冀、长三角、大湾区、成渝等城市群与都市圈发展，安徽、河南、新疆等地城镇化率低但常住人口增量高的新型城镇化发展，及新商业、新旅游、新居住、新物流、新产业园、城市更新等新业态和新空间产生，均为房地产业发展提供新的结构性机会，并将成为房地产业增长新支撑。土地及资本等优质资源向头部企业聚集，宏观调控与信贷政策持续收紧，使得大规模企业在获取土地资源及融资方面比较优势显著并增强，专业化能力又提高了企业经营获利能力。分工带来合作，合作促进"双赢"。由此可见，"做大""做专"成为房企发展新方向。

收并购是企业"做大""做专"的重要手段。项目并购有利于企业扩大规模，增强市场势力，提高土地及资本等资源获取能力。公司并购有助于细分市场间多层次、宽领域、全方位合作，并实现转型升级。整体而言，房地产行业整合与并购呈高增长趋势，但房企并购占总并购比例尚处低位。好的并购策略是房企"做大""做专"的关键成功因素，包括恰当时机、适宜地域、优质标的及合理模式。并购动机影响并购策略。其中，时机层面，经济增长放缓、结构转型升级、货币与住房政策收紧以及房地产市场下行期整合加速，为房企并购提供机会；地域层面，地理区位、城镇化率、人口流动及地方经济发展影响并购，房企并购多发于市场竞争程度高的区域，如北上广深等一线城市，有向成渝等新一线城市转移趋势；标的层面，项目并购以经济效益为目的，重点考察完成度、投资回报、现金流及债务债权等财务指标，公司并购则对企业融合提出更高要求，提高对企业宗旨、定位、经营哲学等价值观与意识流因素的重视；模式层面，成本—收益均衡、战略需求及企业能力等综合因素共同影响交易方式、标的性质、支付方式、融资方式等，并购实务当具体问题具体分析。同时，房企并购须加强风险意识，包括政策与市场研判的行业发展风险及估值、或有、财务、整合等流程风险，通过决策研究、尽职调查、流程监管、整合重组、评价反馈等加强风险防范，并根据项目并购与公司并购的不同战略目的制定针对性防范措施。此外，融资是并购的重要支撑。受调控政策收紧及监管政策加强影响，并购贷款成为房企并购主要融资工具，并购债券及并购基金等新工具因灵活性、专项性逐渐成为房企并购重要融资工具，为优质企业战略提供资金支持。

当前，房地产行业整体规模快速扩张的时代基本结束，经济发展、人口红利、新型城镇化及业态机会促进房地产行业整合及转型升级，开发时代的普遍性机会减少，资管时代的结构性机会增多，房地产业进入并购重组关键时期。国发院城市更新研究中心《房地产行业整合与并购策略》一书认为，短期内市场下行叠加调控政策提高对企业综合能力的要求，收并购成为行业、市场与企业共同进步的重要途径；长期来看，房地产行业进入发展成熟期，规模大及综合实力雄厚的房地产企业进一步扩大资源优势，传统房地产企业将进行专业化转型，基于规模化的项目并购和基于多元化的企业并购均成为行业趋势。监管部门也应防范垄断，保持市场平稳、健康、可持续发展。

目 录

第一章 中国房地产行业整合的演变和特点 …………………… (1)

第一节 中国房地产行业整合的演变 …………………………… (1)
一 市场集中度进入加速提升阶段 ………………………… (1)
二 行业集中度仍有提升空间 ……………………………… (3)
三 房地产开发的众多项目公司有待整合 ………………… (6)

第二节 中国房地产行业资源和能力分布特点 ………………… (8)
一 土地储备呈现五大格局 ………………………………… (8)
二 大型房企在融资能力格局中占优 ……………………… (13)
三 开发运营能力的分布格局各异 ………………………… (16)
四 区域分布格局与企业规模相关 ………………………… (20)
五 运营效率和盈利能力格局出现变化 …………………… (24)

第二章 房地产行业整合的国际规律 …………………………… (30)

第一节 美国房地产行业整合的特点 …………………………… (30)
一 行业集中度已相对较高 ………………………………… (30)

二　行业集中度变化与城镇化阶段有关 …………………… (32)
　　三　并购是推动行业整合的主要方式 …………………… (36)
第二节　德国房地产行业整合的特点 …………………………… (41)
　　一　房地产开发行业集中度较低 ………………………… (41)
　　二　民生导向的房地产政策促使企业稳健发展 ………… (43)
　　三　行业整合重点从扩大规模到聚焦核心城市 ………… (45)
第三节　日本房地产行业整合的特点 …………………………… (47)
　　一　行业集中度总体呈上升趋势 ………………………… (47)
　　二　行业整合的影响因素 ………………………………… (47)
　　三　行业整合重点从规模扩张到转型升级 ……………… (51)
第四节　中国香港房地产行业整合的特点 ……………………… (54)
　　一　房地产行业日益高度集中 …………………………… (54)
　　二　经济周期对行业整合影响大 ………………………… (57)
　　三　行业整合的重点从增加土储到多元化发展 ………… (59)
第五节　房地产行业整合规律总结 ……………………………… (61)
　　一　行业集中度总体呈上升态势 ………………………… (61)
　　二　经济下行周期行业整合加速 ………………………… (62)
　　三　整合的侧重点与房地产发展阶段有关 ……………… (63)

第三章　中国房地产行业整合的趋势分析 ………………………… (65)
　第一节　中国房地产行业整合主要影响因素分析 ……………… (65)
　　一　市场需求的影响 ……………………………………… (65)
　　二　行业发展的影响 ……………………………………… (68)
　　三　市场周期及调控政策的影响 ………………………… (69)
　　四　企业自身能力的影响 ………………………………… (71)

第二节　中国房地产行业整合的趋势 …………………………（73）
　　一　行业集中度将进一步提升 ………………………………（74）
　　二　市场下行阶段整合将呈加速态势 ………………………（75）
　　三　行业整合将与培育行业新动能结合 ……………………（76）
　　四　项目并购与公司并购实现规模扩张及多元化发展 ……（77）
第三节　推动行业整合与避免行业垄断行为 …………………（78）
　　一　推动房地产行业有序整合 ………………………………（79）
　　二　对房地产企业的垄断行为进行监管 ……………………（80）

第四章　房地产企业并购分类及特点 …………………………（82）

第一节　并购及其分类 …………………………………………（82）
　　一　概念界定 …………………………………………………（82）
　　二　并购类型 …………………………………………………（83）
第二节　房地产企业并购特点 …………………………………（85）
　　一　并购市场特点：企业间收入差距悬殊，市场份额向
　　　　大企业集中 ………………………………………………（85）
　　二　并购事件特点：数量和价值呈增长趋势 ………………（89）
　　三　并购地区特点：经济发达地区并购更加活跃 …………（90）
　　四　并购类型特点：以境内股权并购和现金支付为主 ……（95）
　　五　并购时机特点：多发生在住房政策和货币
　　　　政策收紧期 ………………………………………………（99）
　　六　并购效应特点：杠杆率、研发投入和回报率长短
　　　　期效应不同 ………………………………………………（101）

第五章 房地产企业并购动因分析……(106)

第一节 宏观经济环境推动企业并购……(106)
一 产业结构"脱虚向实"有利于房地产行业并购整合……(106)
二 当前货币结构客观上有利于投资……(111)

第二节 行业管制政策要求企业并购……(116)
一 限购政策抑制房地产需求和供给……(116)
二 房地产开发信贷管控约束企业融资……(117)
三 土地出让政策提高土地获取成本……(119)

第三节 微观经济因素激励企业并购……(123)
一 主并企业动因分析……(123)
二 被并企业动因分析……(131)
三 处置不良资产或战略转型……(134)

第六章 房地产企业并购策略……(136)

第一节 房地产企业并购策略选择……(136)
一 并购时机的策略选择……(136)
二 并购地域的策略选择……(137)
三 并购标的的策略选择……(138)
四 并购模式的选择……(138)

第二节 房地产企业并购时机选择……(139)
一 宏观经济与房地产并购……(139)
二 资本市场与房地产并购……(146)
三 产业市场与房地产并购……(155)

第三节 房地产企业并购地域选择……(164)

一　传统地域特征……………………………………………（164）
　　二　新型地域特征……………………………………………（171）
第四节　房地产企业并购标的选择……………………………………（175）
　　一　项目并购标的选择………………………………………（176）
　　二　企业并购标的选择………………………………………（193）
第五节　房地产企业并购模式选择……………………………………（207）
　　一　按交易方式选择…………………………………………（207）
　　二　按标的性质选择…………………………………………（208）
　　三　按并购范围选择…………………………………………（211）
　　四　按支付方式选择…………………………………………（213）
　　五　按融资方式选择…………………………………………（215）

第七章　房地产企业并购流程及关键环节……………………………（217）
第一节　研判趋势：明确需求，制定战略……………………………（219）
第二节　立足信息：快速获取和筛选并购目标………………………（220）
　　一　多渠道寻求并购目标……………………………………（221）
　　二　全方位进行信息分析……………………………………（225）
第三节　确定价格：谋求双方共赢……………………………………（231）
第四节　选择方式：缩短周期控制成本………………………………（232）
　　一　股权转让是项目并购的主流交易方式…………………（232）
　　二　交易结构设计必须考虑的因素…………………………（232）
第五节　税筹安排：易被忽略的并购成本……………………………（235）
　　一　主要交易模式的税负安排………………………………（236）
　　二　并购税收优惠及避税手段………………………………（238）
　　三　项目并购税收筹划案例…………………………………（240）

第六节　融资来源：并购贷款是重要渠道……………………（243）
第七节　"惊险的一跃"：并购后整合………………………（244）
　　一　问题清理：解决历史遗留问题………………………（244）
　　二　管理融合：留住人才…………………………………（245）
　　三　经营战略整合：优化资源配置………………………（246）
　　四　文化融合：艺术性的操作……………………………（246）

第八章　房地产企业并购风险及防范…………………………（248）

第一节　房地产企业并购风险分析……………………………（249）
　　一　行业发展风险…………………………………………（249）
　　二　并购流程中的风险……………………………………（257）
第二节　房地产企业并购风险防范……………………………（264）
　　一　项目并购的风险防范…………………………………（265）
　　二　企业并购的风险防范…………………………………（270）

第九章　房地产企业并购的相关政策…………………………（274）

第一节　鼓励并购的政策………………………………………（274）
　　一　发挥资本市场在资源配置中的功能…………………（275）
　　二　创新融资方式并拓宽企业融资渠道…………………（275）
　　三　消除企业兼并重组的制度障碍………………………（276）
　　四　加强对企业兼并重组的引导和政策扶持……………（276）
　　五　完善银行并购贷款业务………………………………（277）
第二节　规范并购的政策………………………………………（278）
　　一　遏制上市公司盲目并购重组…………………………（278）
　　二　严格监管并购重组市场………………………………（279）

三　规范银信类业务发展……………………………………（280）
第三节　引导并购的政策………………………………………（280）
一　监管放宽……………………………………………………（286）
二　融资松绑……………………………………………………（287）
第四节　房地产企业并购政策需求……………………………（288）
一　完善房地产市场并购的审批制度…………………………（289）
二　进一步完善房地产企业并购相关的法律法规……………（289）
三　明确政府在房地产企业并购中的定位和边界……………（289）

第十章　房地产企业并购的金融支持……………………………（291）
第一节　房地产企业并购的金融支持方式……………………（291）
一　并购融资工具………………………………………………（294）
二　一般融资工具………………………………………………（306）
第二节　金融机构对房地产企业并购融资的风险控制………（333）
一　严格项目筛选并坚守合法合规底线………………………（334）
二　充分尽职调查并合理制定融资审批方案…………………（337）
三　强化贷后管理并保障资金回收……………………………（340）

参考文献……………………………………………………………（343）

第一章

中国房地产行业整合的演变和特点

1987年,深圳进行了我国改革开放以来首次土地公开拍卖,标志着房地产行业开始进入商品化时代。根据国家统计局数据,1987年全国房地产开发企业仅有2506家,住房制度改革全面启动的1998年,房地产开发企业达到24378家,到2018年达到97938家,是1987年的39倍。经过30多年的发展,中国房地产开发企业数量快速增加,市场也一直在重组整合。近期,从行业的土地储备、融资能力、运营能力等来看,行业整合呈现加速提升特征。房地产行业涉及开发、营销、物业管理等方面,本书主要聚焦房地产开发行业的整合与并购。

◇ 第一节 中国房地产行业整合的演变

一 市场集中度进入加速提升阶段

我们用房地产行业中销售规模最大的前10位企业和百强房企销售额占整个市场销售额的份额来衡量房地产行业的市场集中度。中国指数研究院（以下简称"中指研究院"）统计，2005—2018年，前10位企业销售额占比从4.6%提高到26.4%；百强房企销售额占比从15.8%提高到58.1%（见图1-1）。

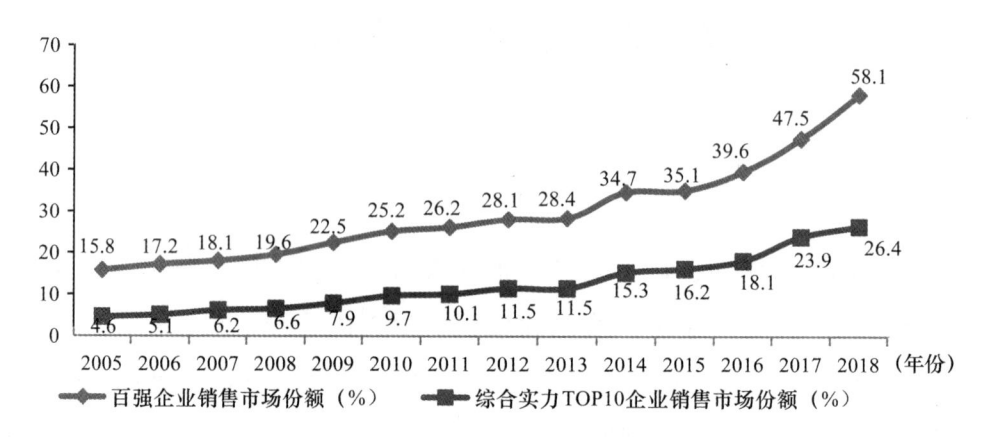

图1-1 房地产企业销售市场份额的变化

资料来源：中指研究院。

2016年9月30日之后，热点城市推出楼市新政，房地产调控全面转向紧缩，行业整合呈现加速态势。2017年以来，房地产市场集中度提升速度明显加快，房地产百强房企销售额占比同比增加7.9个百分点，2018年比2017年增加10.6个百分点。根据普华永道的《2017年中国房地产行业并购回顾》，当年中国境内房地产相关的并购交易为482笔，数量同比增加6.4%；交易金额约810亿美元，同比增加30.6%。

这一阶段行业整合加速主要与以下因素有关：一是金融调控政策。在我国加强宏观审慎管理背景下，政府通过抑制杠杆过度扩张和顺周期行为，对房地产进行逆周期调节，控制房地产信贷的增长。受此影响，部分中小房地产企业的资金更为紧张。二是市场走势。在房地产市场降温甚至处于下行阶段，市场观望情绪浓厚，房价下跌预期增强，部分城市购房需求疲弱，导致一部分房地产企业通过销售回款难度加大。加之受房地产整体融资收紧的政策影响，中小房企尤其是位于中小城市的地方房企，容易出现资金链断裂问题。

二 行业集中度仍有提升空间

市场集中度是对行业市场结构集中程度的测度指标，用来衡量行业内企业数量和规模的差异，反映市场竞争和垄断程度。常用的两个计量指标为 CRn 和赫芬达尔—赫希曼指数（HHI）。

以 CRn 计量的市场集中度表明，我国房地产开发行业中，前4家（CR4）和前8家（CR8）企业销售额占市场全部销售额的比重分别从2012年的6.59%和9.70%提高到2018年的14.14%和22.66%（见表1-1），2019年则与美国 CR10（29%）相当。目前，我国房地产行业市场集中度水平较美国经济学家贝恩对产业垄断和竞争类型的分类标准相比，仍然处于较低水平（见表1-2）。考虑到我国房地产逐步进入存量时代，未来我国房地产行业市场集中度仍有提升空间。

表1-1　　　　　　　我国房地产行业 CR4 和 CR8 占比

年份	CR4	CR8
2012	6.59%	9.70%
2013	7.03%	11.20%
2014	9.49%	14.62%
2015	9.70%	14.81%

续表

年份	CR4	CR8
2016	11.07%	16.76%
2017	14.54%	21.76%
2018	14.14%	22.66%

资料来源：中指研究院、国家统计局。

表1-2　　　　　　　贝恩对产业垄断和竞争类型的划分

类型	CR4	CR8	该产业的企业总数
Ⅰ 极高寡占型	75%以上		20家以内
Ⅱ 高集中寡占型	65%—75%	85%以上	20—100家
Ⅲ 中上集中寡占型	50%—65%	75%—85%	企业数较多
Ⅳ 中下集中寡占型	35%—50%	45%—75%	企业数很多
Ⅴ 低集中寡占型	30%—35%	40%—45%	企业数很多
Ⅵ 原子型			企业数极其多，不存在集中现象

资料来源：杨公朴、夏大慰主编：《现代产业经济学》，上海财经大学出版社1999年版。

未来，我国行业集中度将显著高于美国。原因有三：一是美国早已进入存量房市场，我国多数二三线城市城镇化还存在较大增量空间。随着资金和土地逐渐向大型房企集中，未来大型房企住房销售市场份额还将提升。二是美国各州房地产政策独立性强，房企难以实施大规模标准化复制，且跨区经营成本高。我国则基本不存在这个问题，很多大型房企已经开展全国化布局。三是我国目前中小房企数量远多于美国。与之相伴，市场上将出现大量并购与业务整合机会。

HHI（赫芬达尔—赫希曼指数）是反映市场集中度的综合指标，计算方法为一个行业中企业市场占有率的平方和。HHI对规模较大的企业比规模较小的企业给出更大的权重，因此，对规模较大企业的市场份额反应比较敏感,而对众多小企业的市场份额反应很小,能真实地反映市场中企业之间的规模差距。行业内企业的规模越是接近,企业数量越多,HHI 就越接近于 0,可以在一定程度上反映市场结构状况。

如表 1-3 所示,它是用销售额全国排名前 50 企业的市场占有率来计算 HHI。结果显示,2012 年 HHI 为 17.16,此后逐年提高,表明市场集中度在逐步提高,2018 年达到 94.05。根据欧盟、美国、日本反垄断的 HHI 标准(见表 1-4),到 2018 年,我国房地产开发行业市场集中度水平仍然偏低。

表 1-3　　　　2012—2018 年我国房地产开发行业 HHI

年份	HHI
2012	17.16
2013	21.61
2014	37.29
2015	37.39
2016	46.89
2017	82.68
2018	94.05

资料来源:中指研究院、国家统计局。

表 1-4　　　　　　欧盟、美国、日本 HHI 标准

	欧盟	美国	日本
低度集中市场	不足 1000	不足 1500	不足 1500
中度集中市场	1000—2000	1500—2500	1500—2500
高度集中市场	超过 2000	超过 2500	超过 2500

资料来源:欧盟《横向并购评估指南》、美国《并购指南》、日本《商业集中反垄断指南》。

三 房地产开发的众多项目公司有待整合

(一) 房地产开发企业数量超 9 万家

由于房地产开发具有鲜明的项目化、矩阵部制特征，房地产企业每建设一个项目基本都会注册新的房地产项目开发公司，在项目售罄、交房后再将公司注销，空壳公司大量存在。同一企业集团多个子公司都被作为独立企业纳入房地产开发企业数量统计，造成我国房地产开发行业市场集中度日趋提高，但企业数量却有增无减。从房地产开发企业数量来看，它难以反映行业集中度日益提高这一趋势。

图 1-2 显示，我国房地产开发企业数量 2017 年是 95897 家，约为 2000 年 27303 家的 3.5 倍。2004 年和 2008 年同比增速分别高达 60% 和 40%。从 2011 年之后，房地产开发企业数量基本微幅增长，规模稳定。2017 年，房地产开发企业数量达 95897 家，与当年城镇人口相比，约折合每万人有 1.12 家房地产开发企业。第四次全国经济普查数据表明，2018 年，全国房地产开发经营企业 20.6 万家，其中包括大量已结束开发业务但未注销的企业。

(二) 房地产开发企业呈"杂、散、小"特点

我国房地产开发企业具有"杂、散、小"的特点。

"杂"主要体现在，房地产开发企业的规模差异巨大，大的超过五千亿元规模，小的只有几百万元。规模最大的前 15% 的房企，2018 年新开工面积、施工面积、销售面积等重要指标，均占据 85% 以上的市场份额。尽管规模差距大，但在数据统计时都算作独立的房地产企业。

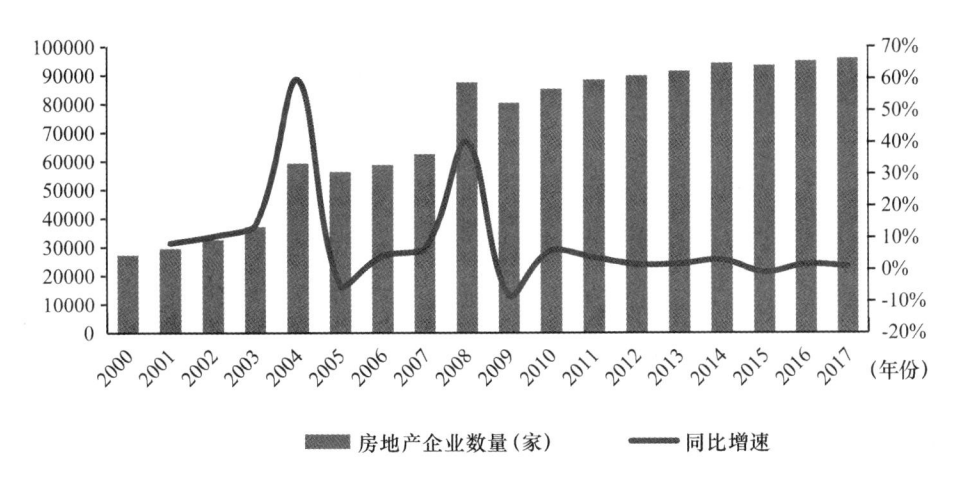

图 1-2　2000 年以来我国房地产开发企业数量变化情况

资料来源：国家统计局。

"散"主要体现在，房地产企业之间具有层层叠叠的关系，比较散乱。例如，一个大型房地产公司在某个省份注册以后，要到别的省份去开发房地产项目，它会在这些省份分别注册一个省级开发公司，以此类推，再到城市层面、项目层面，就会注册很多家不同层次的公司。龙头房企基本都有几百个子公司、孙公司。

"小"主要体现在，每家房地产开发企业的平均开发销售规模小且增速慢。以全国的商品房销售规模与注册在案房企数量的比值计算，2017 年企均商品房销售面积仅 1.77 万平方米（见图 1-3）。2000—2017 年，全国商品房销售面积增长 8.09 倍，但同期企业平均销售面积仅增长 1.59 倍。

房地产企业"杂、散、小"的特点，使房地产行业中存在大量竞争者。市场竞争促进行业整合，未来房企之间并购整合是行业发展的大势所趋。

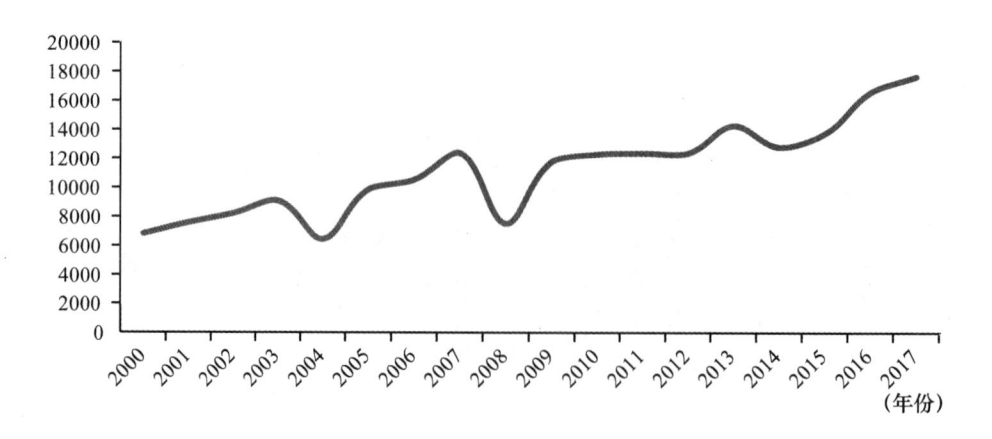

图 1-3　房地产开发企业企均销售面积（平方米）

资料来源：国家统计局。

◇ 第二节　中国房地产行业资源和能力分布特点

一　土地储备呈现五大格局

（一）头部企业获地优势明显

企业规模影响企业获取土地和资金等资源的能力、成本与风险，扩大土地储备则是扩大企业规模的重要前提。

土地招拍挂市场上，大型房地产开发企业特别是头部企业，具有较强融资能力与企业综合实力，拿地份额日益提高。如表1-5所示，我国前5强房企取得土地权益面积占比由2011年的25.61%提高至2017年的42.83%，前10强房企占比则由2011年的37.99%提高至2017年的55.11%。2018年，这两个比例均有下降，分别为33.98%和48.93%。土地储备格局日益向大型企业集中。

表1-5　取得土地权益面积前10和前5开发企业占前100企业的比重

年份	前10企业占比	前5企业占比
2007	45.99%	31.16%
2008	49.25%	33.84%
2009	42.41%	27.08%
2010	46.20%	30.18%
2011	37.99%	25.61%
2012	48.45%	35.15%
2013	48.68%	32.31%
2014	49.30%	36.83%
2015	53.67%	37.30%
2016	55.73%	40.49%
2017	55.11%	42.83%
2018	48.93%	33.98%

注：2008年为占前90企业的比重。

资料来源：中指研究院。

（二）处于扩张期的大型房企合作获地意愿高

在地价水平处于高位时，在招拍挂市场上，房地产开发企业倾向于采取合作方式获得土地资源。据中指研究院统计，2018年百强房企取得土地金额权益比例均值为78.5%，合作地块数量占招拍挂地块数量（3092幅）比例达28.2%，其中二线城市占全国比重的52.2%。前10及11—30强房企平均权益比例分别为79.5%、74.1%，而31—50强房企、51—100强房企合作程度较低，平均权益比例分别为87.3%、89.2%。表1-6显示，从企业规模来看，500

亿—1000亿元阵营和300亿—500亿元阵营在获取土地方面合作意愿更强，取得土地金额权益比例在70%左右；3000亿元以上阵营在获取土地方面合作意愿较强，取得土地金额权益比例为75.89%。

表1-6　不同规模房地产开发企业取得土地金额权益比例（2018年）

按销售规模划分的企业类别	取得土地金额权益比例
3000亿元以上阵营	75.89%
1000亿—3000亿阵营	79.85%
500亿—1000亿元阵营	71.61%
300亿—500亿元阵营	68.79%
100亿—300亿元阵营	80.33%
100亿元以下阵营	78.19%

资料来源：中指研究院。

（三）房企获地方式更趋多元

除招拍挂外，收并购、旧改、产业地产逐渐成为房地产企业获取土地资源的重要方式。

第一，股权或项目收并购有助于房企获取土地储备，实现规模快速增长。2018年，50家代表房企的收并购金额占全部拿地金额的比重为10.7%。例如，融创中国近年来主要通过收并购和合作方式实现销售规模快速扩张。其中，2014年，以62.98亿港元价格收购绿城24.31%股权；2015年，进行4起并购；2016年，进行16笔收购，涉及资金595亿元，包括以137.88亿元收购联想旗下所有地产业务；2017年，发起10笔并购，涉及资金1065.04亿元，其中最著名的是收购万达13个文旅城91%的股权，总金额438.44亿元。

第二,房地产行业增量空间逐渐压缩后,存量资源土地和空间潜力巨大,旧改已成为房地产企业获取土地资源的重要方式。例如,万科、中海、龙湖等通过旧改获取深圳与上海优质项目,其中,2018年中海地产联合中环集团、长征镇以底价93.99亿元获取上海市普陀区四宗地块,平均楼面价4.09万元/平方米,均位于普陀真如副中心核心位置,属于上海市区著名的城中村改造项目红旗村。未来,四宗地块可开发15.88万平方米住宅、6.78万平方米商业。

第三,随着人民美好生活需求的日益增长,产业地产逐渐成为传统房企的发展方向,产业地产项目开发成为拿地重要方式之一。例如,华夏幸福、绿地等以产业地产模式扩充土地储备,其中绿地通过高铁新城战略在全国约20个重点区域获取项目。

(四)收并购影响储地节奏

此处采用拿地金额占销售额比重来衡量企业拿地意愿。由于部分企业具有较强的收并购能力,其扩张并不完全依赖招拍挂获地。如图1-4所示,各规模阵营房地产企业2018年拿地意愿出现不同程度下降。其中,5000亿元以上阵营、1000亿—5000亿元阵营房企拿地金额占销售额比重下降明显,同比分别下降22.9个、19.7个百分点;500亿—1000亿元阵营房企为保证规模化发展,仍保持积极拿地趋势,拿地金额同比增长34.0%,占销售额比重仅下降4.2个百分点。

表1-7显示,就规模趋势而言,2018年销售额3000亿元以上阵营房地产企业拿地金额占销售额比例约20%,销售额1000亿—3000亿元、500亿—1000亿元、300亿—500亿元、100亿—300亿元阵营房地产企业拿地金额占销售额比例均约为30%。其中,销售额低于3000亿元的房企扩大规模的愿望和努力较强。

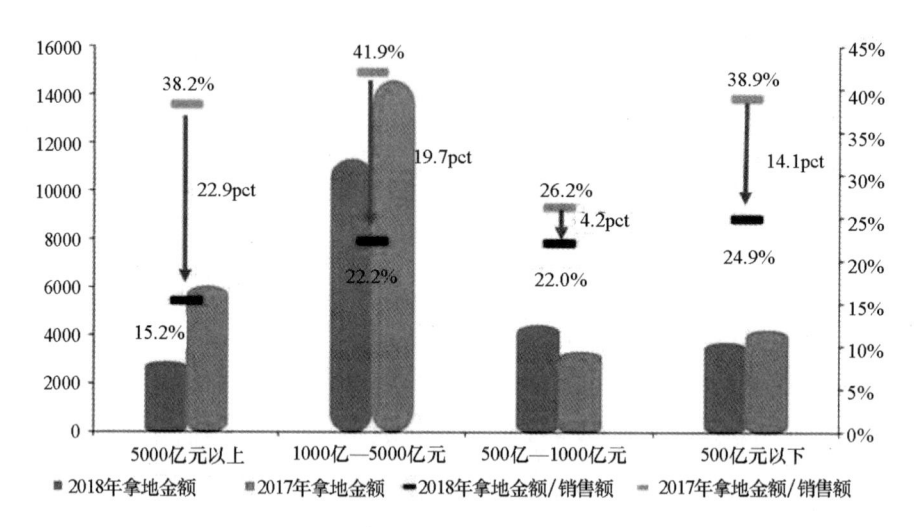

图1-4 2017—2018年不同阵营房企拿地金额及拿地销售比变化情况

资料来源：企业发布、中指研究院整理。

表1-7　　　　　2018年房地产开发企业拿地金额/销售额

按销售规模划分的企业类别	拿地金额/销售额
3000亿元以上阵营	20.51%
1000亿—3000亿元阵营	30.30%
500亿—1000亿元阵营	31.01%
300亿—500亿元阵营	28.90%
100亿—300亿元阵营	33.72%
100亿元以下阵营	65.39%

资料来源：中指研究院。

（五）大型房企新增土储溢价率低

2018年，3000亿元以上阵营和1000亿—3000亿元阵营房地产企业拿地相对谨慎，取得土地的平均溢价率均约为14%；500亿—1000亿元阵营房地产企业拿地更加积极，取得土地的平均溢价率最高，约为21%。300亿—500亿元、100亿—300亿元和100亿元以下阵营房地产企业取得土地的平均溢价率在13%—16%（见表1-8）。

表1-8　　　　　　2018年房地产开发企业拿地平均溢价率

按销售规模划分的企业类别	平均溢价率
3000亿元以上阵营	14.23%
1000亿—3000亿元阵营	14.09%
500亿—1000亿元阵营	21.26%
300亿—500亿元阵营	15.99%
100亿—300亿元阵营	13.45%
100亿元以下阵营	14.55%

资料来源：中指研究院。

二　大型房企在融资能力格局中占优

（一）大型房企可利用的融资渠道较多

房地产企业融资渠道包括银行贷款、信托、债券、ABS、股权融资等。企业规模越大，信用级别越高，可选择融资渠道越多，融资约束降低。

一是大型企业银行贷款、信托等授信额度较高。大型企业综合实力强，偿债能力强，违约风险低，易取得银行等金融机构授信。例如，华夏幸福2018年获得中信银行315亿元授信额度，泰禾获上海银行及光大信托共400亿元授信额度。

二是头部企业可通过发行信用债和海外债融资。据中指研究院统计，2018年，房地产行业信用债融资规模5488.67亿元，同比增长65.55%，其中百强房企国内信用债发行规模2443.0亿元，占行业发行总量的44.1%。百强房企公司债规模逾1300亿元，占总量的

54.2%，其中前30强企业1029.7亿元，占百强房企的77.8%；百强房企中期票据规模664.5亿元，占总量的27.2%，其中前30强企业521.8亿元，占百强房企的78.5%。在国内融资政策持续收紧的环境下，2018年，房地产企业加大海外融资，海外债发行规模3621.44亿元，同比增长29.8%。其中，百强房企海外债发行规模1949.2亿元，占行业发行总量的53.8%；前30强企业1696.6亿元，占百强总量的87.0%（见图1-5）。自2019年下半年开始，房地产企业海外债发行受到严格监管。

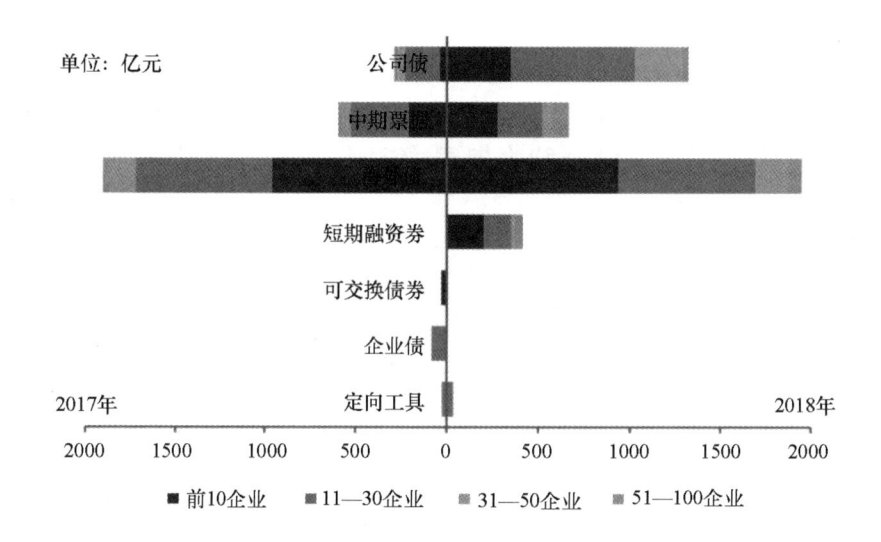

图1-5 百强房地产企业信用债和海外债发行结构

资料来源：中指研究院。

三是大型房企在资产证券化融资渠道创新方面走在前列。如图1-6所示，根据中指研究院数据，2018年，百强房企资产证券化发行规模达到1584.3亿元，同比增长104.4%，占行业发行总量的56.5%，其中供应链ABS的发行量为924.1亿元，占百强房企资产证券化发行总量的58.3%。发行供应链ABS的多为综合实力较强的企业，如万科与碧桂园在2018年共发行566.5亿元供应链ABS，占百强房企供应链ABS发行总量的61.3%。此外，碧桂园、阳光城、金科、蓝光共发行ABN达96.9亿元。

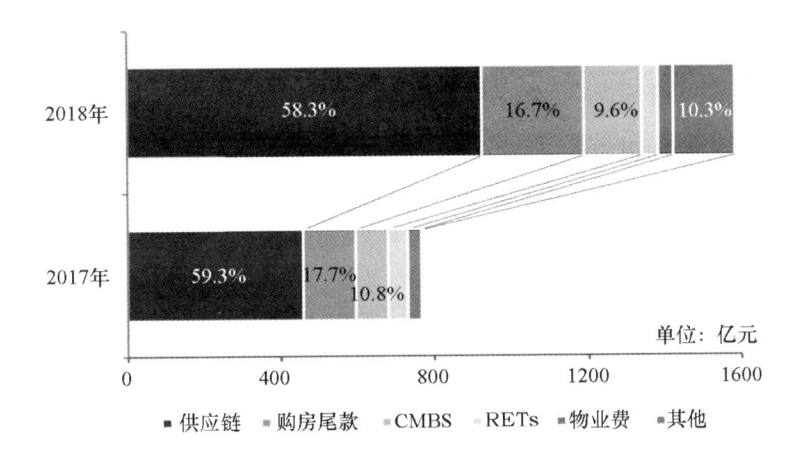

图1-6 百强房企资产证券化发行结构

资料来源：中指研究院。

四是房地产企业受IPO及再融资等政策限制，平均股权融资占比偏低，但在去杠杆的大环境下，债权融资收紧，股权融资越来越受到企业重视。据中指研究院统计，2018年共有12家房地产企业计划赴港上市。其中，正荣集团、弘阳集团、美的置业等6家房企在2018年上市成功，共募集资金99.1亿港元；德信中国和银城国际分别在2019年2月和3月上市成功。另外，华夏幸福向平安资管及平安人寿转让股份，获得资金共计179.7亿元；碧桂园、金茂、新城等以配股方式共筹集资金逾百亿元。

(二) 大型房企融资成本优势明显

如图 1-7 所示,据中指研究院统计,2018 年,百强前 10 企业综合资金成本率均值为 5.4%,显著低于排名 11—30 企业 (6.3%) 和排名 31—50 企业 (6.8%)。其中,万科、保利、中海、华润置地等综合融资成本均小于 5%。此外,大型房地产开发企业除银行贷款外,还可通过扩大直接融资和创新型融资获取更多低成本资金。2019 年前三季度 103 家房企发债情况统计发现,最低融资成本仅为 3.48%,而个别房企已达 15%,房企融资成本差距进一步扩大。

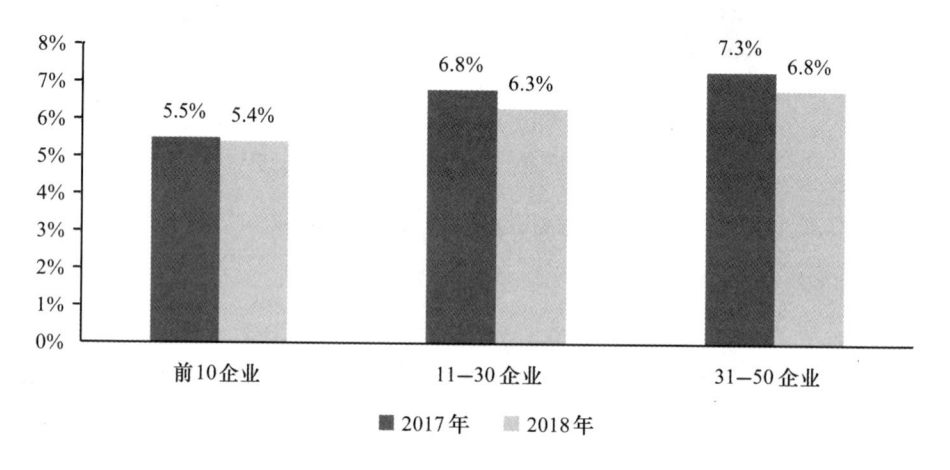

图 1-7 前 50 企业综合融资成本率均值

资料来源:中指研究院。

三 开发运营能力的分布格局各异

(一) 百强房企占销售额的半壁江山

如图 1-8 所示,2018 年全国百强房企销售额为 87239.1 亿元,占全国商品房销售额的 58.1%。大型房企销售速度快于中小企业。

2018年，百强房企销售总额及销售面积分别达87239.1亿元和66244.5万平方米，同比增长33.2%和32.0%，增长率均高于同期全国增幅（分别为21.0%和30.7%），规模优势进一步扩大。

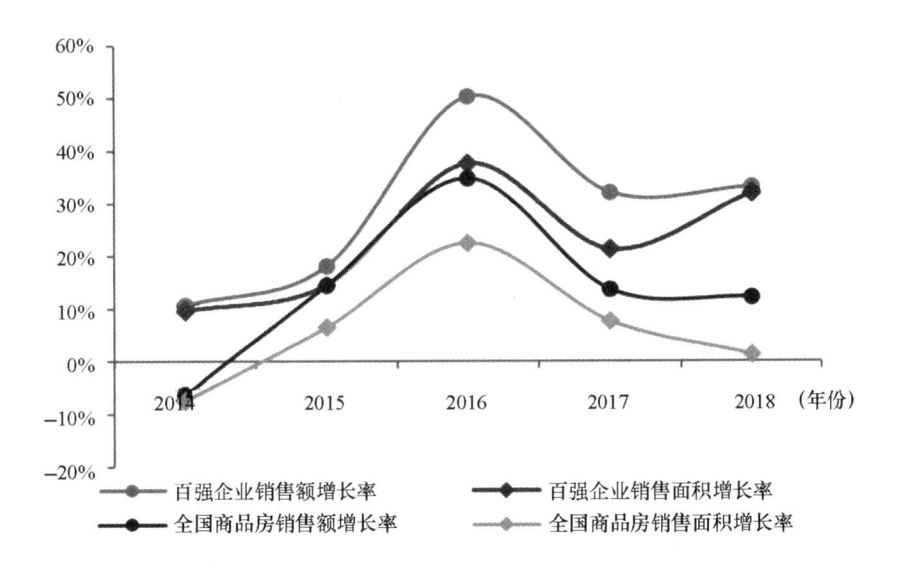

图1-8 百强房企2014—2018年销售增长情况

资料来源：中指研究院。

大型房企产品竞争力强。大型房地产企业通过科技、健康、文化等提高产品附加值，提升产品品质，以产品优势扩大份额，以规模经济降低创新成本。例如，金茂、蓝光等从绿色、智能、科技等方面进行产品升级，打造绿色智能产品，将绿色、科技融入产品，提升产品溢价能力。再如，融创、世茂等企业分别将礼乐思想、血脉传承等东方文化融入产品设计理念，打造传统文化特色住宅，通过融入人文精神与价值观，打造风格化产品，提高品牌的辨识度与认可度。

(二) 多数房企注重多元化

如图1-9所示,近几年房企纷纷开展多元化布局,打造产业链闭环,以住房为切入点,建立"房地产+"生态系统,提供各种各样的工作、生活场景服务。目前,商业地产、长租公寓、文旅地产、养老地产、物流地产、物业管理、联合办公等特色地产领域已经成为大型房地产企业多元化转型和打造产业链闭环以及实现产业协同发展的价值新领域。

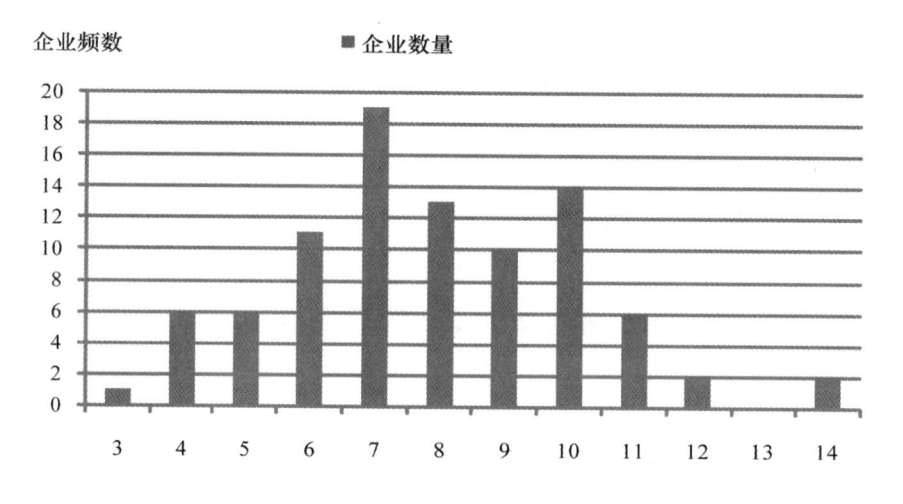

图1-9 样本上市企业业务数量与企业频数的统计

资料来源:《房地产业转型、升级与创新研究》,第289页。

与房地产开发企业发展定位和战略方向调整相对应,业务领域"开发+"的多元化态势表现明显,既体现在住宅产品品质的提升,又体现在以住宅为核心的纵向和横向相关领域拓展,形成与"房地产+服务""房地产+金融""房地产+物流"等战略导向相适应的多元化领域拓展。例如,万科在巩固住宅开发和物业服务优势基础上，业务延伸至商业开发和运营、物流仓储服务、租赁住宅、产业城镇、冰雪度假、养老、教育等领域，生态体系粗具规模，为更好地服务人民美好生活需要、实现可持续发展奠定良好基础。再如，绿地控股公司目前已在全球范围内形成"以房地产开发为主业，大基建、大金融、大消费等综合产业并举发展"的多元经营格局，实施资本化、公众化、国际化发展战略，保障企业经济平衡波动，实现持续增长。

如图1-10所示，对90家上市房地产企业拓展领域统计发现，样本上市房地产企业平均有7.9个拓展领域，大多企业有6—10个转型领域。

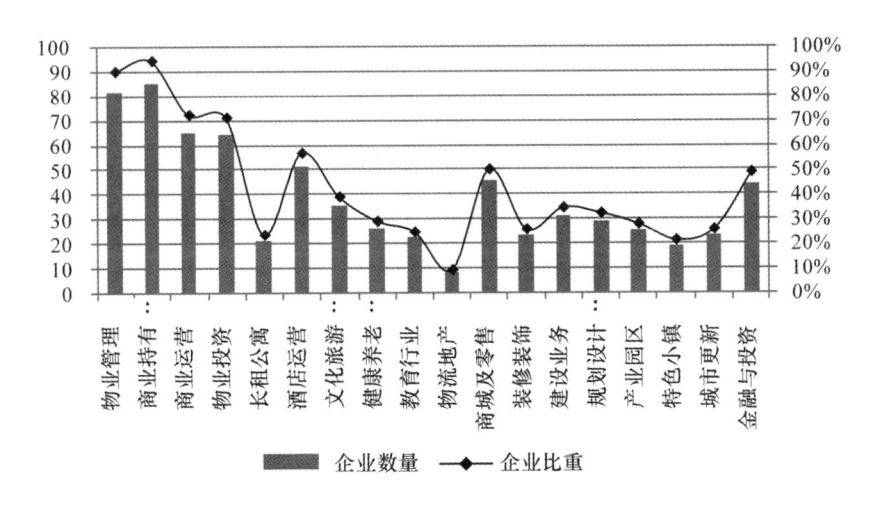

图1-10 90家样本上市房地产企业拓展领域分析

资料来源：《房地产业转型、升级与创新研究》，第289页。

总体而言，大多数房地产企业拓展了物业管理、自持物业和商业运营，较多企业拓展了酒店经营、设计咨询、金融投资、商城及零售等业务,部分企业了拓展文化旅游、健康养老、教育等消费型业务及产业园区、特色小镇、城市更新等特色业务。

中型房企侧重相关业务延伸。500亿—1000亿元阵营房地产企业重点关注商业地产,部分房企在养老地产、物业服务和产业园区进行布局;300亿—500亿元、100亿—300亿元房企受规模和资源限制,主要布局地产热点领域,打造特色业务。

四 区域分布格局与企业规模相关

(一) 大型房企全国布局,并占据一二线城市市场

2015—2017年,在"去库存"政策和棚改货币化补偿带动下,三四线城市商品房销售量价齐升,多地房地产市场很快从"去库存"到"补库存",大型房企纷纷布局三四线城市,尤其是受城市群资源外溢影响的中小城市。近年来,碧桂园、恒大、新城控股等企业规模快速提升,与积极布局三四线城市密切相关。2017年,碧桂园销售额在一线、二线、三线、四线城市占比分别为1.6%、18.7%、17.5%、62.2%;恒大销售额在一线、二线、三线、四线城市占比分别为1.8%、21%、22.8%、54.3%;新城控股销售额在一线城市占比6%,二线城市占比56%,三四线城市占比38%。如图1-11所示,据中指研究院统计,2018年,百强前50房企销售额在一、二、三四线城市的占比如下:一线城市销售额占比11.9%;二线城市占比为42.9%;三四线城市占比为45.2%。

据中指研究院统计,2018年,50家百亿元代表房企一二线和三四线土地储备基本各占一半。其中,一线及二线城市拿地面积占比分别为3.2%、44.0%,三四线城市拿地面积占比52.8%。前10强房企

布局重点为一二线城市，但三四线总体占比仍达到50.0%；11—30强房企在三四线城市的拿地面积占全部新增土储的比重最高，为52.9%；31—50强房企中，多数房企在二线城市的新增土储增长明显，整体三四线新增土储占比50.7%；51—100强企业位于三四线城市的新增土储面积占比43.4%（见图1-11）。

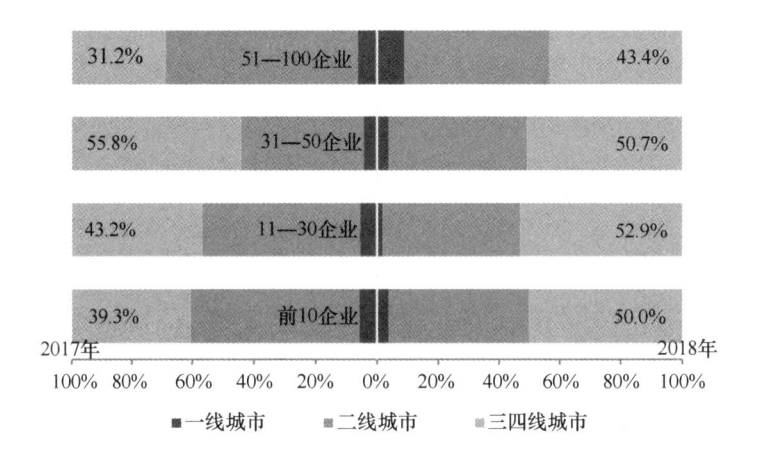

2017年			2018年
31.2%	51—100企业		43.4%
55.8%	31—50企业		50.7%
43.2%	11—30企业		52.9%
39.3%	前10企业		50.0%

■一线城市　■二线城市　■三四线城市

图1-11　不同规模房企拿地的城市结构分布

资料来源：中指研究院。

2019年，全国棚改规模平均同比下降51%，多个省市区棚改规模大幅下滑，货币化补偿比例下降，进一步加大三四线市场调整压力（见表1-9）。在前期需求透支和棚改规模大幅缩减的双重影响下，大量百强房企调整投资布局策略，回归一二线城市。2019年1—11月，三四线城市土地出让金占全国比重为34%，同比下降5个百分点。那些远离主要城市群、人口长期净流出的三四线城市未来住房成交量和成交价都将承受压力，市场风险度上升。

表1-9　　2019年各省市区棚改计划及同比变化情况　　（单位：万套）

省市区	2019年计划	同比变化	省市区	2019年计划	同比变化	省市区	2019年计划	同比变化
黑龙江	2.4	-82%	青海	1	-62%	甘肃	18.2	-22%
贵州	7.5	-81%	内蒙古	5.1	-56%	四川	19.8	-21%
山东	18.5	-77%	河北	11.9	-46%	重庆	5	-21%
河南	15	-77%	陕西	9.8	-45%	江西	24.9	-5%
宁夏	0.8	-76%	湖北	9	-40%	西藏	1.9	7%
湖南	8	-72%	上海	3	-38%	广东	2	10%
山西	3.2	-72%	浙江	17.5	-37%	天津	2.6	31%
辽宁	1.9	-70%	云南	10	-35%	广西	12	31%
新疆	14.7	-68%	江苏	22	-28%	福建	6.3	117%
吉林	3.1	-67%	安徽	21.2	-27%	全国合计	285	-51%
海南	0.7	-65%	北京	2	-23%			

资料来源：各地政府公告。

（二）百强房企在重点城市市场份额优势明显

据中指研究院统计，前50强房企在杭州、重庆、东莞、北京等城市市场份额均超50%，其中杭州超70%。规模较大的百强房企在重点城市市场份额优势明显，在百强房企10个销售热点城市中，前10强房企、11—30强房企的城市市场份额均值分别高达26.3%、15.9%（见图1-12）。

（三）城市群是百强房企布局的重点区域

据中指研究院统计，百强前50房企销售的区域结构中，五个主要城市群（京津冀、长三角、粤港澳大湾区、长江中游、成渝城市

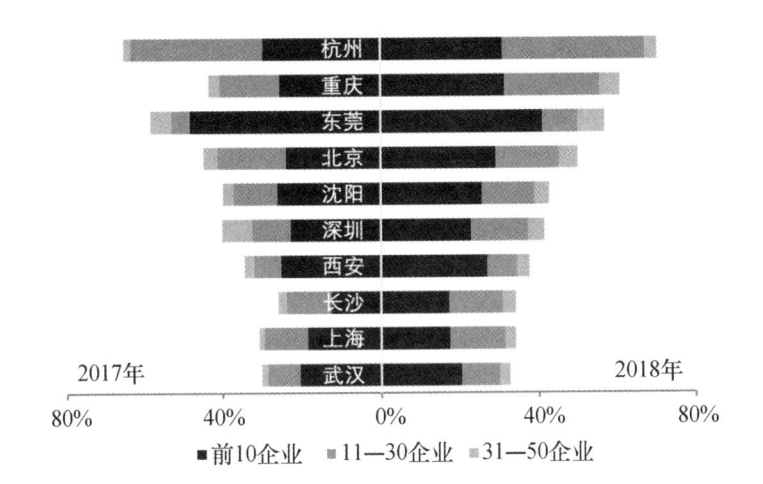

第一章　中国房地产行业整合的演变和特点 | **23**

图 1-12　百强前 50 企业城市销售集中度分布

资料来源：中指研究院。

群）销售贡献占比 72.9%，其中，长三角最高（33.8%），其次为粤港澳大湾区（13.4%）、成渝城市群（11.5%），以及京津冀（8.6%），如图 1-13 所示。

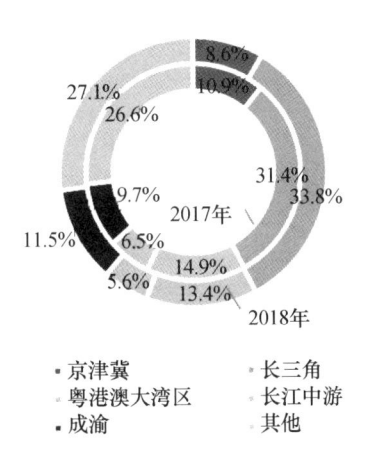

图 1-13　百强前 50 企业销售额在主要城市群的分布

资料来源：中指研究院。

热点城市群是百强房企土地储备的重点区域。它的经济较为发达，产业竞争力强，能够吸引人口持续流入，潜在住房需求空间较大，房地产市场较为活跃，是房企重点布局的区域。从拿地情况来看，50家百亿元代表房企新增土地储备面积占比最高的区域为长三角、成渝及长江中游城市群，合计达到全部新增土地储备面积的42.4%。其中，长三角城市群由于经济发展领先、交通及配套设施完善，拿地面积占比最高，达到22.3%。

五 运营效率和盈利能力格局出现变化

房地产行业经历了十几年的"高杠杆""高周转""高利润"发展历程，随着国家对房价的管控，其利润率走低，运营效率对盈利能力有决定性影响。一般来说，房地产企业规模越大，信用评级越高，资源整合能力越强，成本控制能力、盈利能力也越强。

（一）周转率大幅上升

高周转是房地产行业的突出特点。如图1-14所示，据中指研究院统计，2018年百强房企总资产周转率均值为0.36，存货周转率均值为0.56。龙头企业土储充足，拿地节奏放缓，去化速度较快，周转率整体呈上升趋势；11—50强房企拿地相对更多，周转率降低；51—100强企业加大销售推盘力度，周转率显著上升。2019年以来，部分房企出现建筑质量问题甚至施工事故，这与房企抢施工有一定关系，高周转模式受到一定质疑。当周转率达到一定水平，根据边际效应递减原则，高周转的上升空间逐渐压缩。因此，大量房企不再一味追求更高周转率。

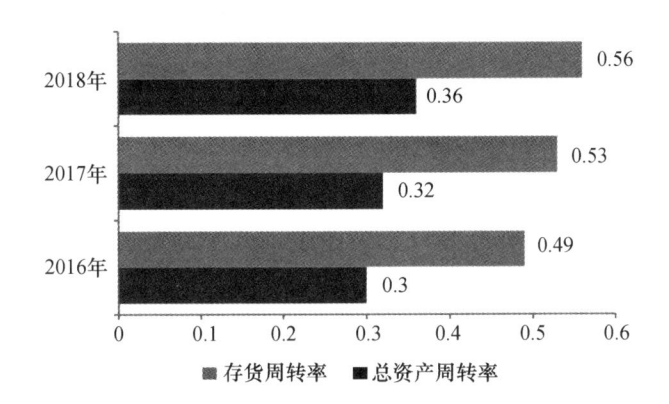

图 1-14　2016—2018 房地产开发企业周转率情况

资料来源：中指研究院。

（二）头部企业盈利能力更强

一是从长周期来看，房地产行业整体盈利能力呈现下降趋势。如图 1-15 所示，百强房企净利润率从 2007 年的 18.0% 降至 2018 年的 11.5%，净资产收益率（ROE）从 2007 年的 23.2% 降至 2018 年的 17.2%。但与其他行业相比，房地产行业尤其是百强房企的盈利能力仍处于较高水平。

二是龙头房企盈利能力明显高于行业整体水平。如图 1-16 所示，据中指研究院统计，2018 年前 10 强企业净利润率与净资产收益率在百强房企中均处于较高水平。恒大通过提升产品品质、增加产品附加值和加强成本管控，2018 年净利率较上年同期提升 4.2 个百分点；融创中国未来也将从规模的高速增长向"强运营、控投资、降杠杆"转变，稳步提升净利润率。11—30 强企业、31—50 强企业由于加快扩张，在盈利能力方面的表现不如龙头房企，净利润率与净资产收益率明显低于前 10 强房企。其中，31—50 强企业由于成本增加，压缩了盈利空间，净利润率出现小幅下滑。

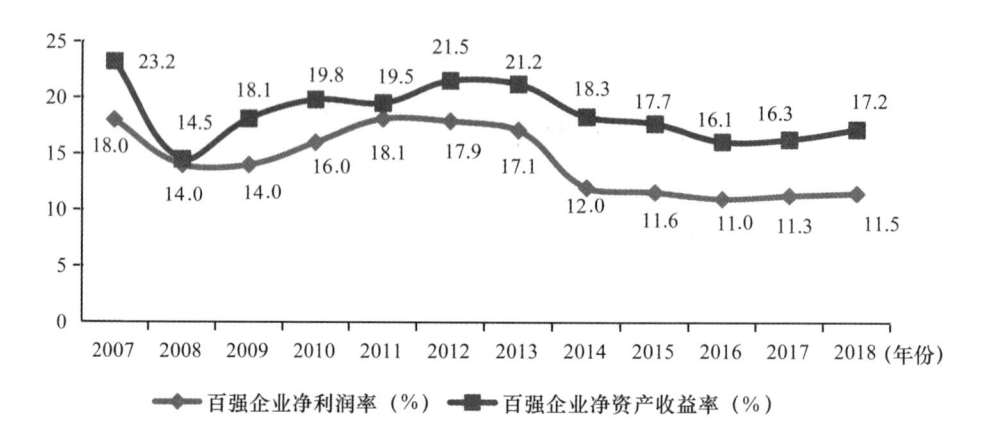

图1-15　2007—2018年百强房地产企业净利润率和净资产收益率（ROE）

资料来源：中指研究院。

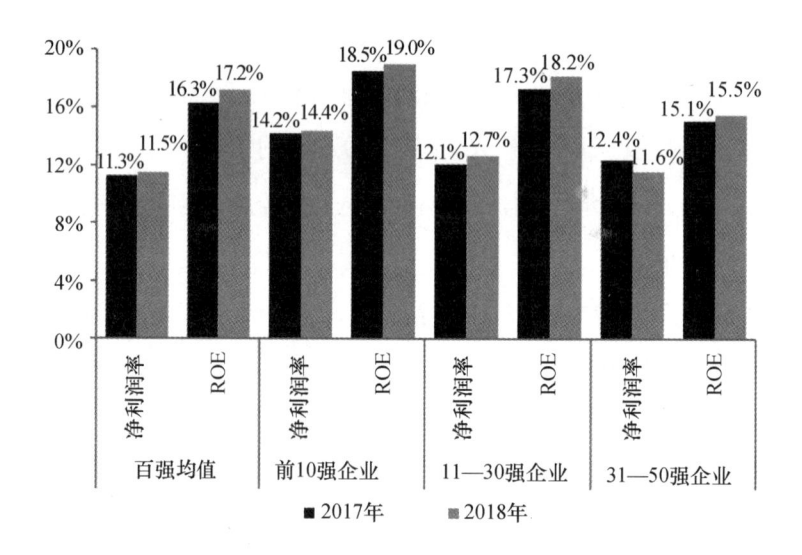

图1-16　房地产开发企业净利润率和净资产收益率情况

资料来源：中指研究院。

(三) 大型房企成本控制能力更强

如图1-17所示,2018年百强房企三项费用率均值为9.8%。近两年,房地产企业对于成本控制的重视程度越来越高,内部管理日益精细化,追求人均效能,降低人员成本,优化用工结构。同时,利用跟投、股权激励等方式进行员工激励的企业越来越多。

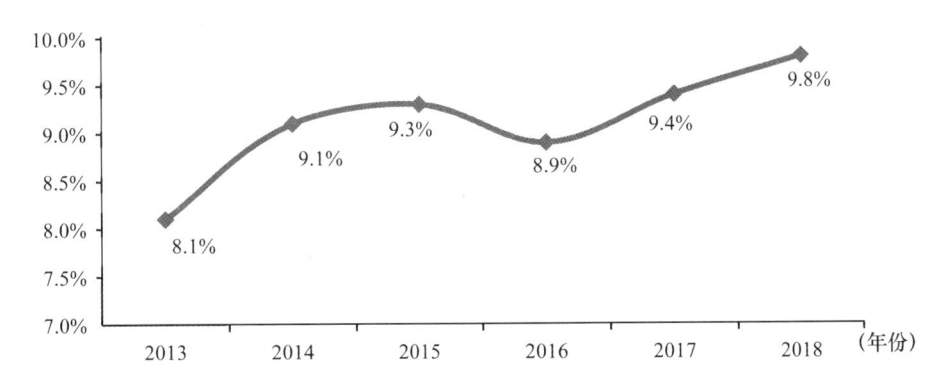

图1-17 2013—2018年百强房企财务、管理和销售三项费用率情况

资料来源：中指研究院。

规模较大的百强房企费用管控效果更好。如图1-18所示,百强前10房企由于具有规模优势,加之管理精细化,对销售和管理费用控制较好,融资成本相对较低,三项费用率水平最低。2018年,前10强房企三项费用率均值为8.8%,分别低于11—30强房企和31—50强房企1.7、2.9个百分点。

(四) 房企负债率整体呈现增长趋势

据第四次经济普查,在营收方面,截至2018年年末,中国房地产业企业法人单位全年实现营业收入143696亿元,相比2004年年末

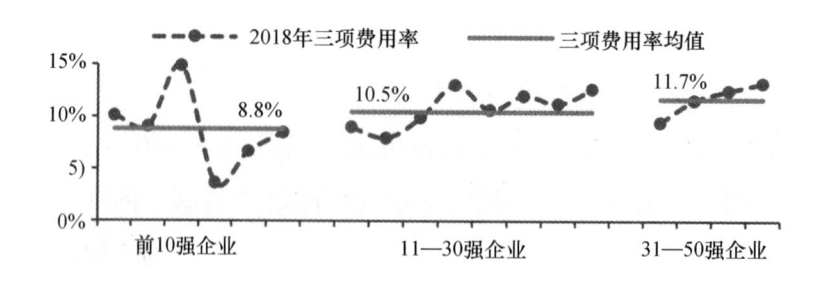

图 1-18　前 50 强企业财务、管理和销售三项费用率情况

资料来源：中指研究院。

房地产业企业法人单位主营业务收入 14740.6 亿元增长了 8.75 倍；在负债方面，2018 年房地产企业法人单位负债为 889489 亿元，2004 年为 50653.0 亿元，14 年间负债增长 16.6 倍。如图 1-19 所示，据中指研究院统计，2014 年百强房企的资产负债率均值为 73.2%，到 2018 年达到 77.8%，资产负债率累计上升 4.6 个百分点。2018 年，A 股上市企业中，重资产和负债经营为主的银行业、非银金融业、建筑装饰业的资产负债率分别为 92%、84%、76%，房地产业是 80%。

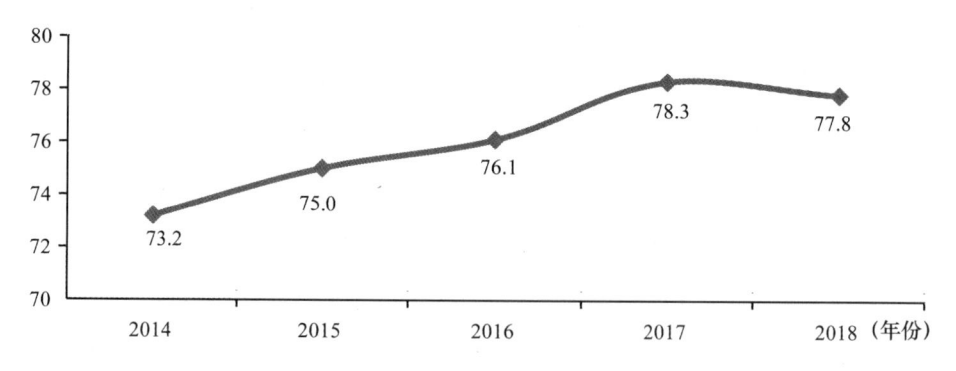

图 1-19　2014—2018 年百强房企资产负债率情况（单位：%）

资料来源：中指研究院。

房地产行业负债率较高，与其行业特性和发展阶段有很大关系。一是房地产是资金密集型行业，开发建设周期长，拿地和建设等环节均占用大量资金，从拿地到实现销售回款基本需要1—2年，导致大量资金长期沉淀，负债率天然高于其他非资金密集型行业。尽管随着白银时代到来，行业周转率不断提高，但相较其他行业，房地产行业的投入产出周期偏长。二是我国房地产行业目前正处于增量大于存量（但增量占比趋降）的阶段，大规模开发建设决定了现阶段房企负债率处于较高水平，房地产开发企业对于行业的发展前景较为乐观，"资本"的天然逐利性决定了行业保持较高的杠杆水平。三是规模导向使然。在行业整体增量需求空间逐渐压缩的时期，房企深谙"没有规模就没有发言权"，逆水行舟不进则退，纷纷把握市场节奏，加大杠杆，主动提高负债率，寻求弯道超车，为自己在白银时代谋立足之地。四是我国实行的是预售制，预售款计入负债。

整体来看，目前房地产行业的负债水平仍是平稳可控的，2018年负债率较上年小幅下降0.5个百分点。一是房企会根据政策导向和市场运行态势，迅速调整自己的发展战略，适度调增或调减负债率，以达到抵抗行业周期波动的目标。二是针对少数表现激进的房企，中央政策调控和金融机构会通过信贷资源配置调整对其进行控制和无形指导。未来，随着房地产行业逐渐由增量市场转向存量市场，房企由开发建设向运营服务过渡，其整体负债率会逐渐回归。

第二章

房地产行业整合的国际规律

本章首先从典型国家和地区的房地产行业集中度演进情况出发，分析房地产行业集中度变化的影响因素，特别是与经济周期的关系，进而分析房地产不同发展阶段行业整合的重点资源变化情况，以期为我国房地产行业并购整合提供一些启示。

◈ 第一节 美国房地产行业整合的特点

一　行业集中度已相对较高

美国房地产市场从发展初期到成熟期出现了很多变化。如图2－1所示，就近十几年而言，2003—2016年期间，美国龙头房企集中度虽然在2007年次贷危机前后发生波动，但总体是上升态势。TOP 5的房地产企业市场份额占比从16.4%增加到20.7%，TOP 10的房地产企业市场份额占比从22.5%增加到29.4%，TOP 20的房地产企业市场份额占比从28.4%提高至47.4%。这对于地域面积辽阔且实行联邦制的美国来讲已是很高。

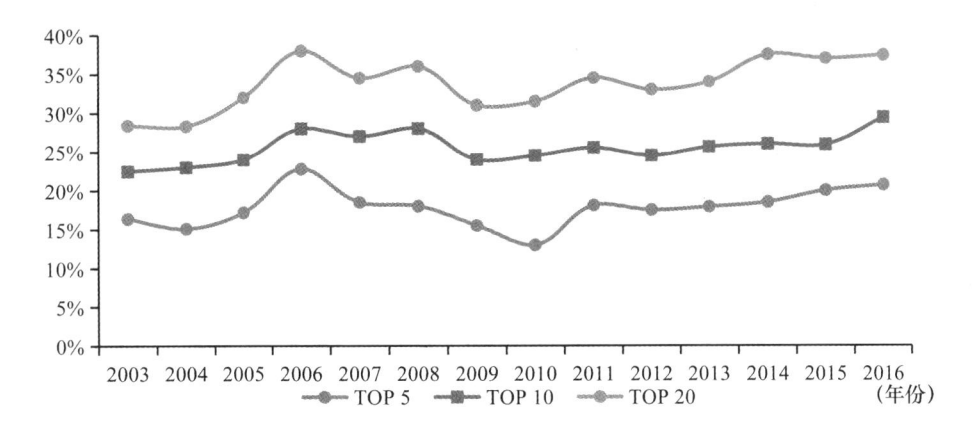

图 2-1 美国房地产企业 TOP 5、TOP 10、TOP 20 集中度

资料来源：中信建投证券研究发展部。

从美国上市房地产企业看，2019 年，TOP 3 企业市值占行业总额的 57%，市场集中度较高（见图 2-2）。

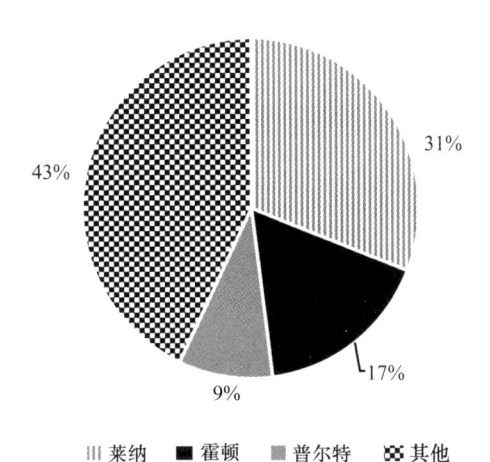

图 2-2 2019 年美国上市房企市值分布

资料来源：Wind，恒大研究院。

二 行业集中度变化与城镇化阶段有关

(一) 城镇化稳定阶段行业并购整合加速

如图2-3所示,20世纪50年代以后,美国城镇化进入高速发展时期。1960—1970年,美国城镇化率从69.9%上升至73.6%,是城镇化快速推进的最后十年,此后进入稳定阶段。在这一阶段,"二战"后的婴儿潮一代进入置业期。1970—1979年,25—44岁人口从4800万增加至6500万,占总人口的比重从24%上升至28%,是战后上升最快的十年。更多的家庭成为中产阶级,消费习惯也从"二战"期间的省吃俭用过渡到积极的贷款消费,住宅开发、商业地产均迎来发展契机。

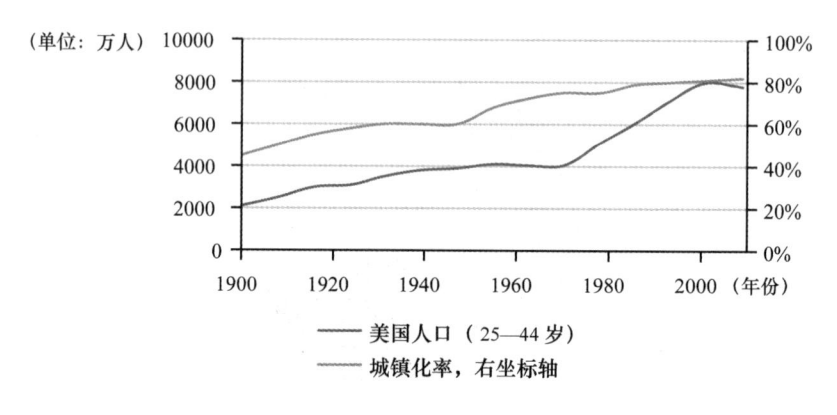

图2-3 美国人口和城镇化率

资料来源:世界银行。

在此期间,房地产企业大量出现。从图2-4可以看出,尤其是在20世纪70年代初期,美国住宅新开工量快速增长。由于土地资源竞争加剧,谋求积极发展的大型房企设法通过各种方式取得土地,此时经营不善但持有土地的小型企业成为被并购的对象，行业内形成整合趋势。一些资金雄厚、规模较大的房地产企业开始并购经营困难的小型房地产企业，美国房地产行业集中度提升。

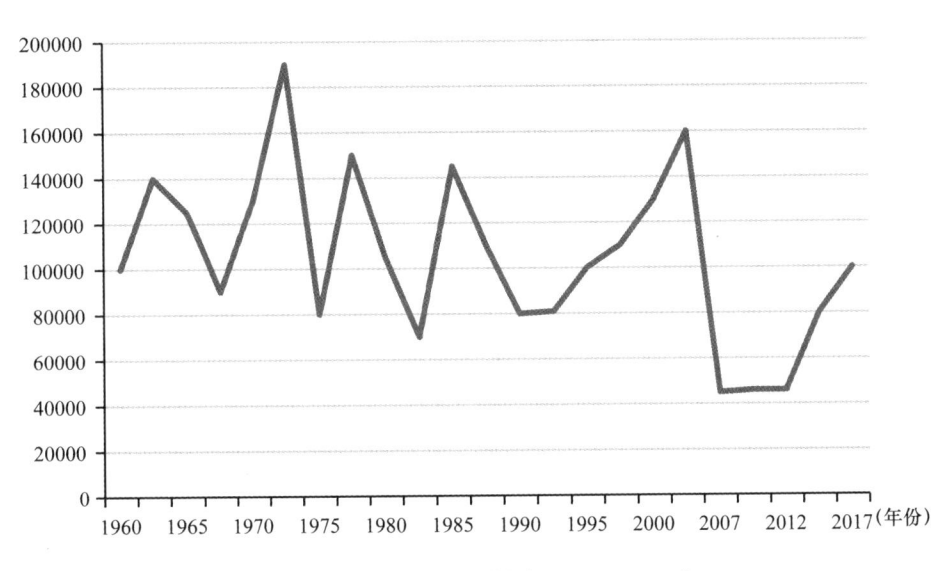

图2-4　新开工套数（美国，1960—2017年）

资料来源：Fred，恒大研究院。

随着城镇化率的进一步稳定，房地产市场增量空间开始压缩，行业整合的市场趋势进一步明朗，核心竞争能力的打造成为房地产企业经营的重中之重，以并购为核心的规模化扩张战略成为房地产行业整合的最大动力。美国前十大房地产企业均通过规模化扩张扩充自己的商业版图，通过收并购将所建住房分布到全美各地，通过规模化扩张和战略性布局促进房地产行业的有机整合（见图2-5）。

（二）城镇化稳定后行业集中度有顺周期特征

每个经济周期可以分为扩张期（上升，从谷底到顶峰）和衰退期

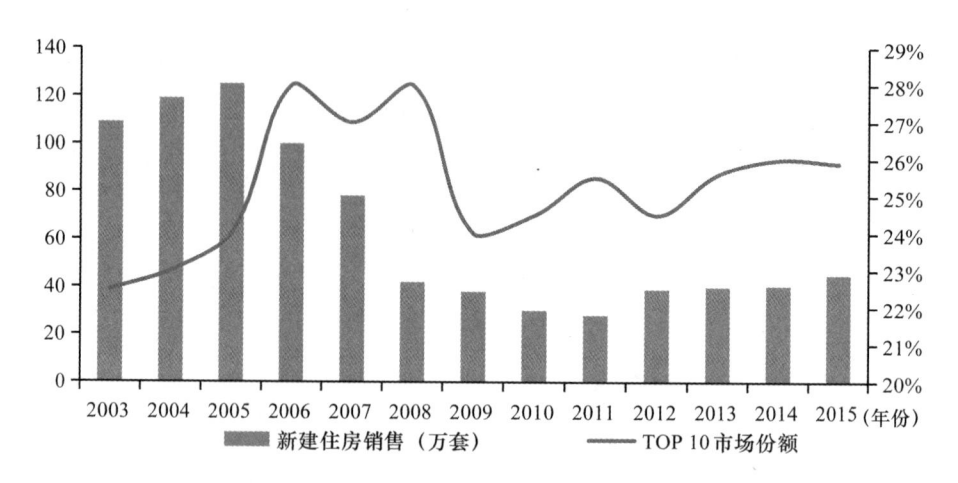

图 2-5　2003—2015 年美国 TOP 10 房企市场份额及变化

资料来源：中信建投证券研究发展部。

（下降，从顶峰到谷底）两个阶段。经济从一个顶峰到另一个顶峰，或者从一个低谷到另一个低谷，就是一次完整的经济周期。城镇化稳定之后，行业集中度更多表现为顺周期特征。如表 2-1 所示，从美国最近两个经济周期情况看，2001 年 11 月（谷底）到 2007 年 12 月（顶峰）为经济周期的扩张阶段。由次贷危机引发的经济危机爆发于 2007 年 12 月，结束于 2009 年 6 月，这期间为经济周期下行阶段[①]。也就是说，2007 年 12 月是上一个经济周期的顶峰，在 2009 年 6 月到达低谷，此后经济进入扩张期。从历史进程来看，美国房地产行业集中度的变化与美国经济发展阶段密切相关，行业集中度变化更多表现为顺周期的波动特征。如图 2-6 所示，在周期上行阶段 2003—2007 年，TOP 10 的市场集中度从 22.5% 提高至 27%；在周期下行阶段 2008—2009 年，TOP 10 的市场集中度从 28% 下降到

---

① 刘晓洁：《当前美国房地产走势及趋势分析》，《中国证券期货》2009 年第 4 期，第 48—52 页。

24%；在周期上行阶段2010—2016年（截至2019年12月，此轮周期上行阶段仍在延续），TOP 10的市场集中度从24.5%提高到2016年的29.4%。

表2-1　　　　　　　　美国经济周期平均持续时间（月）

时间段	经济收缩时长（从峰顶到谷底）	经济扩张时长（从谷底到峰顶）	经济周期长度（从上一个谷底至本次谷底）	经济周期长度（从上个峰顶至本次峰顶）
1854—2009（33个周期）	17.5	38.7	56.2	56.4
1854—1919（16个周期）	21.6	26.6	48.2	48.9
1919—1945（6个周期）	18.2	35	53.2	53
1945—2009（11个周期）	11.1	58.4	69.5	68.5

资料来源：美国经济研究局（NBER）。

可能的原因是，并购金融支持的顺周期，即经济周期下行阶段对并购的金融支持偏紧，经济周期上行阶段宽松的货币和信贷政策对并购支持相对较大。同时，市场预期也是影响行业并购的重要原因。当然，也存在部分逆周期的并购。在经济衰退期，随着政策收紧，市场环境恶化，经营不善、财务状况堪忧的企业，很难抵御风险，出售意愿强烈，而大型房企凭借自身强大的抗风险能力以及充足的现金流，抓住经济下行带来的机遇，快速并购扩张。从总体上看，顺周期的并购要多于逆周期的并购，所以，行业集中度的变化更多体现为顺周期特征。

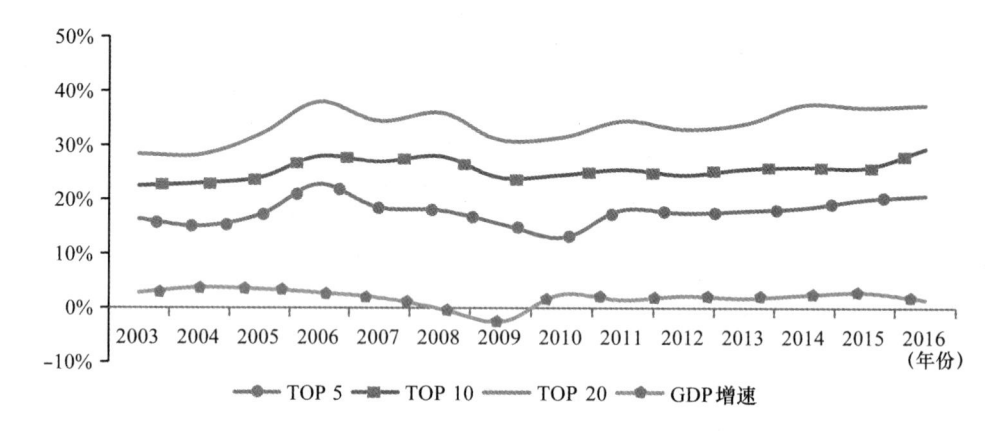

图2-6 美国GDP增长率与行业集中度变化情况

资料来源：世界银行。

三 并购是推动行业整合的主要方式

（一）并购使企业跨区域扩张

近60年来，美国房地产行业起起伏伏，经历了大大小小的变动。在这个过程中，许多房地产企业因为不能适应市场要求纷纷退出，也有部分房地产企业经受住了考验，积极转变发展思路，顺势而为，创新运行模式，因而渡过危机，在复杂的环境中生存下来。纵观美国房地产行业发展历史，并购多次成为房地产企业应对行业风险、争取新的发展机会的有效手段。

收并购最大的动力之一是扩大土地和项目储备。通过并购，不仅可以拿到更具性价比的土地和项目，还可以快速进入新的城市和区域，加强在细分市场的领先地位。20世纪90年代，美国四大房企参与的并购案例超过 40 起。进入 21 世纪,各大房企并购的步伐并未停止。桑达克斯开始进行垂直整合,逐渐形成从建材、建筑服务、金融到物业服务的产业链;Pulte 公司自 1996 年开始参与的并购已经超过 10 起,业务范围遍布 20 个州、44 个市场。

(二) 并购从获取土地向产业链延伸和多元化发展

在行业发展初期,积极实施并购的企业通过整合资源,以获取土地储备、进行市场扩张为目的。无论是从适度跨区发展到大规模并购扩张,还是从直接购买土地到灵活的期权拿地方式,各大房企都在利用美国经济环境和政策中有利于住宅企业发展的利好因素进行市场扩张,在不断调整中发展壮大。① 在行业整合进行到一定阶段后,大型企业开始通过向上下游产业进行延伸或多元化、跨领域发展。

1. 扩大市场占有阶段(1950—1970 年)

"二战"以后,美国政府大力支持房地产建设。1949 年,联邦政府公布了"联邦住宅"计划,目标是:为每一个家庭提供宽敞、具有良好居住条件的住宅。在此背景下,美国一些大型房地产商如 Horton、Pulte 和桑达克斯等先后成立,并通过专业化的发展、标准化的产品和科学的客户细分,跨地域和跨市场进行扩张并购。

1961—1962 年,美国房地产行业进入发展的低潮期。为了适应市场变化,寻找新的发展空间,各大房地产公司开始并购扩张。一是进行跨区域的业务拓展。例如,普尔特公司将业务成功拓展到华盛顿特区、芝加哥和亚特兰大的市郊,专注于居民住房业务。二是进行产业链上的垂直整合。例如,桑达克斯公司在 1966 年并购了贝

---

① 亦云、丁晓春:《透视美国房地产四大神话》,《中外房地产导报》2006 年第 11 期,第 74—75 页。

特森公司，进入建筑管理与服务领域，在低端产品市场获得了成本竞争优势；又在 1972 年兼并工程建筑公司福克斯 & 雅各布斯，引入新的生产模式，缩短生产工期，进一步加强桑达克斯在生产和运营上的能力（见表 2-2）。

表 2-2　　　　　　美国三大房企历史情况（2003 年）

公司名称	桑达克斯	霍顿	普尔特
成立时间	1950	1954	1956
上市时间	1969	1971	1972/1983
销售额（百万美元）	9117	8728	8930
净收益（百万美元）	795	625	454
每股收益（美元）	883	273	750

资料来源：据公开资料整理。

2. 跨行业整合阶段（1970—1995 年）

在 1970—1980 年代，美国政府进行了一系列的金融政策变革。其中，主要的有两项：一是 1970 年美国联邦成立联邦住宅贷款抵押公司，专门从事房地产抵押的证券化运作。二是 1983 年解除 FHA 抵押贷款利率的限制，成为可调整的抵押贷款利率（ARMs）。捕捉到金融政策放宽带来的空前绝佳机会，许多大型房地产公司开始涉足房地产抵押贷款金融服务。

20 世纪 80 年代，普尔特公司率先并购了普尔特抵押公司的前身（现为 PULTE 抵押公司），进入房地产抵押业务。通过并购 ICM，普尔特连接起居民住房建设业务和抵押贷款业务，打通客户、公司、资金的良性循环管道。在这一产融结合模式的推动下，普尔特继续稳步增长，公司资产也从 1981 年的 2.38 亿美元提高到 1989 年的 4.33 亿美元。桑达克斯在并购了联邦储备与信贷保险公司西南分公司之后，公司进入商业银行领域。

之后，开始管理驱动的整合。1990年开始，房地产行业开始出现频繁的并购活动，其并购策略体现出管理驱动型的特征。一方面，通过经营模式的规模化复制，对并购对象进行标准化的改造；另一方面，也通过并购加强自身的管理能力。例如，莱纳公司在并购美国房屋公司之后，该公司的CEO成为莱纳的COO。借助该公司经验，莱纳公司加强了生产运营管理能力。

3. 多元化整合阶段（1995年至今）

如表2-3所示，1995年开始，房地产行业整合速度加快，仅由美国前三大开发商主导进行的并购就多达47次。20世纪末，"婴儿潮"一代人开始显现出强大的市场购买力，美国房地产市场机会主要向二次置业和活跃长者市场倾斜，而普通住宅市场走向低落。各大房地产商抓住此机会，开始关注活跃长者市场，提供多元化的产品线（见表2-4）。

表2-3　　　　TOP 3 房企并购事件梳理（1995—2002年）

年份	桑达克斯	霍顿	普尔特
1995	并购远景物产（物业开发）	并购阿美公司家园（居民住房），摄政之家（设计）	
1996		并购达拉斯威彻斯特住宅（居民住房），三马克社区（公共设施建筑），Llc（居民住房），SGS社区（公共设施建筑）	并购罗德岛的勒布朗家园（居民住房），杰克逊维尔佛罗里达经典之家（居民住房）
1997	并购卡夫科工业	并购托雷斯集团（居民住房）	

续表

年份	桑达克斯	霍顿	普尔特
1998	并购韦恩之家（房屋设计），蓝绿家园	并购理查德·多布森建筑（工程建筑），大陆房屋控股公司（工程建筑），马雷利建设发展公司（工程建筑），RMP物产（不动产投资）	并购拉德诺家园（房屋设计），迪沃斯塔公司（居民住房）
1999	并购卡尔顿家园，诺玛斯公司，圣丹斯之家（建筑施工），真实家园（住房租赁）	并购剑桥地产（不动产投资）	
2001	并购城市之家（建筑施工）	并购堡垒佛罗里达（工程建筑），绿宝石地产（工程建筑）	并购德尔韦伯公司（公共设施）
2002	并购琼斯公司（市场营销与广告）	并购舒勒之家（居民住房）	

资料来源：恒大研究院。

表2-4　　　　　　　　　美国三大房企业务范围

公司名称	普尔特	桑达克斯	霍顿
主营业务	居民住房（11类细分客户，几乎涵盖所有居民住房市场）	居民住房（各种细分市场）、公共设施建设、建筑材料、建筑服务	居民住房（首次置业、二次置业等）
其他业务	地产金融服务、建筑材料生产、物业服务	地产金融服务、不动产投资	地产金融服务

资料来源：公开资料，明源地产研究院。

经过一系列并购，美国三大房企桑达克斯、霍顿和普尔特均不同程度地围绕住宅开发拓展了其他业务，实现业务多元化。

以普尔特为例。从 1996 年开始，它进行了一系列并购活动。1996 年，普尔特与通用电气公司合作，使得通用电气公司成为房屋家用电器设备的首选供应商；1998 年 5 月，Pulte 股权收购位于田纳西州的拉德诺房屋公司——田纳西州本地的一家房屋公司；1998 年 7 月，股权收购迪佛士住宅建筑公司的住宅建筑业务；1999 年 7 月，现金收购黑石房地产公司在老年人住宅业务合资公司里的净资产股权。Horton 在 1998 年并购了其他几家公司，共同组建了金融抵押贷款公司。

◇ 第二节　德国房地产行业整合的特点

德国房地产行业的发展模式在全世界范围内较为独特。多数国家房地产行业在经济波动、金融危机等大势下起起伏伏，德国却做到了独善其身，保持着长期而稳定的发展。[①] 自 20 世纪 90 年代以来，德国新房不断萎缩，行业整合在房屋租赁领域表现尤为明显。

一　房地产开发行业集中度较低

德国是以租赁为主的住房供应体系。不同于我国住房约 80% 的高自有率，德国居民解决住房问题主要通过租赁方式。[②] 如图 2-7 所

[①] 周骏宇：《德国是如何做实房地产"居住"属性的》，《上海房地》2018 年第 7 期，第 42—43 页。

[②] 吕添贵、王雅文：《发达国家房地产市场发展历程特征及其启示——基于澳大利亚、韩国和德国的对比研究》，《中国房地产》2019 年第 12 期，第 20—25 页。

示，截至2012年，德国约有4050万套住房，其中自有自住占43%，个人房东出租占37%，机构出租占20%，租赁住房合计占到57%。德国住房自有率低于绝大多数国家，在大城市租赁的比例尤其高，如柏林租赁住房的比例约83%，慕尼黑租赁住房的比例约75%。

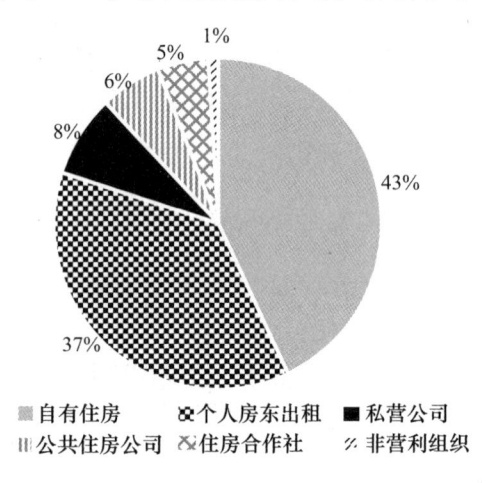

图2-7　德国住房所有权结构

资料来源：世邦魏理仕（CBRE）。

在以租为主的住房制度下，德国房地产开发行业集中度较低，开发商相对规模小，市场占有率低。如图2-8所示，2016年，德国新增住宅25.7万套，前三大房企中，BPD新房销售量1546套，博纳瓦销售1288套，英斯通地产销售1129套，占新增住宅的比重分别仅有0.6%、0.5%、0.4%，共计1.5%。按开发商建房占新增住宅38%的比重计算，TOP 3的市场占有率也仅有4%，行业集中度较低。

从租赁市场看，前两大房地产商沃诺维亚和德国住宅在经历一系列的收并购以后，成为德国著名的房地产商，两者拥有的住房数量合计共占德国住房出租市场的2.04%，分别为35万套和12万套。

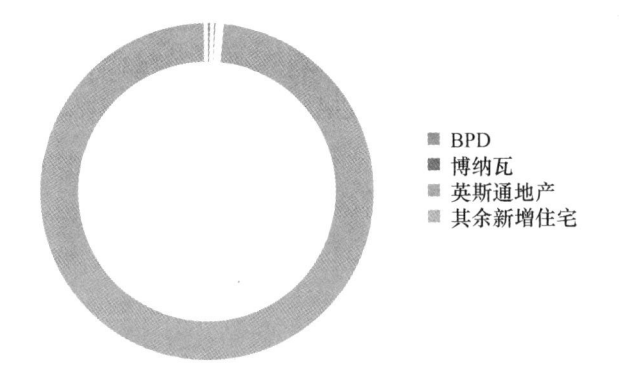

图 2-8　德国新增住宅 TOP 3 房企所占比重

资料来源：德国联邦统计局。

二　民生导向的房地产政策促使企业稳健发展

（一）房地产行业长期基本稳定

如图 2-9 所示，除 2009 年受金融危机影响，德国经济有较大的负增长外，在过去几十年间基本保持了经济的稳定增长，物价稳定，德国房地产市场没有出现房价大幅变动，一直保持平稳发展。在德国，房地产具有重要的社会福利性质，其"服务产业"的产业定位决定了政府制定房地产政策的出发点和落脚点是保障居民住房需求。因此，德国房地产行业的整合是在稳定经济环境下，多基于居民生活福祉的提高而进行的。[①]

[①] 骆玉兰：《德国房地产市场发展经验对中国的借鉴意义》，《北方经贸》2016 年第 12 期，第 12—13 页。、

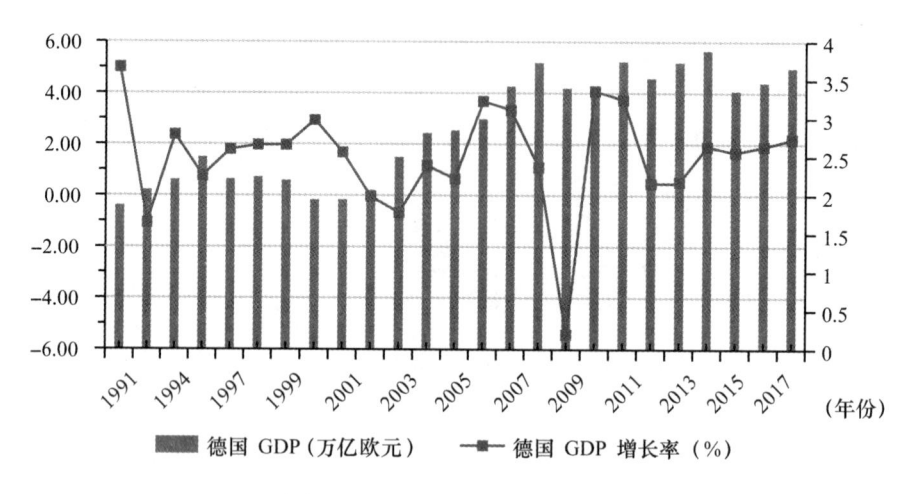

图 2-9 德国 GDP 同比增速

资料来源：世界银行。

（二）稳健的信贷政策避免盲目收购

德国的金融体系以银行为中心，没有发达的股票市场，对银行实行严格监管。德国的金融化程度低于美国、英国、日本等发达经济体，货币供给总量稳定，货币供给增速与物价指数挂钩，经济实现高质量增长，未形成房地产等资产吸收超发货币的金融环境。为了防止过量的资金进入房地产领域，德国政府对杠杆水平进行严格把控。从2016年数据来看，德国负债与GDP的比值仅为106.3%，显著低于美国的151.6%、英国的163.8%。因此，德国保证了国内信贷环境的稳定性，避免房地产泡沫等危机的出现。从行业整合的角度来看，稳健的信贷政策无论对于并购方，还是被并购方都大大降低了财务风险，为并购活动提供了充足稳定的现金流，避免行业发展过程中可能出现的恶性竞争、盲目收购等问题。

三 行业整合重点从扩大规模到聚焦核心城市

德国房地产公司通过并购扩大规模，提升企业竞争力，进而强化市场优势。20世纪90年代后，新建住房减少，存量市场成为房企布局的重点。在人口向大城市聚集的背景下，行业整合呈现布局收缩、聚焦核心城市的特点。

（一）以专业化为核心追求规模效益

德国排名前7的房地产公司都曾通过并购相关企业实现重资产型持有租赁为主的经营模式。以Deutsche wohnen为例，其扩张战略是基于已有的强势业务，收购其他领军企业，并与已有的产品相结合，实现客户面的扩张，进而成为行业龙头，强化市场优势。比如，通过从格哈格和GSW两家房地产公司买入大量房屋，为其后续发展提供了良好基础，保持其德国重要大型房地产企业的地位。沃诺维亚在上市以来经历了一系列并购，包括2014年并购了维特斯（3万套）、德瓦（1.1万套）和弗兰科尼亚（5000套），2015年并购了竞争对手加格法以及苏迪沃，2016年又收购了不动产投资公司，物业组合增至目前的35.4万间。并购加快公司规模扩张的步伐，尤其是2015年收购主要竞争对手加格法后，使公司拥有的住宅数量几乎翻倍，巩固了行业龙头地位。

各大房企并非盲目扩张，在选择并购项目上，大多表现得格外谨慎。并购往往能为公司带来超出预期的运营和财务协同效应。以德国地产龙头沃诺维亚收购加格法案为例。沃诺维亚在收购加格法之后，协同效应高达13.4亿欧元，比预期高了3亿欧元。公司并购带来的不仅是规模的扩张，而且是利用规模经济效益，进一步提升利润。

（二）存量资产管理领域成整合重点

20世纪90年代以来，德国新建住房量和竣工量持续减少，各大房企开始争夺存量市场。依靠存量资产管理，整合行业投资和其他增值服务，进行多元化并购，成为行业整合的重点。以德国龙头房企沃诺维亚为例，自上市以来，该公司致力于整合现代化项目和其他增值服务，投向节能现代化项目和新建筑的资金已经达到7亿多欧元。依靠存量资产管理和并购策略，公司拥有的住宅数量比上市时几乎翻了一倍。同时，公司寻求新的经营管理模式，计划通过模块化施工与流水化的施工方式，降低建设成本，缩短建设周期，增强竞争力。

（三）整合聚焦核心城市

近年来，年轻人大量涌入德国大城市，令柏林、汉堡等地房租节节攀升。2011—2016年间，柏林租金年均上涨9.6%，慕尼黑年均上涨6.9%，汉堡年均上涨4.9%，远超德国整体租金上涨幅度。而柏林、汉堡住房自有率仅分别为14.2%和22.6%。在这一背景下，德国房地产行业整合相应出现了一些新的特点，主要表现为各大房企纷纷出售非核心地区住宅，布局收缩，将重心放在汉堡、柏林、慕尼黑等核心城市。通过并购策略，形成向重点城市倾斜的行业大势。沃诺维亚在2015年年初覆盖全德国800多个地点，但是近年来加快出售非核心城市的住宅，将重心放在柏林、德累斯顿、汉堡、北威州、法兰克福以及慕尼黑等重点城市和地区，2016年覆盖区域已经缩减为665个，未来计划继续缩减至400个左右。

❖ 第三节 日本房地产行业整合的特点

日本前三大房地产企业是三井不动产、住友不动产和三菱地所。大型房企尽管数目较少，但是资金雄厚，信誉、品牌效应明显，在整个行业整合过程中发挥着重要作用。与此同时，中小型房地产企业积极参与并购活动，两者共同作用，形成日本房地产行业的现有格局。

一 行业集中度总体呈上升趋势

以近10年的数据为例，日本TOP 20房企在2011年行业集中度提高至55.9%之后，基本保持在50%左右。根据商品房销售户数，尤其在2012—2015年，住友不动产、野村不动产、三井不动产、三菱地所稳居前四强。2017年，TOP 20房企市场集中度为56.1%，其中TOP 4达27.6%，住友市场占有率为9.28%（见图2-10）。

二 行业整合的影响因素

（一）经济危机加速行业整合

如图2-11所示，在20世纪90年代日本经济及需求下行区间，日本龙头房企通过处置大量闲置土地，出售海外资产以及收益性较差的资产，以提升财务状况和保证流动性。如图2-12所示，三井不动产通过精简业务结构，出售闲置资产，其存货水平从90年代初开始不断下降。通过资产腾挪，公司的现金及现金等价物水平在90年代

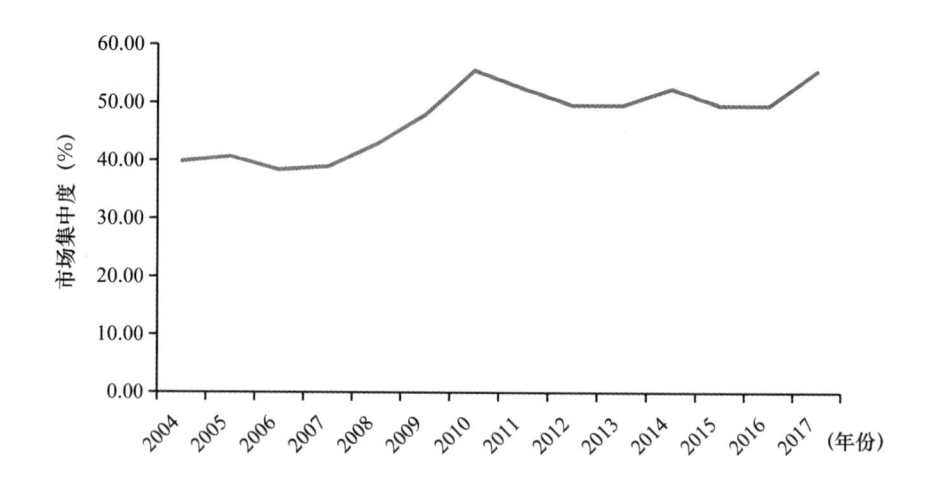

图 2-10　日本 TOP 20 房地产行业集中度

资料来源：日本不动产经济研究所，中指研究院整理。

不降反升，一直保持在占总资产 5% 左右的水平。住友和三菱则缩减了大量人工成本，也出售了大量海外资产。

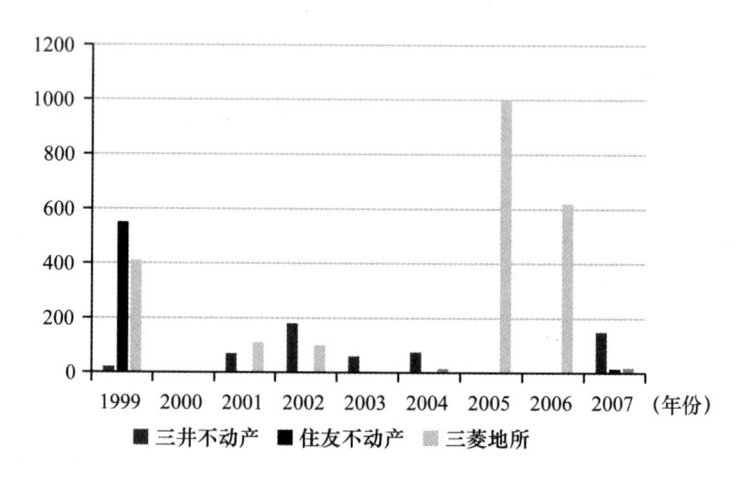

图 2-11　日本龙头房企转让项目规模（亿日元）

资料来源：中信建投证券研究发展部。

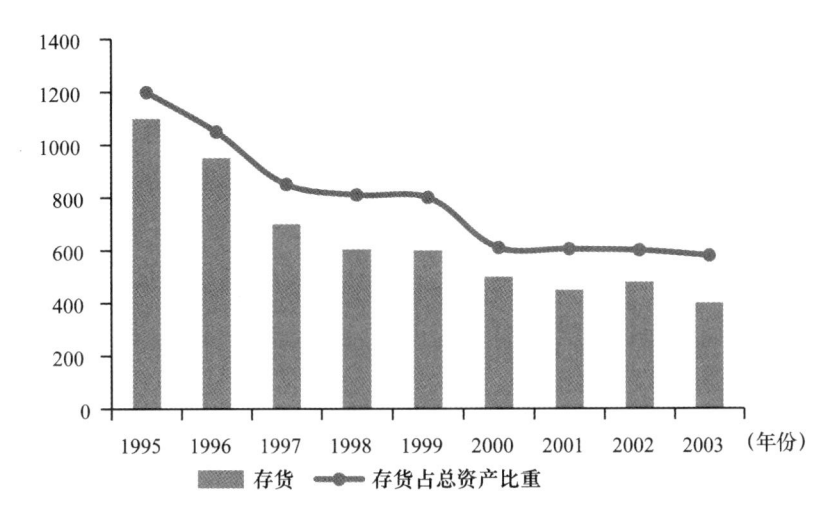

图2-12 三井不动产20世纪90年代加速去库存（亿日元）

资料来源：中信建投研究发展部。

2000年以后，随着经济下行，市场环境低迷。在房地产领域，市场在经历持续收紧后，保持着平稳发展，但是其竞争格局持续演变。如图2-13所示。2002年到2013年，日本GDP增速在波动中呈先增长后下降的态势，与此同时日本房地产市场集中度却体现出稳步增长的态势，大型房企市场占有率不断提升。2002年，TOP 20房企市场集中度在40%左右，而到了2013年，日本TOP20市场集中度保持在50%左右。

（二）流动性注入为行业整合提供了有利的金融环境

如表2-5及图2-14所示，在泡沫破灭后，日本开始全面实施刺激政策，如1991年首次降低利率，1995年实际上降到零利率水平。[①] 财政政策方面，日本政府分别进行三次税制改革：1991年、

[①] 钟小根：《严控房地产发展，控制泡沫不破——日本房地产泡沫破裂的启示》，《上海房地》2018年第12期，第42—45页。

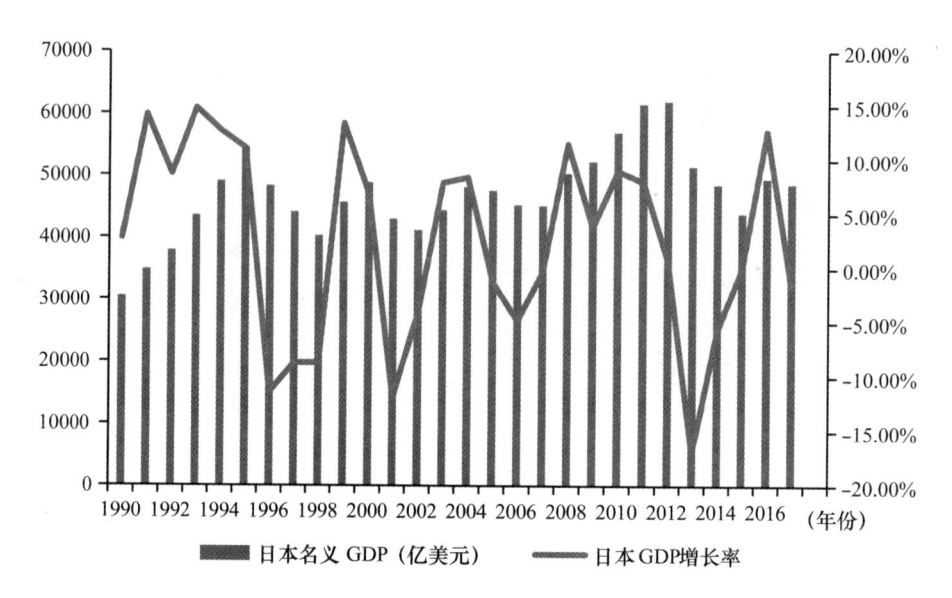

图 2-13　日本 GDP 变化

资料来源：日本统计局。

表 2-5　　　　　　　　　　　　日本房地产政策变动情况

年份	日本房地产政策变动
1986—1987	全国土地使用规划，建立区域监管体系
1989—1990	地产信贷定向紧缩
1992—1993	地价税推出，加强土地流转环节
1993—1994	东京郡地区区域监管体系放松
1996—1997	国土交通省放松城镇楼面面积比率的管制，制定促进土地总体制用新大纲，政策从土地价格管制向促进有效利用转变
2002—2003	地价税取消，SPC法、《证券投资信托及证券投资法人法》出台
2003—2004	J-REITs 上市，城市更新专项政策出台
2004—2005	城市复兴总部建立
2006—2007	金融工具交易法出台

资料来源：日本不动产经济研究所。

1994年、1998—1999年,强调对土地税负的减免。金融体系方面,日本在2000年通过了SPC法和《投资法人及投资信托法》这两个对日本房地产业极为重要的法律和条款,确定了SPC和J-REITs的实施架构,使得投资者在金融市场的资金需求从间接金融转变为直接金融。流动性的注入为行业整合提供了有利的金融环境。

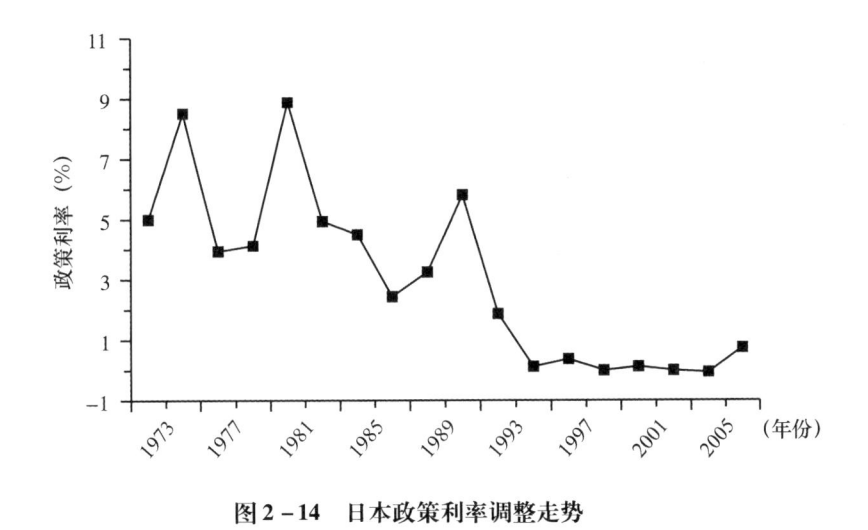

图2-14 日本政策利率调整走势

资料来源:Wind。

三 行业整合重点从规模扩张到转型升级

1990年以前的整合初期,房地产企业均把增加土地储备作为资源整合的重中之重。在市场低迷时储备土地,在市场繁荣时获取收益,已经成为业界共识。土地储备量的多少,一定程度上决定了未来房地产开发能力的强弱。拥有大量优质的地产物业,势必能够带来稳定的现金收益。日本房地产泡沫破裂后,整个房地产行业在收入和效率上急剧下降。为了实现业务结构升级,维持集团未来的可持续发展，各大房企纷纷出售非核心资产，通过整合兼并，改变以往资本密集的经营方式，从房地产开发业务向房地产服务业务转变。

（一）1956—1978 年：规模扩张，整合集中在大城市

20 世纪 50 年代开始，随着人口不断涌入东京等大城市和核心城市，日本城市化水平进一步提高。城市化的不断推进，促进东京城市圈的形成，又进一步对周边地区产生吸引力。大量外来人口和郊区人口的涌入，刺激了城市内部的住房需求，从而催生房地产市场的快速兴起。进入 70 年代，日本经济进入稳定增长期，日本房地产业进入相对平稳的增长期。由于人口往大城市迁移以及战后出生人口进入购房期，住宅需求大增，住宅用地价格涨幅大大超过商业等其他用途土地，促使房地产开发商投资建设高层公寓，并通过整合兼并，不断扩大房地产供给。这一时期的房地产整合或并购现象，主要集中在大城市或特大规模城市。

（二）1979—2002 年：整合并购，共渡难关

1979 年，日本放松土地税收政策，地价上涨并开始提速。1990 年，日本房地产泡沫破裂后，日本经济进入"失落的十年"，日元贬值，房价暴跌，房地产市场陷入困境。日本房地产业三大巨头三菱地所、三井不动产以及住友不动产业绩出现连续负增长，当时最大的房企三井不动产，更是在 1997—2000 年连续亏损。尽管在 2000 年以后住宅市场需求增长，日本房地产业显示出复苏迹象，但好景并未持续下去。多家地产公司在困境中苦苦挣扎，各种统计数字也让人难以乐观。日本两家大型地产公司三井和住友不动产旗下的三井建设公司与住友建设公司在危机中宣布进行合并。

(三) 2002—2008 年: 向轻资产模式转变

受房地产泡沫、金融危机以及日本大地震影响, 日本房地产企业原有的重资产模式已很难继续奏效, 开始探寻新的运营模式。日本三大房企三井、住友以及三菱分别提出长期经营计划、中期发展计划和中期管理计划, 依靠新兴的房地产证券化市场建立改变发展策略, 增强房地产流动性。

以住友不动产为例。1998—2001 年, 住友不动产启动四年业务重建计划, 在不依靠土地投资业务的前提下, 发展定制建设及经纪业务, 同时逐步平衡各业务领域的发展; 2005 年, 推出 2005—2007 财年的中期发展计划, 提出未来业务的增长重心放在房地产收费业务上; 2016 年, 提出中期管理计划, 在完成累积经常性利润目标的同时, 持续投资租赁事业, 将住宅定制、公寓租赁、酒店等非核心业务发展成为集团的第五类支柱业务。

2002 年, 经过房地产泡沫破裂后所谓的"失落的十年", 日本中小型房企依托政府扶持, 建立了纵横交错的动态联盟体系。从纵向来看, 往往以某一企业为龙头, 按照系列化方式, 形成"金字塔"结构, 从而减少市场风险。从横向来看, 各企业或通过产业关联进行"流水线"式的配套, 诸如工序的连续性; 或是生产同类产品的企业通过"协同组合", 制定统一价格、统一销售方式, 共同维护市场秩序。日本的中小型房企"小而精", 它们根据资金、设备、人才、技术、商品的不同, 实行垂直分工或水平分工, 把产品做精、做细、做专、做深, 从而加强行业内部合作, 增强竞争力。

(四) 2008 年至今: 行业的寡头格局日益清晰

受 2008 年金融危机影响, 中小型房企被迫退出房地产领域, 日本房地产行业的寡头格局日益清晰，日本财阀新的并购扩张方向主要集中于海外扩张。这一阶段，并购主要为了利用海外廉价优质资源，来解决国内行业整合、市场收缩和竞争局面复杂化的战略需求。

◇ 第四节 中国香港房地产行业整合的特点

由于土地资源的稀缺性，中国香港房地产市场高度集中。在数次房地产周期中，经过不断整合和发展，最终形成以新鸿基、长实集团、新世界发展及恒基地产为代表的 10 家规模庞大且资金实力雄厚的大型房地产企业。[①]

一 房地产行业日益高度集中

（一）1945—1967 年：大量小型房企出现

战后，中国香港经济复苏，人口急剧膨胀，住房矛盾突出。如图 2-15 所示，1945 年，中国香港人口约 100 万，1950 年已经超过 200 万，至 1967 年接近 400 万。一方面，战争对住房造成严重的损毁，住房供给严重不足；另一方面，居民住房需求只能通过廉价劣质的租房解决。在这个阶段，地价与租金不断上涨，住房矛盾不断积累。为缓解住房矛盾，政府放开限价条例，鼓励建房。

这一阶段，大量房地产企业应运而生，而且绝大多数为中小型公

---

① 夏磊：《香港房地产大佬称霸史》，《地产》2019 年第 9 期，第 30—37 页。

司。兼营地产业务的企业大约有500家，资本在10万元以上的约有150家，1000万元以上的约有100家，其余都是体量极小的个人经营地产公司。

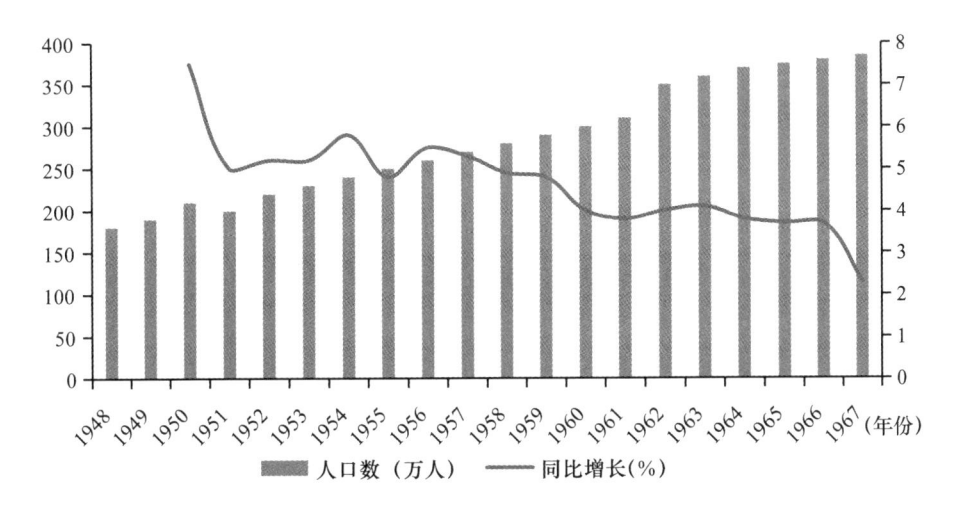

图2-15 中国香港人口变化（1948—1967年）

资料来源：恒大研究院。

（二）1968—1984年：房企规模扩张阶段

在这一阶段，各大房地产企业通过上市获得融资，通过并购重组进行大规模扩张。在1972年下半年至1973年，至少有65家地产公司上市，其中包括新鸿基、恒隆、长江实业以及新世界发展等一批知名的房地产企业。这些房地产企业早期在香港楼市危机中低价吸纳大量的土地，并在楼市复苏时期进行多个物业项目的开发，因此奠定了强大的行业地位和市场声誉，并在此基础上进行多元化扩张，最终成为大型综合性集团。

以长实地产为例，长江实业于1972年上市后，与国际金融机构合作，利用高效融资手段快速扩张规模。20世纪70年代末至80年代中期，公司动用大量现金收购外资上市公司，获得大量优质资产和廉价土地，1979年入主和记黄埔。

（三）1985—1997年：行业走向高度集中

随着市区旧楼重建的完成，小幅土地大大减少，再加上地价不断上涨，新建楼宇对房地产商的资金实力提出更高的要求。小型房地产企业逐渐失去拿地能力，市场集中度不断向龙头房地产企业集中。10家地产集团的开发量约占香港地产总开发量的80%左右，最终形成由前10家房企占据超过八成市场份额的格局。这一阶段，进入白银时代，天花板显现，各大房企积极探索多元化发展模式。例如，长江实业在1985年通过和记黄埔收购香港电灯，进行多元化扩张。

（四）1997年至今：前十大房企占90%以上份额

1997年后，前十大上市房地产开发商占据香港房地产行业93%的市场份额，行业集中度又创新高。这些大型房地产开发商规模庞大，资金雄厚，债务杠杆低，且具有独特的商业模式，通常独立完成从投资开发到销售管理的全面运作，具有很高的市场占有率和很强的市场影响力。

目前，香港前十大房企通过不断摸索打造了成熟的产品线，在核心地区拥有高价优质物业。2018年，香港前十大房企共持有写字楼约418万平方米，市场占有率约达到35%；零售业楼宇约338万平方米，市场占有率达约30%（见表2-6）。

表 2-6　　香港房地产商代表产品梳理（2018 年）

公司名称	香港已落成写字楼		香港已落成零售物业		代表性投资物业
	面积（万平方米）	占有率（%）	面积（万平方米）	占有率（%）	
新鸿基地产	114.4	9.5	130.0	11.5	IFC、APM
长实集团	50.0	4.2	45.3	4.0	长实集团中心、和记大厦
恒基地产	36.7	3.0	52.2	4.6	恒基广场
太古地产	104.4	8.7	27.8	2.5	太古里、太古汇、颐堤港
九龙仓置业	66.3	5.5	41.3	3.7	IFS、时代广场、奥特莱斯
恒隆集团	21.4	1.8	25.5	2.3	恒隆广场
希慎兴业	25.0	2.1	15.6	1.4	希慎广场、利园、利舞台
合计	418.2	34.8	337.7	30.0	

资料来源：恒大研究院。

二　经济周期对行业整合影响大

（一）经济周期深刻影响房地产行业整合

如图 2-16 所示，1968—1973 年，中国香港经济高速增长，GDP 增速超过 10%，已从银行信贷收紧的危机中走出，迅速得到复苏。1972 年，香港股市进入狂热阶段，60 多家房地产公司借此机会上市融资，通过筹集资金拓展业务或者在股市中兼并收购，以扩大资本规模。

（二）产业转型促进商业地产兴起

每次经济危机都有企业危中转机。在中国香港，产业结构转型促成商业地产的兴起。如图 2-17 所示，20 世纪 80 年代，香港产业结

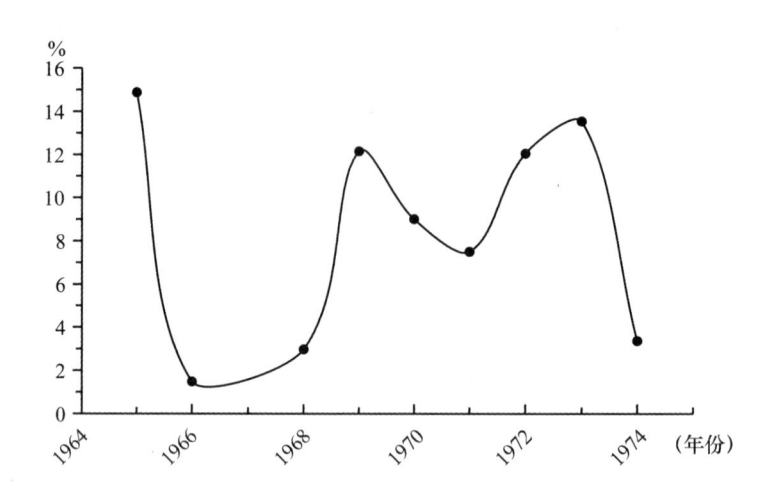

图 2-16　香港 GDP 增长率（1965—1974 年）

资料来源：世界银行。

构升级，逐步形成贸易物流、金融服务、专业服务和旅游业为主导的经济结构。2017年，这四个行业增加值占GDP比重分别为22.2%、17.6%、12.4%和5%。产业发展带动了对商场、写字楼的需求，香港写字楼租赁需求中，接近60%来自金融服务业，来自零售贸易及运输物流企业需求占比超过20%。香港购物天堂的地位，毫无疑问也增加了旅游业对零售物业的贡献度。

（三）房地产政策对行业整合有重大影响

20世纪50年代，为了缓解住房矛盾，鼓励新建住房，香港出台政策限制租金，但新建住房除外，同时放开"限建令"。这一时期，大量中小型房企进入市场，大部分体量较小。

70年代，"新市镇开发"以及"十年建屋计划"大大刺激了房地产企业发展。新兴房企大量并购整合，奠定了其强大的市场地位，并逐步扩张。行业正式进入整合时期。

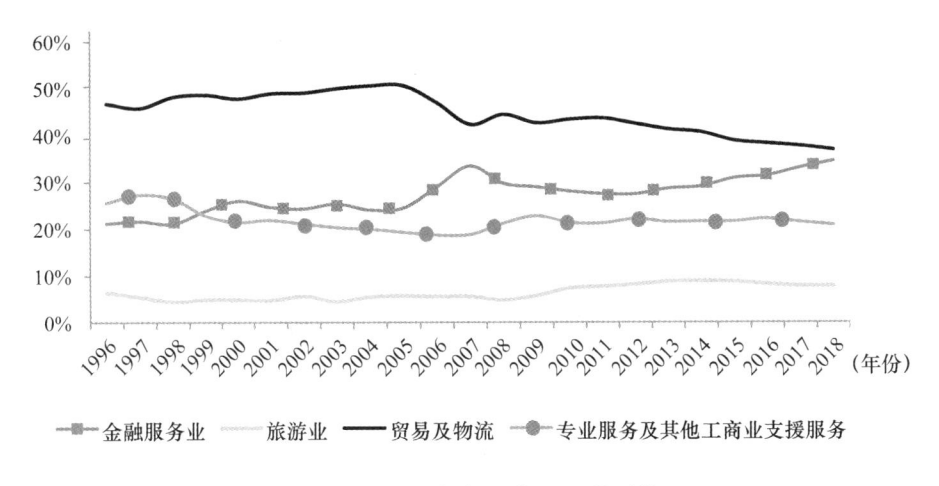

图 2－17　香港四大产业对 GDP 的贡献

资料来源：恒大研究院。

房地产市场是香港政府唯一直接干预的市场。香港房地产企业想要获取土地储备，唯一的方式是通过竞拍取得土地。由于大型房企在经营规模、资金规模等方面远胜于中小企业，所以在早期竞拍中，大房企占有很大优势，并在香港楼市危机中低价吸纳了大量土地，奠定了强大的行业地位和市场声誉，在行业整合中取得了主动权。

三　行业整合的重点从增加土储到多元化发展

（一）行业扩张期：整合重点在增加土地储备

香港地少人多，寸土寸金，收购具有土地资产的公司是房企快速增加土地储备的途径，如恒基地产在20世纪70年代并购了中华煤气。80年代初，香港土地价格开始上涨，对于地产商来说，需要获取土地资源进行开发。牛奶公司、中华巴士公司等拥有土地资源，而股票价格长期低迷，土地价格上涨之后，它们就成为并购的首选目标。怡和洋行旗下的置地集团兼并牛奶公司，长江实业通过兼并拿下了和记黄埔和香港电灯，包玉刚收购九龙仓转型之战，均是地产并购的经典之作。

与内地房地产市场相比，香港房地产市场集中度较高，市场接近饱和。于是，从20世纪90年代初开始，香港地产企业纷纷投资内地房地产业，投资区域主要包括广东、福建、武汉、四川、上海、北京等地，形成香港房地产业发展的又一趋势。由于政策限制和地域文化，香港房地产企业进军内地市场以并购内地企业为主。如2007年5月，香港建设集团以7.5978亿元人民币收购天津市仁爱置业发展公司，从而取得天津市静海县团泊湖东部的一块地皮，用作住宅开发。

（二）行业成熟期：整合重点为多元化发展

因为房地产业发展的周期性，香港的房地产企业在发展到一定阶段后，往往采用混合并购的策略，利用各个产业不同的发展周期来降低企业的经营风险。[①] 如香港"四大天王"之一的恒基集团，20世纪90年代并购了美丽华大酒店。被并购时，该酒店经营五种业务，包括酒店、物业出租、饮食、旅游及证券投资。另一家房地产巨头新世界地产，早在90年代就开始了多元化的并购策略，通过收购永安集团、美国华美达集团等公司，进入电讯、基建、酒店等行业。又于2007年成立新世界百货，2009年成立香港艺术购物中心K11，2015年与中东阿布扎比投资局成立合资企业，公司又一直在拓展多元化业务，为长远发展奠定基础。

1981年，新鸿基开始尝试发展商业地产，启动沙田新城市广场

---

① 李求军：《房地产开发：从"香港模式"到"美国模式"》，《中国房地产》2008年第8期，第50—51页。

等大型项目。随之而来的地产低谷让新鸿基更加注重商业地产扩张。1988年,新鸿基在营运资本规模不变情况下,净经营现金流首次超过20亿港元。这一年,公司正式启动租售混合经营的转型,明确提出将在未来三年集中拓展投资物业,使投资物业面积从当时的680万平方英尺(430万平方英尺的落成面积和250万平方英尺的待建面积)增加到1500万平方英尺,租金收入则从4.8亿港元增加到16亿港元(见表2-7)。

表2-7　　　　　　　　　新鸿基地产发展历程

转型前期	1973—1976年:专注小型住宅的开发销售
转型中期	1977—1987年:以开发物业为主,尝试出租物业转型;1988—1991年:以开发业务现金流滋养投资物业,集中转型
转型完成	1992年后,租售混合经营进入平衡期,租金收入占比不断提升

资料来源:恒大研究院。

第五节　房地产行业整合规律总结

一　行业集中度总体呈上升态势

从以上典型国家和地区房地产行业集中度的数据来看,2002年以来,美国及日本房地产行业除金融危机前后出现波动外,行业集中度总体呈现上升趋势。其中,美国2019年TOP 3房企市值占行业总额的57%,日本2017年TOP 4与TOP 20市场份额占比分别为27.6%、56.1%。德国则受租房为主的住房制度影响,行业集中度普遍较低,2016年TOP 3市场占有率仅为4%,但同样表现出行业整合的稳定趋势。1945年后，中国香港出现大量中小型房企，到20世纪七八十年代房地产企业实现规模扩张，发展至今，前十大房地产企业占市场份额的90%以上，市场高度集中。总体而言，发达国家和地区房地产市场发展进程中，市场集中度呈上升趋势，且部分国家和地区的市场集中度较高。

二 经济下行周期行业整合加速

面对不利的市场形势，历史上多次出现房地产企业通过并购的方式应对行业风险，争取新的发展机会。在经济衰退期，特别是金融危机之后，一方面，经营不善的房企被迅速淘汰出局，市场份额进一步被有话语权的大型企业所掌握；另一方面，许多中小企业在危局中挣扎，试图通过被并购，共同渡过危机，因此催生了危机后的房地产行业整合加速。

美国房地产市场发展经历多次周期，呈现"复苏—繁荣—衰退—萧条"的循环过程，上行周期通常持续时间较长，下行周期伴随泡沫迅速破裂。从历史进程来看，美国房地产行业整合的进程和美国经济发展阶段有着密不可分的联系。2005—2008年，GDP增速分别为3.51%、2.85%、1.88%和-0.14%，GDP增速下行，TOP 10市场份额从2005年的24%提高到2006年的28%，行业集中度明显提高，2007年和2008年基本稳定在这一水平。

从2002年到2010年，日本GDP增速在波动中呈下降态势。与此同时，日本房地产市场集中度体现出稳步增长的态势，大型房企市场占有率不断提升。2002年，TOP 20房企市场集中度在40%左右，到2010年，TOP 20房企市场集中度提高到55.9%。

三 整合的侧重点与房地产发展阶段有关

(一) 房地产增量市场阶段以规模扩张和扩大土地储备为主

在房地产以增量市场为主的阶段，行业发展初期，房企普遍规模较小，数量多，资本实力有限，竞争力不强，土地储备尚未成规模；发展过程中，形成以获取土地资源为主要目的的行业整合，房地产企业在规模上出现分化，大型房企通过并购取得资源优势，在市场上获得竞争优势，获取规模收益。从美国、日本、中国香港经验来看，增量市场阶段的房地产企业并购活动往往以房地产开发规模扩张为目的。

美国房地产公司在20世纪60年代大规模扩张。例如，普尔特公司将业务拓展到华盛顿特区、芝加哥和亚特兰大的市郊；桑达克斯公司在1966年并购J. W. Bateson公司，在低端产品市场取得成本竞争优势。中国香港恒基地产在20世纪70年代并购了拥有大量土地的中华煤气就是基于此目标。无论是从适度跨区域发展到大规模并购扩张，还是从直接购买土地到各种灵活的拿地方式，各大房企都在不断调整中发展壮大，进行市场扩张。

(二) 存量市场阶段重点为产业链延伸和多元化整合

到了行业发展成熟阶段，受制于土地供应紧张，横向并购难以扩展，以及为了进行多元化经营、分散经营风险等原因，许多房企将目标瞄准其他行业和部门。例如，美国普尔特公司1996年与通用电气公司家用电器部门合作，1998年股权收购迪佛士住宅建筑公司等。另外，这一轮的行业整合大部分发生在大企业之间。通过并购，资金和土地迅速集中，行业集中度也迅速提高。中国香港恒基地产在20世纪90年代就开始了多元化的并购策略；新世界地产通过收购永安、华美达公司等，涉足酒店、基建、电信等领域，扩展多元化业务。

进入存量房阶段，行业发展的天花板开始显现，各大房企开始尝试产业链上下游整合，向房地产服务业务转型。例如，美国普尔特通过并购ICM进入房地产金融领域；桑达克斯于1972年兼并福克斯＆雅各布斯公司，从2002年开始涉足物业服务领域；日本三井不动产2003年提出长期经营计划，将未来定位为日本领先的房地产解决方案和服务提供商；住友不动产也早已进入房地产服务行业，1996—2016年，房地产经纪业务占比始终维持在7%左右。

第三章

中国房地产行业整合的趋势分析

我国房地产行业集中度日益提高，已进入行业整合的加速发展期。这与所处房地产市场阶段、行业发展期、市场周期和调控政策等因素密切相关。下一阶段，房地产行业整合将与培育行业新动能结合，在推动行业整合、提升效率的同时，避免行业集中度提高带来的负面影响。

◇ 第一节 中国房地产行业整合主要影响因素分析

房地产行业整合主要与房地产市场所处的发展阶段、行业发展期、房地产市场周期、房地产调控政策特别是融资政策变化、企业对战略机遇的把握、房地产企业本身的并购整合能力等密切相关。

一 市场需求的影响

市场需求是房地产行业整合的重要影响因素。根据一般均衡理论，市场需求经市场供应影响市场竞争，进而影响行业整合。市场需求增加，产生新的利润空间，刺激供应增长，市场竞争相对减弱，行业整合放缓；反之，市场需求减少，利润不足，供应被迫收缩，市场竞争激烈，行业整合加速。由于人口结构老龄化、城镇化进入后增长阶段、居民住房需求由数量向质量发展等影响，我国住房市场正由增量时代逐步进入存量时代，住房需求增速放缓并可能趋于稳定。这将引发现有住房市场的激烈竞争，加快促进房地产行业整合。

(一) 住房需求增长稳中趋降

一是从人口结构来看，我国住房需求增量空间逐渐进入压缩阶段。目前，我国正加速步入老龄化社会，60 周岁以上老人占比从 2011 年的 13.7% 升至 2017 年的 17.3%，这种趋势还将在相当长一段时间延续。同时，我国生育率相对经济发展水平出现过早下降的情况，2010 年总和生育率仅为 1.18，而同期发达国家为 1.7。人口红利消失，意味着住房需求增速开始放缓。首次置业和改善需求的购房人群主要年龄段为 25—49 岁，我国该年龄段人口占总人口的比例在 2015 年达到顶点。据预计，到 2035 年，这一比例将低于 35%。

二是城镇化进入中速增长阶段。2018 年，我国城镇化率达到近 60%。美国学者诺瑟姆将城市化划分为三个阶段：城镇化率 30% 以下为初期阶段，30%—70% 为中期阶段，70% 以上为后期阶段。目前，我国处于城镇化的中期阶段。从 2015 年开始，我国城镇化率增速出现明显下降，已进入城镇化中期偏后阶段，增速放缓，由高速增长进入中速增长阶段。相关研究预计，2030 年，我国城镇化率将达到 70%。此后，我国将进入城镇化后期阶段。

三是人均住房建筑面积已接近 40 平方米，套户比超过 1。根据国家统计局数据，2018 年，我国城镇居民人均住房建筑面积为 39 平方米。据相关测算,我国城镇住房套户比超过1,如果将小产权房、集资房、集体宿舍等存量住房考虑进来,城镇住房套户比可能超过1.1套。住房发展重点正处于由数量为主转向数量和质量并重阶段,部分城市已进入质量为主阶段。

未来,住房需求主要由以下部分构成:一是城镇化进程的持续以及城市吸引人才的住房政策将为部分城市带来增量需求;二是我国城镇存量住房中部分品质不高、配套不全、环境较差住房的更新改造将对住房需求形成一定的支撑;三是人们对美好生活的向往将支撑改善型住房需求的不断释放。因此,住房需求在一定时期内会保持一定规模。

(二) 房地产市场逐步进入存量时代

国家人均GDP全面超过8000美元是房地产市场从增量到存量的分水岭,我国2017年人均GDP达到8800美元。根据贝壳找房数据,从新房、二手房成交量来看(见图3-1),50个重点城市中,21个城市的二手房交易量超过新房。2018年,这一数字达到24个。

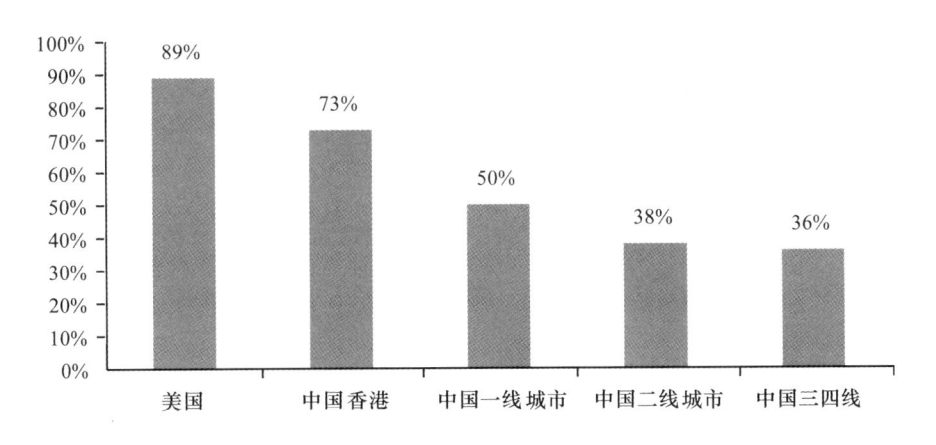

图3-1 2017年二手房成交份额占比

地区	占比
美国	89%
中国香港	73%
中国一线城市	50%
中国二线城市	38%
中国三四线	36%

资料来源:中指研究院、恒大研究院。

二 行业发展的影响

行业发展状况是影响行业整合的直接因素。根据生命周期理论，行业在不同生命阶段具有不同发展特征，实现不同发展目标。就现状来看，我国房地产行业逐渐由以开发为主的高速外放式增长转变为以资产管理为主的稳定转型式增长，由成长期步入成熟期，行业竞争激烈，集中度进一步提高，行业整合趋势显著。

（一）房地产行业由成长期向成熟期过渡

产业生命周期是指产业由成长到衰退的演变过程，一般分为初创、成长、成熟和衰退四个阶段。我国房地产业正处于从成长期向成熟期过渡的阶段。在成长期，房地产行业表现为高速增长，甚至"野蛮生长"，进入成熟期，行业集中度将持续提升，并且速度明显加快，资本向头部企业聚集，市场集中度进一步提高。同时，由于房地产开发的综合成本越来越高，行业净利润率逐渐向社会平均利润率靠拢。

（二）房地产行业以开发为主向以资产管理为主转型

综观典型国家和地区房地产行业发展历程以及我国的房地产业发展，大致包括两个阶段。

第一，"开发时代"——以开发建设为主的阶段。市场竞争主要体现在规模、成本和速度上，扩大规模、提高周转速度是企业核心竞争力。具体来说：首先，开发企业通过土地招拍挂等方式以自有资金取得出让土地使用权；其次，开发企业通过资金杠杆（包括房地产开发贷款、施工企业垫资、商品房预售等）撬动资金链，实施房地产开发；最后，通过商品房销售回款，完成整个资金循环。

第二，"资管时代"——以资产管理为主的阶段。国际经验表明，房地产在经历大规模开发阶段后都进入了以存量资产运营、改造和交易为主导的阶段，形成一个庞大的市场。目前，我国房地产行业正处于转型阶段，即从以开发为主的阶段向以资产管理为主的阶段过渡。

三 市场周期及调控政策的影响

与其他国家和地区房地产行业整合主要受经济上行或下行周期影响较大不同，中国房地产市场自2003年起始终受政府调控，房地产行业整合与企业并购受金融货币政策和市场管控力度影响程度较大。管控力度大，则市场空间受限，竞争激烈，行业整合趋势明显；反之，管控力度放松，市场空间增加，竞争相对缓和，行业整合趋势减弱。

我国金融货币政策常常是逆周期调节，市场管控力度则与住房制度的顶层设计有关。目前，我国房地产行业受"去杠杆"与"房住不炒"政策影响，处于并将长期处于受管制状态，行业发展空间有限，整合趋势显著，并伴有专业化与多元化发展态势，未来将可能呈现大规模、专业化、多元化企业集团共生的局面。

此外，"一城一策"政策满足不同地区行业差异化发展需求，都市圈、城市群、新型城镇化等具体政策应运而生，激发出新的增长动力。行业整合在不同城市、不同区域呈现不同态势，为房地产行业软着陆提供条件。

（一）调控政策转向长效机制建设

习近平总书记2017年10月在党的十九大报告中指出，"坚持房子是用来住的、不是用来炒的定位，加快建立多主体供给、多渠道保障、租购并举的住房制度，让全体人民住有所居"，确立了"房住不炒"的新定位。2019年7月召开的中央政治局会议提出，"不将房地产作为短期刺激经济的手段"，释放出我国坚持房地产调控不动摇的明确信号。本轮调控自2016年"9·30"调控政策开始，已持续近4年，政策实施显示"长周期"特征，而非过去刺激与收紧循环交替的"短周期"。住房调控长效机制的建设，将持续压缩增量市场空间，部分专业能力差的企业将在市场竞争中退出，促进房地产企业并购整合。

（二）"一城一策"导致各线城市市场周期的差异化

以往的房地产调控采取全国"一刀切"政策，容易造成各类城市同涨共跌的共振效应，加大市场波动和风险。在"一城一策"要求下，不同规模城市、不同区域，在稳地价、稳房价和稳预期的目标下，根据城市发展和市场情况进行调控，使各城市间房地产市场周期呈现差异化，并购机会随之轮动出现。从全国范围来看，能够在一定程度上实现市场波动的对冲，使周期的波幅减小、波长加大，从整体上维持房地产市场结构化、稳定化发展，使并购重组成为房地产行业发展的长期趋势。

（三）融资政策收紧，加速行业整合

商业银行在配置信贷资源时，主要选择国有控股房地产企业、头部房企。这些企业可以获得更大的授信额度和更低的融资成本。以2018年为例，排名前10的头部房地产企业平均融资成本仅约5%，部分央企或国企背景的房地产企业融资成本甚至更低，而中小房地产企业信托融资成本则达 12% 至 15%，部分民营房地产企业融资成本更高。在我国加强宏观审慎管理、抑制杠杆过度扩张和顺周期行为、对房地产进行逆周期调节的环境下，融资差异化可控制房地产信贷增长，大企业融资环境较中小企业相对宽松，中小房地产企业资金更为紧张。房地产融资政策收紧，将加速行业优胜劣汰，进一步推动行业整合。

四 企业自身能力的影响

日趋显著的行业整合趋势促使企业"穷则思变"，在竞争中谋求出路与发展。规模企业进一步扩大规模，实现规模生产，获得市场份额与成本优势；专业化企业加强专业化水平，占领细分市场，获得技术比较优势；中小企业及涉足房地产领域的非房地产企业，则面临转型的重要时机。其中，企业把握战略机遇的能力与魄力以及综合实力，是影响行业整合进程的重要因素。

（一）企业把握市场战略机遇，加速行业整合

市场判断、战略定位、资源整合等方面能力强的企业，往往能够把握战略机遇期，实现规模快速扩张、主动转型，以赢得先机。

在我国房地产行业整合趋势显著、土地及资金等优质资源向大型房地产企业集中，以及一二线及城镇化率高的城市住房市场增量空间减少的形势下，区域、产业地产等细分市场显现发展机会，传统房地产行业逐渐向规模化、专业化、多元化转变。抢占市场先机，做强做大，成为龙头企业，才能避免被动整合。以区域细分市场为例。近几年，三四线城市房地产销售占比从 2015 年的 55% 上升到 2017 年的

70%。但在2017年之前，多数大型房地产企业并不看好三四线城市，而部分房地产企业，如碧桂园、恒大等借助三四线城市的发展机遇，实现跨越式发展。TOP 10房地产企业中，至少有6家在三四线城市的供给量超过50%，还有一些房地产企业借助2016年以来三四线城市房地产市场的繁荣而实现快速发展，排名进入TOP 10—20之列。

（二）企业战略转型推动行业整合

为适应房地产市场进入存量时代、行业发展进入成熟期且整合趋势显著和行业转型的大势，不少房地产开发企业为赢得先机，早早开始进行转型布局，以求快速占领细分市场或区域市场。

以万科为例。早在2013年年底，万科就将战略定位为"城市配套服务商"，2018年升级战略定位并提出做"城乡建设与生活服务商"。其战略定位的升级主要体现在两个方面：一是将城市扩大为城乡。2017年，万科开始布局"万村计划"，把乡村纳入战略考虑，参与城中村综合整治与经营，实现城市和乡村的良性互动。二是从"配套服务"升级到"生活服务"。截至2017年年底，万科在15个城市提供养老服务，获取项目约170个，在全国参与运营超过10所学校。此外，它提出这一目标：进入全球最大的住房租赁企业行列，计划用三年时间赶超德国企业，成为全球最大的公寓租赁企业。这说明，住房租赁市场已成为万科转型的重点。万科未来的发力点将继续以集中式公寓和家庭公寓为主。

（三）企业收并购和合作等整合能力彰显行业整合质量

除了市场公开招拍挂以外，收并购是房地产企业实现快速扩大规模的重要途径。尤其是在一二线主要城市招拍挂供地规模逐渐缩减和融资收紧后中小房企资金链承压的趋势和背景下，收并购成为房企获取土地和项目资源的重要渠道。通过收并购，市场份额快速向大型房企集中，进一步推动行业整合升级。

收并购也加强了房企之间的合作，如合作拿地、项目合作开发和存量改造等。一方面，房企抱团取暖，联合拿地，规避竞争，分享受益，如万科、保利和龙湖等企业 2017 年以联合体形式在北京取得 13 宗地块，成交金额 597.8 亿元；另一方面，部分房企在取得土地资源后，由于各种原因希望出让部分股权，引入合作方，借助合作方的品牌影响力和产品力，获得较高销售收入。合作方也希望在项目开发到中后期时收购项目部分股权，压缩投资周期，快速获得投资回报。此外，收并购还促进了企业间多种方式的合作，如旭辉的战略合作、资本合作等。

从合作主体的组合方式看，包括强强联合和强弱合作。一是强强联合。合作企业凭借自身的品牌优势、开发能力、管理能力等，实现优势互补，扩大销售规模。如 2016 年，万科与碧桂园、龙湖、金地、雅居乐、中粮等企业均有合作。二是强弱合作。大型品牌开发企业与本土中小企业合作，实现对三四线城市甚至五六线城市房地产市场的渗透，拓展市场布局，扩大销售规模。如 2016 年，碧桂园与湖南省四家本土企业合作，增加在长沙和常德的土地储备，并首次进入娄底市场。

◇ 第二节　中国房地产行业整合的趋势

基于对以上房地产行业整合主要影响因素的分析，结合我国房地产行业发展阶段和国际经验,未来,我国房地产行业整合主要有四大趋势。

一 行业集中度将进一步提升

当房地产市场增量空间减小、存量市场主导供给,行业经快速扩张阶段进入成熟期,增速放缓时,土地和资金等房地产行业要素资源必然向谈判、融资、溢价、成本控制能力更强的头部房地产企业集中,行业集中度加速提升。

就动机而言,一方面,房企追求规模效应。销售规模是房企实力的表征,为融资与获取土地资源带来极大便利,因此,大型房企通过区域深耕、高周转、快销售等方式扩大规模。另一方面,随着金融严监管及部分城市土地出让时对房企开发资质和规划设计能力要求较高,资金和土地逐渐向龙头房企集中,中小房企融资、拿地受困,逐渐退出市场。目前,各家银行对房地产信贷资源配置均设置名单制管理,规模大、风险管控能力强、产品适销对路的房企更容易获得银行贷款。2018年,招保万金、华侨城五家龙头新增有息负债占A股上市房企的50.2%,较2017年进一步提升。近几年,多个城市创新土地出让规则,不再采用"价高者得"的单一维度,而是综合评价意向房企的规划、设计、开发等能力。较窄的融资渠道、较高的融资成本及高企的土拍门槛,不断压缩中小房企的生存空间。2018年,行业五强新增货值占比19.7%,高于同期销售额市场占有率,意味着未来销售市场份额仍将提升。

就国际经验趋势而言,与较为成熟的房地产市场相比,我国房地产业集中度依然有一定提升空间。2003—2016年,美国龙头房企集中度总体是上升态势。TOP 10 的房地产企业市场份额占比从 22.5% 增加到 29.4%。据中指研究院统计，2018 年，我国 TOP 10 企业的市场占有率为 26.4%；根据克尔瑞统计，2019 年 1—10 月，百强房企销售金额的市场占有率达到 30%，较 2018 年提升 3 个百分点。

如前所述，由于我国城镇化还存在增量空间、全国各省市房地产政策相互关联或协调，中小房企呈现"杂、散、小"特征，我国房地产业集中度还有提升空间，未来将显著高于美国。同时，在行业集中度持续提升的过程中，与之相伴的是，市场上将出现大量并购业务。

二 市场下行阶段整合将呈加速态势

从历史经验来看，在销售增速大幅放缓的年份，行业集中度提高明显。2010 年、2014 年和 2017 年销售增速明显放缓，这三个年份房地产企业市场集中度提升幅度相对最大。从销售数据来看，2010 年、2014 年和 2017 年全国商品房销售金额增速较上年分别回落 58.1 个百分点、32.6 个百分点、21.1 个百分点。从市场集中度数据来看，TOP 20 企业 2010 年的市场集中度比 2009 年提高 2.4 个百分点，2014 年比 2013 年提高近 3.9 个百分点，2017 年比 2016 年提高 7.3 个百分点。

行业分化加速将孕育更多并购整合机会。销售增速放缓意味着短期内市场下行，叠加调控政策影响，会对企业综合实力尤其是现金流产生一定考验。规模较大、实力雄厚的房地产企业，凭借自身综合实力，通过逆势拿地或收并购，其业绩有望继续提升，规模得以进一步扩大。中小型房企则举步维艰，成长空间及市场份额被进一步挤压。在可以预见的将来，尾部企业则面临资金链紧张、拿地困难等问题，进而被动退出房地产行业。还有一部分企业可能因各种原因主动淡出房地产开发行业，谋求转型。这种分化的加剧，将产生更多的并购方与被并购方之间的交易，加速行业整合。

三 行业整合将与培育行业新动能结合

我国经济发展进入新常态，新旧动能转换是实现数量型向质量型、外延型向内涵型、粗放型向集约型经济增长方式转变的关键，实质是增长向发展转换，推动实现高质量发展。下一步，培育新动能是我国经济发展、供给侧结构性改革的重要内容。对于房地产业来说，行业整合与培育新动能结合符合市场需求，符合创新发展的要求。具体来看，行业整合激发的房地产行业新动能主要包括以下方面。

一是以多元化为方向拓展新领域。部分中小房地产企业在行业整合趋势中与大型房企在土地及资金等方面竞争持续处于弱势，因此转型并涉足配套服务、资产管理、金融投资等领域，实现多元化发展，获得新的利润增长点，获取差异比较优势。

二是以服务为核心整合资源，创造新价值。这主要体现为从提供产品向提供产品和服务并重的转变，即更加注重以服务为核心，整合资源，开发产品，升级服务。这将有助于传统房企提高产品附加值，提升产品质量，增强综合实力。

三是以专业化为定位推动房地产开发经营模式创新。伴随独立于房地产开发企业的投资基金、轻资产运营企业等蓬勃兴起，房地产价值链开始出现基于专业化的细分，逐步呈现美国模式的特点。房地产开发企业之外的专业投资机构、专业化运营机构等有了更多的市场空间和发展机会，部分房地产开发企业也转型为投资企业、运营企业。

四是以基金和REITs为突破延展价值链。传统的房地产开发企业在转型过程中，从过去单纯地从事开发活动向前端延伸成立房地产基金开展投资、并购，向后端延伸从事资产管理和开展资产证券化。从价值链来看，这种转型变化与价值链的延长密切相关。

四 项目并购与公司并购实现规模扩张及多元化发展

如图3-2所示，房地产并购主要分为股权并购和资产并购。一般来说，资产并购涉及较重的税负。实际上，房地产并购多采取股权并购的方式。股权并购包括并购房地产项目和并购房地产企业。从房地产并购现有情况和趋势来看，并购项目公司要多于并购房地产公司。通过项目并购，可实现规模扩张，而通过公司并购，则可实现多元化发展。

并购项目公司更多的是以实现房地产企业获取土地储备或项目资源、扩大规模为目标。一般来说，房地产开发企业在招拍挂市场上获取土地后，考虑到项目的税务处理和未来可能的转让，通常的做法是一个项目设立一个公司，并将取得地块注入为子公司。因此，房地产项目并购一般是并购项目公司股权，进而控制项目公司持有的土地使用权或在建工程。相对于招拍挂，项目并购在获取土地资源方面具有如下优势。第一，快速获取土地储备和项目资源，实现规模扩张，如万科2018年10—11月通过三次并购布局环京区域，实现在该区域的规模扩张。第二，项目并购获取的土地价格与招拍挂方式相比一般有较大的折让，付款条件更为优惠。第三，项目并购如果处于在建工程状态，可以很快启动销售并获得回款，有利于提高资金周转效率。

公司并购既可扩大企业规模，也可实现多元化发展，快速布局战略新领域。在并购整合逐渐成为行业发展趋势的今天，不仅会发生"大鱼吃小鱼"的企业并购，大型房企强强合并、共创发展的意愿也日渐增强。如2020年1月，世茂集团以股权方式注资，与福晟集团共建"世贸福晟"地产平台。两个头部房企强强联合，世茂集团以并购方式布局城市更新市场，实现规模扩张。在多元化战略指导下，企业通过收购其他行业中的大型企业，快速进入新行业。如万科并购印力，获取印力集团95.55%的股权。并购后，双方进行项目和团队的融合。截至2018年年底，万科集团管理商业项目共计210余个，其中，印力运营项目120余个。印力成为万科"城市配套服务商"转型的重要一环。

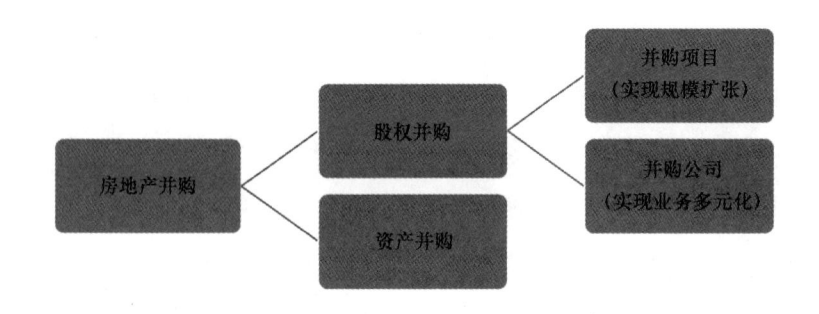

图3-2 房地产并购分类

◇ 第三节 推动行业整合与避免行业垄断行为

推动房地产行业整合，提高资源整合效率，但要避免行业集中度过高，对房地产企业的垄断行为进行监管。

一 推动房地产行业有序整合

推动房地产行业有序整合,对促进行业发展有如下有利之处。

一是提升行业效率。大型房地产企业相对中小型房地产企业而言更具成本和创新优势,更有竞争力。大型房地产企业由于规模大、融资能力强,能够进行大规模投资,比中小型房地产企业的效率更高。高效率带来的高利润是经济增长的驱动力量,激励企业通过并购扩大规模,形成规模经济。

二是提升行业整体的产品和服务能力。产品层面的竞争日益成为企业的主要竞争力之一。一般来说,由于大型房地产开发企业的资金实力、资源整合能力较强,更具有产品创新方面的支撑能力和执行力,因此,它们的产品和服务能力更强,能够更好地满足市场需求。

三是提升市场主体整体防范和抵御风险能力。大型房地产企业资本雄厚,市场信誉较好,投资布局更加合理,腾挪空间较大,其应对市场风险能力也较强。中小型房地产企业实力相对不足,投资布局多聚焦某一区域,受调控政策影响较大,抵御风险的能力较差。如果市场集中度相对处于较高的水平,高市场占有率的大型企业能够起到稳定市场、抵御风险的作用。

为促进房地产行业整合,应重点从以下两个方面着手。一是鼓励企业横向并购,实现规模经济,提升行业集中度;同时,鼓励房地产企业进行包括开发、运营等在内的全产业链经营。二是在房地产金融政策从紧的大基调下,面对资金链紧张背景下中小企业爆发的风险,要鼓励大型房地产企业、头部房企收并购地产项目,尤其是烂尾项目,通过经营盘活项目,化解风险。在金融支持方面,适当放宽并购贷款额度，对化解风险的收并购项目予以更大的金融支持。

二　对房地产企业的垄断行为进行监管

在推动房地产行业整合、进一步集中的过程中，要注意避免集中过度而出现企业垄断行为。

房地产市场的区域属性决定了其成为垄断行业的可能性较小。一般而言，一家或少数几家公司占有市场的份额越高，这个市场的垄断性越高，竞争性越低；一家公司越是能影响市场价格、定高价，越表明它是一家垄断企业。根据《反价格垄断规定》，认定企业是否为垄断企业的依据为企业在市场上占有的市场份额：一个企业在相关市场的市场份额占到二分之一，两个企业在相关市场的市场份额达到三分之二，三个企业在相关市场的市场份额达到四分之三。从目前我国房地产行业发展及国际经验来看，由于房地产区位的固定性，市场区域性特征明显。因此，房地产业在全国范围内一般不具有成为垄断行业的可能。

但是从区域市场角度看，房地产企业则能够在一定区域内影响、控制住房供应量和销售价格。房地产企业能够垄断行业与其在市场的支配地位有直接关系，即在相关市场具有能够控制价格、数量或者其他交易条件的能力，或者能够阻碍、影响其他企业进入相关市场的能力。尽管房地产行业难以成为严格意义上的垄断行业，但是部分房地产企业可能会凭借优势地位在获取土地、产品定价、销售和服务上做出合谋拿地、捂盘惜售、捆绑销售等具有垄断特征的不规范行为。因此，需要对房地产企业的垄断行为进行监管，按照《反垄断法》《反价格垄断规定》等法律法规对房地产企业可能出现的在产品定价、销售和服务上的垄断行为进行干预。其主要内容包括：干预企业定价方式，干预企业非价格竞争的程度，反对压制竞争对手的行为等。主要措施包括：禁止妨碍正常交易的契约与合谋；禁止对不同销售对象实行价格歧视；禁止采取降价倾销的办法争夺市场，压制竞争对手；禁止采取不公正的竞争方法以及欺诈性行为垄断市场；禁止企图垄断的联合。[①]

[①] 穆子犁：《提升房地产行业集中度会导致行业垄断吗？》，《上海房地》2018年第6期。

第四章

房地产企业并购分类及特点

近几年，我国房地产企业并购数量和并购金额整体呈快速增长趋势，行业集中度持续提升。2018年，百强房企所占市场份额超过六成。从并购事件发生的区域来看，经济发达地区并购更加活跃，欠发达区域并购事件相对较少。经济发达地区能够提供更多的就业机会，对于人口的吸引力更强，住房需求比较旺盛，房地产市场空间较大，是房企积极布局和重点拓展的区域。

◇ 第一节　并购及其分类

一　概念界定

并购（M&A）是兼并（merger）和收购（acquisition）的简称，是指企业的兼并和收购活动，实质是权利让渡行为，是权利主体变换过程。兼并是指主并企业与被并企业合为一体，包括吸收合并（A+B=A/B）和新设合并（A+B=C）两种情形。收购是指主并企业获得被并企业部分资产、全部资产或者控制权的行为，并非合为一体,法律上各自具有独立法人资格,包括资产收购和股权收购。资产收购是指主并企业收购被并企业某一特定资产但不包括债务的行为;股权收购是指主并企业收购被并企业股东全部或部分股权的行为。需要指出的是,本书主要分析房地产企业的兼并和收购行为,对兼并和收购后的重组不做重点分析。

二 并购类型

根据主并方和被并方的关系与特征,企业并购可划分为不同类型。

根据被并企业类型,并购分为项目并购和企业并购。项目并购是对被并企业某个项目或资产的并购,又称资产并购,包括整体开发项目的转让、在建工程转让和合作开发。企业并购是对企业全部或部分股权的并购,又称股权并购。

根据交易方式,并购分为吸收合并、新设合并与控股合并。其中,吸收合并为两家或两家以上企业通过并购成为一家企业,并购方在并购后保留法人地位,而标的方丧失独立法人资格;新设合并为两个或两个以上企业通过并购成立新企业,并购双方在并购后均归于消灭;控股合并为一家企业收购另一家企业一定数量股票或一定比例股权,标的方并购后保持独立法人资格。

根据并购范围,并购划分为完全并购和部分并购。其中,完全并购为并购标的方全部资产和权益,部分并购仅包括并购标的方的部分资产和部分股权收购。

根据融资方式,并购分为杠杆并购与非杠杆并购。其中,杠杆并购为利用并购贷款、发行债券等杠杆工具融资,非杠杆并购则包括内部留存收益、外部发行股权等非杠杆工具融资。

根据主并企业和被并企业的产业关联，并购分为横向并购、纵向并购和混合并购（或多元化并购）。横向并购是对同行企业的并购，纵向并购是对上下游产业链企业的并购，混合并购则为不相关产业企业的并购。[1]

根据主并企业和被并企业是否存在关联，并购分为关联并购和非关联并购。关联并购是指公司与其控股股东集团（包括控股股东和控股股东控制下的其他公司）间的兼并收购行为[2]，非关联并购是指并购双方不存在法人关联或自然人关联。

根据主并企业和被并企业交易态度，并购分为善意并购和恶意并购。善意并购指并购双方经协商进行的并购活动；恶意并购是指并购方采取非协商手段直接向被并企业发出要约的并购活动，包括要约收购和举牌收购两种方式。[3]

根据主并企业和被并企业所在地区，并购分为海外并购和国内并购。例如，2017年富力地产48亿美元收购澳大利亚布里斯班Central Gardens项目，2017年中渝置地斥资14.2亿美元并购英国伦敦Leadenhall Building项目，2016年海航集团收购卡尔森酒店集团全部股权，2015年2月锦江股份以4.75亿欧元收购卢浮集团全部股权，均属于海外并购。

基于研究目的，本书主要分析房地产企业的项目并购和企业并

---

[1] 杨艳等：《企业生命周期、政治关联与并购策略》，《管理评论》2014年第10期，第152—159页。

[2] 唐清泉、韩宏稳：《关联并购与公司价值：会计稳健性的治理作用》，《南开管理评论》2018年第3期，第23—34页。

[3] Patrick A. Gaughan, *Maximizing Corporate Value Through Mergers and Acquisitions: A Strategic Growth Guide*, John Wiley & Sons, 2013.

购,以及横向并购和纵向并购行为。上述分类中,企业并购策略选择详见第六章。

◈ 第二节 房地产企业并购特点

一 并购市场特点:企业间收入差距悬殊,市场份额向大企业集中

百强房地产上市公司主营业务收入差异巨大,"两极分化"严重。在房地产企业主营业务收入排名前100的企业中,企业的收入差距也很显著。表4-1是按主营业务收入排名的中国A股和H股房地产企业百强。2018年,恒大集团以4661.96亿元的主营业务收入排名第一,比排名第二的碧桂园高23%,绿地控股以3387.73亿元排名第三。排名前三的房地产上市公司主营业务收入均超过3000亿元,占前100名房企主营业务收入比重为30.61%。万科、保利地产、融创中国和龙湖集团分列第四位至第七位,主营业务收入均超过千亿元。第66名之后的企业主营业务收入均未超过百亿元。排名第一的恒大集团的主营业务收入是排名第10的富力地产主营业务收入的6.06倍,是排名第50的新湖中宝主营业务收入的28.86倍,是排名第100的合富辉煌主营业务收入的97.63倍。

房地产具有产品异质、资本投入大、开发周期长的特点。美国和中国香港的房地产业发展经验表明,房地产企业并购能实现优胜劣汰,达到产业整合和资源优化配置的目的。合理的市场集中度是提升市场绩效的必要条件,是房地产业成熟的标志。

表4-1　　2018年中国A股和H股房地产企业主营业务收入百强

企业简称	主营业务收入（亿元）	企业简称	主营业务收入（亿元）
1. 中国恒大	4661.96	29. 中梁控股	302.15
2. 碧桂园	3790.79	30. 美的置业	301.20
3. 绿地控股	3387.73	31. 蓝光发展	294.87
4. 万科A	2970.83	32. 泰禾集团	292.79
5. 保利地产	1783.91	33. 正荣地产	264.53
6. 融创中国	1247.46	34. 瑞安房地产	248.41
7. 龙湖集团	1157.98	35. 广宇发展	248.36
8. 招商蛇口	799.54	36. 禹洲地产	243.06
9. 华夏幸福	784.38	37. 中国海外宏洋集团	224.06
10. 富力地产	768.58	38. 华发股份	217.21
11. 绿城中国	603.03	39. 首创置业	210.84
12. 雅居乐集团	561.45	40. 世茂股份	206.74
13. 卓尔智联	561.16	41. 保利置业集团	203.57
14. 新城发展控股	547.81	42. 滨江集团	199.91
15. 荣盛发展	538.36	43. 宝龙地产	195.94
16. 阳光城	525.06	44. 金融街	194.47
17. 新城控股	506.33	45. 光明地产	189.01
18. 金地集团	441.88	46. 北辰实业	178.60
19. 龙光地产	441.37	47. 中骏集团控股	177.83
20. 旭辉控股集团	423.68	48. 信达地产	166.79
21. 远洋集团	414.22	49. 中华企业	166.58
22. 金科股份	398.27	50. 新湖中宝	161.53
23. 佳兆业集团	387.05	51. 绿地香港	154.44
24. 中南建设	386.57	52. 建业地产	147.83
25. 首开股份	359.29	53. 深圳控股	145.82
26. 时代中国控股	343.75	54. 花样年控股	139.86
27. 融信中国	343.67	55. 中天金融	130.46
28. 中国奥园	310.06	56. 新华联	130.17

续表

企业简称	主营业务收入（亿元）	企业简称	主营业务收入（亿元）
57. 大悦城	126.33	79. 亿达中国	73.57
58. 大名城	125.94	80. 京投发展	70.50
59. 迪马股份	122.72	81. 冠城大通	69.79
60. 北京城建	116.96	82. 中洲控股	67.69
61. 明发集团	116.42	83. 力高集团	67.36
62. 景瑞控股	112.68	84. 绿城服务	67.10
63. 我爱我家	106.14	85. 苏州高新	66.40
64. 佳源国际控股	104.59	86. 国瑞置业	66.12
65. 恒盛地产	100.91	87. 华远地产	64.58
66. 福星股份	97.82	88. 中航善达	64.16
67. 海航基础	97.21	89. 南山控股	63.00
68. 当代置业	93.38	90. 天誉置业	61.92
69. 弘阳地产	92.39	91. 城投控股	60.50
70. 雅戈尔	91.68	92. 黑牡丹	59.86
71. 新力控股集团	84.16	93. 易居企业控股	59.48
72. 云南城投	84.15	94. 大发地产	59.46
73. 鲁商发展	83.67	95. 泛海控股	53.35
74. 德信中国	82.12	96. 众安集团	51.69
75. 中交地产	81.50	97. 天地源	51.41
76. 上实发展	80.47	98. 银城国际控股	50.70
77. 阳光100中国	75.79	99. 宁波富达	49.29
78. 世联行	74.81	100. 合富辉煌	47.75

资料来源：中指研究院。

近几年，我国房地产市场呈现集中度不断提升的趋势。大企业规模不断扩大，以项目并购为主。如表4-2所示，根据中指研究院数据，2013—2018年按商品房销售额计算，前10位房地产企业集中度从2013年的13.72%提升到27.23%，累计增长13.51个百分点；到2018年，前30位的房地产企业集中度达到45.98%，前50位的房地产企业集中度已超过50%，达到56.35%。中国房地产开发市场呈现向大企业集中趋势，大型房企规模越来越大。同样，按商品房销售面积计算的房地产企业集中度也逐年提高，但其小于按商品房销售额计算的房地产企业集中度。这表明，随着土地价格的提高以及整体从紧的住房政策，大型房地产企业具有较强的投资布局、拿地、融资、开发以及抵御市场波动的能力。房地产市场份额逐渐向大企业集中，形成"大鱼吃小鱼"的市场格局。

表4-2　　　　　　　　2013—2018年中国房地产企业集中度

年份	TOP 10	TOP 30	TOP 50	TOP 100
Panel A：按商品房销售额计算				
2013	13.72%	21.96%	26.23%	30.83%
2014	16.92%	26.09%	31.15%	37.78%
2015	17.05%	26.60%	32.07%	40.05%
2016	18.72%	29.78%	35.29%	44.94%
2017	26.00%	40.84%	47.91%	56.76%
2018	27.23%	45.98%	56.35%	69.14%
Panel B：按商品房销售面积计算				
2013	8.62%	13.40%	15.88%	19.02%
2014	10.44%	15.78%	18.72%	22.30%
2015	11.41%	16.99%	20.11%	24.86%
2016	12.54%	18.55%	22.02%	27.49%
2017	15.56%	23.73%	27.64%	32.71%
2018	18.78%	24.65%	30.84%	38.96%

资料来源：中指研究院。

二 并购事件特点：数量和价值呈增长趋势

如表4-3所示，2009—2018年中国房地产企业并购事件和并购价值均呈增长趋势。房地产企业并购事件由2009年的20件增至2018年的268件，十年增长了12.4倍，2017年达到并购高峰，为316件。但是房地产企业并购事件占全部企业并购事件比重不高，平均为4.70%。这一时期，房地产企业并购额由2009年的208亿元增至2018年的1576亿元，十年增长了6.58倍，并于2016年达到并购价值的峰值3106亿元。房地产企业并购价值占全部企业并购价值的平均比为8.27%，高于房地产企业并购事件占全部企业并购事件的比重。

表4-3　　　　2009—2018年中国房地产企业并购规模及趋势

年份	全部企业并购事件（件，A）	房地产企业并购事件（件，B）	占比（B/A,%）	全部企业并购价值（亿元，C）	房地产企业并购价值（D，亿元）	占比（D/C,%）
2009	1940	20	1.03	5026	208	4.14
2010	2088	81	3.88	6142	181	2.95
2011	2321	113	4.87	7741	382	4.93
2012	3102	100	3.22	4943	273	5.52
2013	3309	148	4.47	11516	999	8.67
2014	3490	244	6.99	18039	1842	10.21
2015	5065	310	6.12	24665	2264	9.18
2016	4026	216	5.37	20879	3106	14.88
2017	5422	316	5.83	21150	2809	13.28
2018	5129	268	5.23	17608	1576	8.95
均值	3589	182	4.70	13771	1364	8.27

资料来源：Wind并购数据库。

随着我国城镇化水平提高，房地产开发市场（增量房市场）呈萎缩趋势，尽管未来仍具备较大规模的住房需求空间，但增长速度变缓，且2019年销售规模基本处于历史高点，城市化率较高的一二线重点城市房地产市场逐渐进入"存量房时代"。特别是自2017年党的十九大对房地产市场提出"房住不炒"的定位后，市场调控进一步收紧，"限购、限贷、限价、限售、限商住"等调控政策以及金融严监管政策进一步抑制住房开发市场，压缩了房地产开发企业的生存空间，引发房地产企业并购浪潮，未来房企之间的并购整合将继续呈增长态势。

三 并购地区特点：经济发达地区并购更加活跃

房地产市场具有显著的地方特征，主并购事件的地区分布反映了主并企业所在地区经济增长和房地产市场发展状况。表4-4显示，2008—2018年中国房地产企业主并购事件集中于东部地区，有1585个，占全部主并购事件的73.65%；其次是西部地区，主并购事件有279件，多于中部地区的181件。经济发达地区投融资充足且竞争激烈，并购事件发生概率更大，因此，主并购事件多来自东部经济和房地产市场发达地区。从时间趋势来看，2008—2017年，东部地区主并购事件由93起增长至239件，增幅为156.98%；中部地区主并购事件由10件增长至26件，西部地区主并购事件由7件增长至51件。由于基数小，中西部地区增幅较大，分别为160%与628.57%，西部地区增幅显著。

表 4-4　　2008—2018 年中国房地产企业主并事件地区分布

年份	东部地区	中部地区	西部地区	其他[1]	合计
2008	93	10	7	18	128
2009	93	5	10	7	115
2010	100	6	12	9	127
2011	116	8	13	13	150
2012	69	11	13	24	117
2013	116	21	32	5	174
2014	183	14	40	0	237
2015	234	26	51	2	313
2016	160	21	28	-5[2]	204
2017	239	24	37	17	317
2018	182	35	36	17	270
合计	1585	181	279	107	2152

注：[1]"其他"是指无法确定主并事件地区。

[2] Wind 并购库将多个主并方的事件记为一个事件，故 2016 年出现境外地区并购事件为负现象。

资料来源：Wind 并购数据库。

同样，被并购事件地区分布反映了被并企业所在地区房地产市场的发展潜力。表 4-5 显示，2008—2018 年中国房地产企业被并购事件集中于东部地区，有 1142 个，占全部被并购事件的 53.07%。其次是西部地区，被并购事件有 285 件，多于中部地区的 192 件。可见，主并企业和被并企业的地区分布一致，东部发达地区并购更为活跃，表明房地产企业普遍看好经济发达地区未来房地产市场发展前景，而欠发达地区并购事件较少。

表 4-5　　2008—2018 年中国房地产企业被并事件地区分布

年份	东部地区	中部地区	西部地区	其他	合计
2008	49	7	9	63	128
2009	50	4	10	51	115
2010	50	8	5	64	127
2011	59	10	11	70	150
2012	57	18	19	23	117
2013	89	22	32	31	174
2014	115	14	43	65	237
2015	188	15	41	69	313
2016	131	23	29	21	204
2017	200	35	35	47	317
2018	154	36	51	29	270
合计	1142	192	285	533	2152

资料来源：Wind 并购数据库。

表 4-6 显示，2008—2018 年中国房地产企业主并购事件集中于广东、北京、上海、浙江、福建和江苏六个省市，均超过 120 件，远高于其他地区。宁夏、山西、青海、内蒙古、甘肃、黑龙江、西藏、江西八省区房地产企业主并购事件均小于 10 件。可见，主并企业主要分布在经济发达省市，欠发达地区房地产企业的整体实力和规模不及发达地区，主并购事件较少。

表 4-6　　2008—2018 年中国房地产企业主并企业地区分布

地区	2008	2009	2010	2011	2012	2013	2014	2015	2016	2017	2018	合计
广东	21	20	21	20	15	35	37	46	38	46	37	336
北京	6	13	11	32	11	23	37	41	17	44	33	268
上海	25	21	25	18	8	10	26	36	18	24	30	241
浙江	22	18	27	18	9	14	16	22	14	33	20	213

续表

地区	2008	2009	2010	2011	2012	2013	2014	2015	2016	2017	2018	合计
福建	2	4	3	9	4	9	14	22	20	43	14	144
江苏	7	1	8	5	2	6	14	23	22	12	21	121
河北	0	4	0	1	5	3	18	18	12	18	15	94
重庆	2	3	0	2	1	11	11	15	5	10	11	71
云南	3	2	3	6	2	8	14	11	7	6	8	70
湖北	0	0	1	1	5	7	6	10	6	12	21	69
四川	1	0	4	3	4	7	1	11	6	16	9	62
山东	5	2	0	3	4	3	8	6	9	6	4	50
天津	3	4	4	3	6	2	4	8	4	2	4	44
安徽	2	2	1	2	3	6	1	7	8	5	3	40
辽宁	0	4	1	4	4	8	3	8	3	4	0	39
海南	2	2	0	3	1	3	6	4	3	7	4	35
河南	1	1	0	3	0	2	3	1	2	3	5	21
吉林	3	2	2	2	1	2	1	5	2	1	0	21
贵州	0	2	0	0	0	0	2	6	4	3	0	17
广西	0	0	1	0	1	3	6	4	1	0	0	16
湖南	4	0	1	0	1	1	0	2	2	1	2	14
新疆	1	0	0	2	0	1	2	2	2	2	2	14
陕西	0	1	3	0	2	1	1	0	0	0	3	11
江西	0	0	0	0	1	3	2	0	1	0	1	8
西藏	0	1	1	0	1	1	1	1	2	0	0	8
黑龙江	0	0	0	0	0	0	1	1	0	2	2	6
甘肃	0	1	0	0	0	0	2	0	0	0	0	3
内蒙古	0	0	0	0	2	0	0	0	1	0	0	3
宁夏	0	0	0	0	0	0	0	1	0	0	2	3
山西	0	0	1	0	0	0	0	0	0	0	1	2
青海	0	0	0	0	0	0	0	0	0	0	1	1
境内	110	108	118	137	93	169	237	311	209	300	253	2045
境外	18	7	9	13	24	5	0	2	-5	17	17	107
合计	128	115	127	150	117	174	237	313	204	317	270	2152

资料来源：Wind 并购数据库。

表 4-7 显示，2008—2018 年中国房地产企业被并购事件集中于广东、上海、北京、浙江和江苏五个省市，均超过或等于 130 件。宁夏、青海、甘肃、西藏、黑龙江、内蒙古、山西、吉林八省区房地产企业被并购事件均小于 10 件。同上，经济发达省市的房地产项目或企业更易成为并购对象，欠发达地区房地产市场规模及发展潜力不及发达地区，被并购事件较少。

表 4-7　　2008—2018 年中国房地产企业被并企业地区分布

地区	2008	2009	2010	2011	2012	2013	2014	2015	2016	2017	2018	合计
广东	6	5	4	7	16	19	16	24	26	45	26	194
上海	13	13	16	12	4	8	21	30	15	27	17	176
北京	5	8	5	6	8	8	19	24	13	27	18	141
浙江	9	5	6	8	4	12	7	19	17	32	21	140
江苏	8	3	8	2	6	12	13	24	15	15	24	130
福建	4	3	2	7	2	6	8	19	8	8	11	78
山东	3	1	2	7	4	4	10	11	12	9	12	75
河北	0	2	0	1	4	4	3	14	11	21	11	71
四川	1	0	0	2	4	8	6	11	10	12	14	68
湖北	0	0	2	1	7	8	5	8	6	10	16	63
天津	1	4	5	2	6	4	4	13	6	10	7	62
重庆	3	2	0	2	1	8	5	6	3	5	15	50
海南	0	2	2	3	2	8	8	6	7	4	6	48
云南	1	1	0	4	2	2	13	7	6	5	5	46
湖南	2	1	0	5	6	5	3	3	4	4	7	40
陕西	0	1	2	1	3	8	3	5	2	4	4	33
安徽	2	2	0	1	4	3	1	1	7	5	6	32
新疆	2	0	2	1	1	2	4	2	3	4	7	28
辽宁	0	4	0	4	1	4	6	4	1	2	1	27
广西	2	0	0	0	2	3	3	2	3	3	4	22

续表

地区	2008	2009	2010	2011	2012	2013	2014	2015	2016	2017	2018	合计
河南	0	1	1	1	0	2	1	1	2	4	5	18
江西	0	0	1	0	0	4	3	0	3	6	1	18
贵州	0	3	0	0	0	0	5	7	0	1	0	16
吉林	1	0	2	2	0	0	1	0	0	1	1	8
内蒙古	0	1	0	0	3	1	1	0	1	0	0	7
山西	0	0	2	0	0	0	0	1	1	3	0	7
黑龙江	2	0	0	0	1	0	0	0	1	2	0	6
西藏	0	1	1	0	1	0	1	0	1	0	1	6
甘肃	0	1	0	0	2	0	2	0	0	0	0	5
青海	0	0	0	1	0	0	0	0	1	0	1	3
宁夏	0	0	0	0	0	0	0	0	0	1	0	1
境内	65	64	63	80	94	143	172	244	183	270	241	1619
境外	63	51	64	70	23	31	65	69	21	47	29	533
合计	128	115	127	150	117	174	237	313	204	317	270	2152

资料来源：Wind 并购数据库。

四　并购类型特点：以境内股权并购和现金支付为主

20 世纪，美国出现五次并购浪潮。第一次并购浪潮是 19 世纪末到 20 世纪初的横向并购，第二次并购浪潮是 20 年代的纵向并购，第三次并购浪潮是 60 年代的多元化并购，第四次并购浪潮是 80 年代的杠杆并购，第五次并购浪潮是 20 世纪 90 年代的战略性并购。

中国房地产企业并购多为股权并购，较少进行资产并购。表 4-8 显示，2008—2018 年中国房地产企业并购中，股权并购事件平均占房地产企业并购事件的 89.03%，股权加资产并购事件、资产并购事件分别平均占房地产企业并购事件的6.83%和4.14%。

表4-8　　　　2008—2018年中国房地产企业并购类型分布

年份	股权并购（件）	股权并购占比（%）	资产并购（件）	资产并购占比（%）	股权+资产并购（件）	股权+资产并购占比（%）	合计（件）
2008	119	92.97	0	0.00	9	7.03	128
2009	104	90.43	4	3.48	7	6.09	115
2010	120	94.49	5	3.94	2	1.57	127
2011	143	95.33	4	2.67	3	2.00	150
2012	105	89.74	2	1.71	10	8.55	117
2013	151	86.78	12	6.90	11	6.32	174
2014	184	77.64	43	18.14	10	4.22	237
2015	274	87.54	16	5.11	23	7.35	313
2016	191	93.63	0	0.00	13	6.37	204
2017	286	90.22	1	0.32	30	9.46	317
2018	239	88.52	2	0.74	29	10.74	270
合计/平均	1916	89.03	89	4.14	147	6.83	2152

资料来源：Wind并购数据库。

根据产业组织理论，横向并购和纵向并购分别是指横向一体化与垂直一体化，具有横向和纵向规模经济（economy of scope）；混合并购不仅有横向和纵向规模经济，而且具有财务协同效应。表4-9显示，2008—2018年中国房地产企业并购事件以横向并购（横向整合）为主，平均占房地产企业并购事件的53.21%；纵向并购（垂直整合）事件占房地产企业并购事件比重较小，平均为1.58%；多元化战略并购也是一个重要动机，平均占17%。通常来说，横向并购以上市房地产企业对中小房地产企业的并购为主，具有融资比较优势的房地产上市企业对具有土地比较优势的非上市企业进行并购。因此，房地产企业横向并购事件以同业或相同项目进行并购，能够实现房地产开发专业化，扩大房地产开发规模和市场规模，降低开发成本和融资成本，实现土地和资金的有效配置，提高资源配置效率。

表4-9　　　　2008—2018年中国房地产企业并购动机分布　　（单位：件）

年份	横向整合	垂直整合	多元化战略	业务转型	其他	合计
2008	77	8	17	2	24	128
2009	73	0	28	0	14	115
2010	49	3	43	0	32	127
2011	66	5	41	0	38	150
2012	62	1	23	2	29	117
2013	89	2	26	1	56	174
2014	137	3	31	1	65	237
2015	160	3	49	1	100	313
2016	129	0	21	0	54	204
2017	162	4	42	3	106	317
2018	141	5	46	1	77	270
合计	1145	34	367	11	595	2152

资料来源：Wind并购数据库。

当前，我国大部分房地产企业处于成长期，房地产企业并购主要采取现金支付方式。通常受主并购方股权价值、结构及流动性等因素影响，在企业成长期，并购的现金支付优于股权支付；在企业成熟期和衰退期，企业并购的股权支付优于现金支付。表4-10显示，2008—2018年中国房地产企业并购以现金支付为主，现金、现金加其他资产和现金加债权以及债权的支付方式涉及1822个并购事件中，占全部并购事件的84.67%。股权、股权加债权和股权加现金的支付方式涉及 61 个并购事件,占全部并购事件的 2.83%。

表 4-10　　2008—2018 年房地产企业并购的支付方式分布　　(单位:件)

年份	股权	股权+债权	股权+现金	实物资产	实物资产+负债	实物资产+股权	无偿	现金	现金+其他资产	现金+债权	债权	其他	合计
2008	0	0	0	0	0	0	0	71	0	0	0	57	128
2009	8	0	0	0	1	2	0	32	0	0	0	72	115
2010	3	0	1	0	0	0	0	88	1	0	0	34	127
2011	2	0	4	0	0	0	1	132	0	0	0	11	150
2012	0	0	4	0	0	0	0	109	1	0	0	3	117
2013	8	0	0	0	0	0	1	154	1	1	0	8	174
2014	3	0	1	0	0	0	2	216	1	0	2	12	237
2015	5	0	7	0	0	0	2	277	2	0	0	20	313
2016	3	0	3	0	0	0	1	193	0	0	0	4	204
2017	3	0	2	0	0	0	3	290	0	1	0	18	317
2018	1	0	2	0	0	0	1	248	0	2	0	16	270
合计	36	0	25	0	1	2	11	1810	6	4	2	255	2152

资料来源:Wind 并购数据库。

表 4-11 显示,2008—2018 年中国房地产企业并购以境内并购为主,境外并购很少,境内并购事件占全部并购事件比重平均为 96.10%。国际并购通常是"强强联合",大多发生在资本市场。中国房地产并购通常是"大鱼吃小鱼",上市公司或大型非上市公司并购非上市的中小公司,多发生在私人市场。

表4-11 2008—2018年房地产企业境内外并购分布 （单位：件）

年份	境内并购	境外并购	合计
2008	126	2	128
2009	115	0	115
2010	126	1	127
2011	149	1	150
2012	112	5	117
2013	173	1	174
2014	226	11	237
2015	287	26	313
2016	189	15	204
2017	301	16	317
2018	264	6	270
合计	2068	84	2152

资料来源：Wind并购数据库。

五 并购时机特点：多发生在住房政策和货币政策收紧期

前已述及，货币与准货币（M2）与投资相关，企业并购行为属于企业投资行为，与货币政策相关。图4-1显示，2009—2018年中国房地产企业并购事件占全部企业并购事件比重与M2增速负相关，房地产企业并购事件占比呈递增趋势，M2增速呈递减趋势。实际上，限购、限贷、限价、限售、限商住等短期行政干预手段，对房地产企业销售产生一定抑制作用，加之M2增速放缓，导致部分中小房地产企业资金链承压甚至断裂。同时，资金充足的大型房地产企业积极并购中小房地产企业，掀起房地产行业并购浪潮。可见，房地产并购通常发生在住房政策和货币政策收紧期。

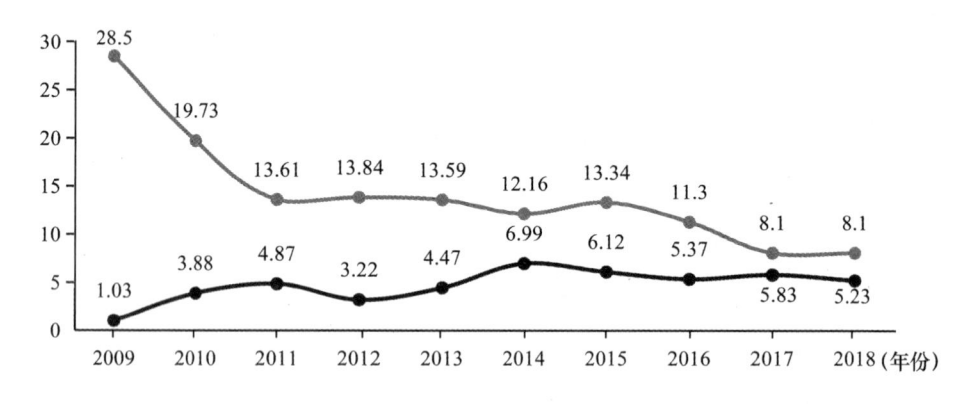

图 4-1　2009—2018 年中国 M2 增速与房地产企业并购占比趋势

资料来源：Wind 并购数据库，中经网数据库。

通常，经济增长以及房地产市场和调控政策变化越大，房地产企业并购频率越高。表 4-12 显示，2008—2018 年我国房地产企业并购频次呈上升态势，由 2008 年的 70 次增至 2018 年的 162 次，但单个企业并购频次相差无几，介于 3.0—3.2 频次，平均为 3.14 频次。这表明，房地产企业并购频次的增加主要来自主并企业数量的增加。此外，单个房地产企业并购次数呈递减趋势，以 1 次并购为主。2008—2018 年，单个房地产企业并购 1 次的事件共发生 925 次，占总并购频次的 70.18%；单个房地产企业并购 2—5 次的事件共发生 357 次，占总并购频次的 27.09%；单个房地产企业并购 6—10 次的事件共发生 33 次，占总并购频次的 2.50%；单个房地产企业并购 11—15 次的事件共发生 3 次，占总并购频次的 0.23%。

表4-12　　2008—2018年中国房地产企业并购频率发布

年份	1次	2—5次	6—10次	11—15次	合计	平均
2008	43	24	3	0	70	3.2
2009	54	20	1	0	75	3.1
2010	61	23	1	0	85	3.1
2011	64	25	3	0	92	3.2
2012	96	11	0	0	107	3.0
2013	110	30	0	0	140	3.0
2014	104	40	4	0	148	3.1
2015	102	51	9	0	162	3.3
2016	72	33	6	0	111	3.3
2017	106	55	4	1	166	3.2
2018	113	45	2	2	162	3.2
合计	925	357	33	3	1318	34.55
平均	84.09	32.45	3.00	0.27	119.82	3.14

资料来源：Wind并购数据库。

六　并购效应特点：杠杆率、研发投入和回报率长短期效应不同

房地产企业并购具有短期效应和长期效应。我们采用并购事件发生前一年与并购后一年主并企业的财务指标分析短期效应。采用并购事件发生前三年与并购后三年的财务指标分析长期协同效应。房地产行业整体呈现一定的发展规律。例如，近几年房地产企业收益率下降，即使房企不进行并购活动，其资产收益率也可能出现下降。但由于绝大多数大型房企发生了并购行为，我们无法进行对照试验。另外，大量的企业并购行为对于行业发展趋势也会产生影响。因此，通过对比并购前后各项主要指标的变化，也能从侧面反映并购行为对企

业的影响和效应。表4-13反映了房地产并购的短期效应。

表4-13　　　　2008—2018年中国房地产企业并购短期绩效

指标	并购前一年（A）			并购后一年（B）			变动率 [（B-A）/A]	
	均值	中位数	观测值	均值	中位数	观测值	均值	中位数
资产负债率（%）	68.15	70.59	648	68.98	71.62	663	1.22	1.46
总资产收益率（%）	2.74	2.49	648	2.67	2.25	663	-2.55	-9.64
净资产收益率（%）	9.45	9.40	644	7.89	9.15	663	-16.51	-2.66
经营活动净现金流入（亿元）	-3.63	-0.99	648	3.64	0.12	663	200.14	113.01
研发投入（亿元）	0.23	0.22	85	0.35	0.20	63	48.89	-6.74
研发投入占营业收入比（%）	0.92	0.37	85	1.87	0.50	63	103.26	35.14

资料来源：Wind并购数据库。

第一，无论是均值还是中位数①，并购后一年房地产企业资产负债率较并购前一年均有所增加。企业资产负债率均值由并购前一年的68.15%升至并购后一年的68.98%，上升了0.83个百分点；企业资产负债率中位数由并购前一年的70.59%升至并购后一年的71.62%，上升了1.03个百分点。可见，房地产企业并购后短期杠杆比率上升，具有"杠杆收购"的特征。

第二，并购后一年房地产企业总资产收益率和净资产收益率较并购前一年下降。总资产收益率均值由并购前一年的2.74%降至并购后一年的2.67%，下降了0.07个百分点；净资产收益率均值由并购前

---

① 区分均值和中位数的统计意义在于，观测值较多时，均值较准确，观测值较少时，中位数较准确。

一年的9.45%降至并购后一年的7.89%，下降了1.56个百分点。总资产收益率中位数由并购前一年的2.49%降至并购后一年的2.25%，下降了0.24个百分点；净资产收益率中位数由并购前一年的9.40%降至并购后一年的9.15%，下降了0.25个百分点。因此，房地产企业并购后短期回报率较并购前下降了，不具有短期经济协同效应。

第三，并购后一年经营活动净现金流入较并购前一年增加。经营活动净现金流入均值由并购前一年的-3.63亿元升至并购后一年的3.64亿元，上升了200.14%；经营活动净现金流入中位数由并购前一年的-0.99亿元升至并购后一年的0.12亿元，上升了113.01%。因此，房地产企业并购后短期现金流动性增加了，减少了现金流风险。

第四，并购后一年研发投入较并购前一年研发投入增加。研发投入均值由并购前一年的0.23亿元增至并购后一年的0.35亿元，增加了48.89%，但研发投入中位数由并购前一年的0.22亿元减至并购后一年的0.20亿元，减少了6.74%。并购后一年研发投入占营业收入比重较并购前一年增加。研发投入占比均值由并购前一年的0.92%升至并购后一年的1.87%，上升了103.26%，研发投入占比中位数由并购前一年的0.37%升至并购后一年的0.50%，上升了35.14%。房地产企业并购后短期研发投入及其占营业收入比重较并购前有所增加，有利于企业创新。总体上讲，与其他行业相比，目前我国房地产行业研发投入占比较低，这与房地产行业的自身特点和所处发展阶段有一定关系。未来，国家对于装修交房比例的要求提升，加大绿色建筑财税补贴力度，房企将会加大研发投入，以装配式建筑为代表的住房产业化得以扩展，绿色建筑占比越来越高，智能、环保、绿色住宅将受到人民群众的广泛欢迎。

表4-14反映了房地产并购的长期效应。数据显示，无论是均值还是中位数，并购后三年房地产企业资产负债率较并购前三年有所下降。资产负债率均值由并购前三年的69.69%降至并购后三年的68.14%，下降了1.55个百分点；资产负债率中位数由并购前三年的72.05%降至并购后三年的70.49%，下降了1.56个百分点。可见，房地产企业并购后长期杠杆比率下降了，具有财务协同效应。

表4-14　　2008—2018年中国房地产企业并购长期绩效[1]

指标	并购前三年（C）			并购后三年（D）			变动率[(D-C)/C]	
	均值	中位数	观测值	均值	中位数	观测值	均值	中位数
资产负债率（%）	69.69	72.05	518	68.14	70.49	518	-2.22	-2.17
总资产收益率（%）	2.93	2.62	518	2.57	2.24	518	-12.29	-14.50
净资产收益率（%）	10.06	9.69	513	8.43	8.74	513	-16.20	-9.80
经营活动净现金流入（亿元）	-655.01	-146.16	518	104	-61.61	518	115.88	57.85

[1] 因样本量小于30，本书未报告房地产企业并购后研发投入的长期效应。

资料来源：Wind并购数据库。

并购后三年房地产企业总资产收益率和净资产收益率的均值与中位数均较并购前三年下降。总资产收益率均值由并购前三年的2.93%降至并购后三年的2.57%，下降了0.36个百分点；净资产收益率均值由并购前三年的10.06%降至并购后三年的8.43%，下降了1.63个百分点。总资产收益率中位数由并购前三年的2.62%降至并购后三年的2.24%，下降了0.38个百分点；净资产收益率中位数由并购前三年的9.69%降至并购后三年的8.74%，下降了0.95个百分点。因此，并购后房地产企业回报率较并购前有所下降，长期经济协同效应不明显。

并购后三年经营活动净现金流入较并购前三年增加。经营活动净现金流入均值由并购前三年的-655.01亿元升至并购后三年的104亿元,上升了115.88%;经营活动净现金流入中位数由并购前三年的-146.16亿元升至并购后三年的-61.61亿元,上升了57.85%。因此,房地产企业并购后长期现金流动性增加了,减少了现金流风险。

第五章

房地产企业并购动因分析

本章从宏观经济、行业管制和微观经济角度分析房地产企业并购动因。宏观经济因素主要包括产业政策和货币政策，暂不考虑财政政策。行业管制因素包括信贷政策、住房政策和土地政策。微观经济因素包括主并企业因素和被并企业因素。

◇ 第一节 宏观经济环境推动企业并购

一 产业结构"脱虚向实"有利于房地产行业并购整合

产业结构变动反映了技术结构和经济结构变动，决定了经济增长的速度和质量。图5-1显示，2000年以来，我国第一产业增加值对经济增长贡献率基本保持在4%左右；2010年以后，第二产业增加值对经济增长贡献率下降，由2010年的57.4%降至2018年的36.1%，其中工业增加值对经济增长的贡献率由2010年的49.6%降至2018年的31.7%；第三产业增加值对经济增长的贡献率上升，由2010年的39%升至2018年的59.7%，对经济增长的贡献率最大。产业结构变化相应要求空间结构的变化，房地产必须予以适应。

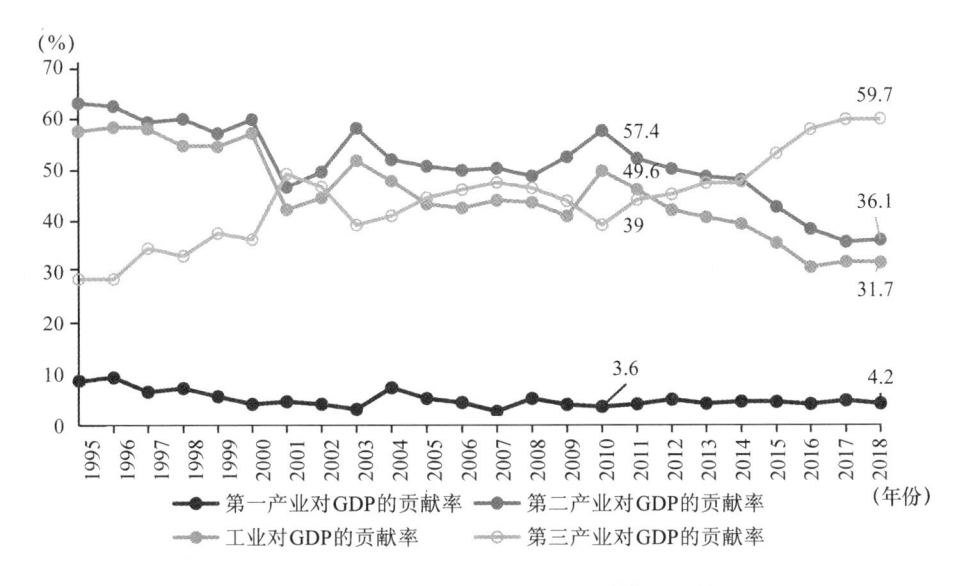

图 5-1　1995—2018 年中国产业结构变动趋势

资料来源：中经网数据库。

根据国际标准产业分类（ISIC），建筑业属于第二产业，房地产业属于第三产业。在第二产业及第三产业中，建筑业及房地产业至关重要，且二者属于上下游产业和相关产业。如表 5-1 显示，1995—2018 年，建筑业和房地产业增加值占 GDP 比重整体呈增长态势，表明房地产相关产业对于经济的贡献度提升。在重点产业中，1995—2018 年，工业占 GDP 比重最大，工业增加值占 GDP 比重均值为 39.06%，建筑业和房地产业增加值占 GDP 比重均值分列第四位和第七位，分别占 6.13% 和 5.02%。2018 年，建筑业和房地产业增加值占 GDP 比重分列第四位和第五位，分别占 6.87% 和 6.65%，二者合计占 13.52%，但工业增加值占比呈下降趋势，由 1995 年的 40.80% 降至 33.90%。

表5-1　　1995—2018年中国重点产业增加值占GDP比重　　（单位：%）

年份	工业	建筑业	批发零售业	交通、仓储和邮政业	住宿和餐饮业	金融业	房地产业	建筑业和房地产业
1995	40.80	6.09	7.79	5.29	1.96	5.23	3.84	9.92
1996	41.12	6.12	7.80	5.27	1.86	5.15	3.64	9.76
1997	41.43	5.81	7.94	5.20	1.96	5.24	3.66	9.47
1998	40.07	5.86	8.11	5.47	2.10	5.06	4.03	9.89
1999	39.77	5.72	8.27	5.72	2.14	4.95	4.07	9.79
2000	40.15	5.52	8.14	6.14	2.14	4.82	4.14	9.66
2001	39.56	5.36	8.23	6.20	2.16	4.69	4.25	9.62
2002	39.25	5.33	8.21	6.16	2.24	4.56	4.39	9.72
2003	40.29	5.47	8.13	5.76	2.27	4.39	4.49	9.96
2004	40.64	5.39	7.70	5.75	2.26	4.07	4.43	9.82
2005	41.62	5.55	7.46	5.70	2.24	3.99	4.55	10.10
2006	42.03	5.67	7.53	5.55	2.18	4.54	4.73	10.40
2007	41.35	5.68	7.75	5.41	2.05	5.62	5.11	10.80
2008	41.26	5.89	8.20	5.13	2.07	5.74	4.62	10.51
2009	39.62	6.51	8.32	4.74	2.00	6.25	5.44	11.95
2010	40.07	6.61	8.71	4.56	1.87	6.23	5.72	12.33
2011	39.99	6.75	8.96	4.48	1.76	6.29	5.77	12.52
2012	38.79	6.85	9.25	4.41	1.77	6.53	5.80	12.65
2013	37.50	6.90	9.49	4.39	1.72	6.95	6.07	12.97
2014	36.47	7.00	9.73	4.44	1.74	7.28	5.93	12.92
2015	34.48	6.80	9.65	4.44	1.77	8.44	6.08	12.88
2016	33.49	6.72	9.63	4.47	1.81	8.26	6.51	13.23
2017	33.91	6.74	9.46	4.53	1.79	7.97	6.58	13.31
2018	33.90	6.87	9.35	4.50	1.78	7.68	6.65	13.51
平均	39.06	6.13	8.49	5.15	1.99	5.83	5.02	11.15

资料来源：《中国统计年鉴（1996—2019）》。

经济产出的核算方法包括生产法和需求法。根据需求法,经济增长由消费、投资和净出口构成。图 5-2 显示,自 2010 年以来,投资对经济增长的贡献呈下降趋势,由 2010 年的 56.1% 降至 2018 年的 32.4%;消费呈增长趋势,由 2010 年的 44.9% 增至 2018 年的 76.2%。2010—2018 年,净出口对经济增长贡献总体上为负。

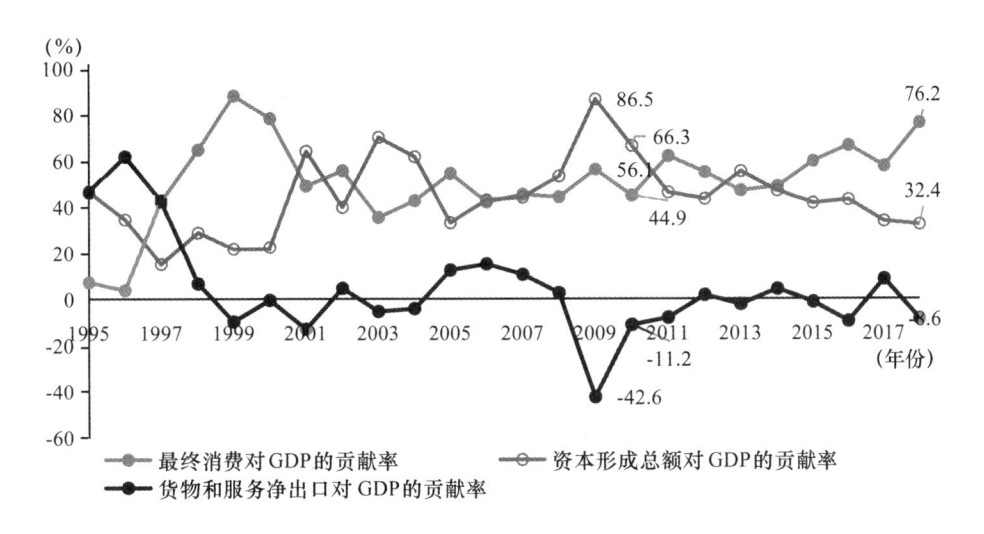

图 5-2 1995—2018 年需求对中国经济增长贡献

资料来源:中经网数据库。

表 5-2 显示,根据需求法,1995—2018 年,商品房销售额占 GDP 比重呈增长趋势,由 1995 年的 2.05% 增至 2018 年的 16.66%,累计增长 14.61 个百分点,表明随着城镇化进程的推进以及住房需求的逐步释放,房地产投资对经济增长贡献不断增加。根据生产法,房地产开发投资代表房地产资本投入。1995—2018 年,房地产投资占 GDP 比重先增后降,由 1995 年的 5.13% 增至 2014 年的 14.82%,后降至 2018 年的 13.36%。2013—2018 年,房地产开发投资对经济增

长贡献率约为14%。此外，1995—2018年，房地产开发投资占固定资产投资比重平均为17.08%，由1995年15.73%增至2018年的18.63%，方差很小。因此，房地产开发投资是固定资产形成的稳定组成部分。1995—2018年，房地产开发资金来源之和占房地产开发投资比重平均为122.54%，表明每期房地产开发的融资额（包括权益融资和债务融资）大于房地产开发的投资额，同时也表明房地产开发具有"滚动开发"的特征。

表5-2　　　　　1995—2018年房地产与宏观经济数据　　　　（单位：%）

年份	房地产开发投资/GDP	房地产销售额/GDP	房地产开发投资/固定资产投资	房地产开发资金来源合计/房地产开发投资
1995	5.13	2.05	15.73	—
1996	4.48	1.99	14.04	—
1997	3.99	2.26	12.74	120.10
1998	4.24	2.95	12.72	122.15
1999	4.53	3.30	13.74	116.88
2000	4.97	3.92	15.14	120.34
2001	5.72	4.39	17.05	121.32
2002	6.40	4.96	17.91	125.15
2003	7.39	5.79	18.27	129.97
2004	8.13	6.41	18.67	130.48
2005	8.49	9.38	17.92	134.50
2006	8.85	9.49	17.66	139.71
2007	9.36	11.07	18.42	148.20
2008	9.77	7.85	18.05	126.97
2009	10.40	12.73	16.14	159.48
2010	11.71	12.79	19.17	151.15
2011	12.66	12.01	19.84	138.66
2012	13.33	11.97	19.16	134.45

续表

年份	房地产开发投资/GDP	房地产销售额/GDP	房地产开发投资/固定资产投资	房地产开发资金来源合计/房地产开发投资
2013	14.51	13.73	19.27	141.98
2014	14.82	11.90	18.56	128.36
2015	13.99	12.72	17.08	130.45
2016	13.86	15.89	16.91	140.59
2017	13.38	16.29	17.12	142.13
2018	13.36	16.66	18.63	138.00

注:"—"表示数据缺失。

资料来源:《中国统计年鉴(1996—2019)》。

二 当前货币结构客观上有利于投资

货币政策调节的对象是货币供应量,从而影响社会总供给和总需求的均衡。根据货币流动性强弱,流通中货币(M0)是指居民和企事业单位现金,主要用于消费;货币(M1)包含 M0 和企业活期存款,防止流动性风险;货币和准货币(M2)包括 M1 和各种定期存款,用于投资。图 5-3 显示,1995—2018 年,M0 占 GDP 比重呈递减趋势,由 1995 年的 12.86% 降至 2018 年的 8.13%,表明居民和企事业单位的消费在国民收入占比下降。M1 占 GDP 比重呈递增趋势,由 1995 年的 39.11% 升至 2018 年的 61.28%,表明居民和企事业单位的流动性增强,但比重小于 1,不存在流动性过剩。M2 占 GDP 比重呈递增趋势,由 1995 年的 99.04% 升至 2018 年的 202.90%,表明货币供给量超过国民收入一倍。

图 5-4 显示,1995—2018 年,其中 2008 年和 2011 年存在较大的通胀,通胀率分别为 5.86% 和 5.39%;2000 年、2003 年和 2009 年

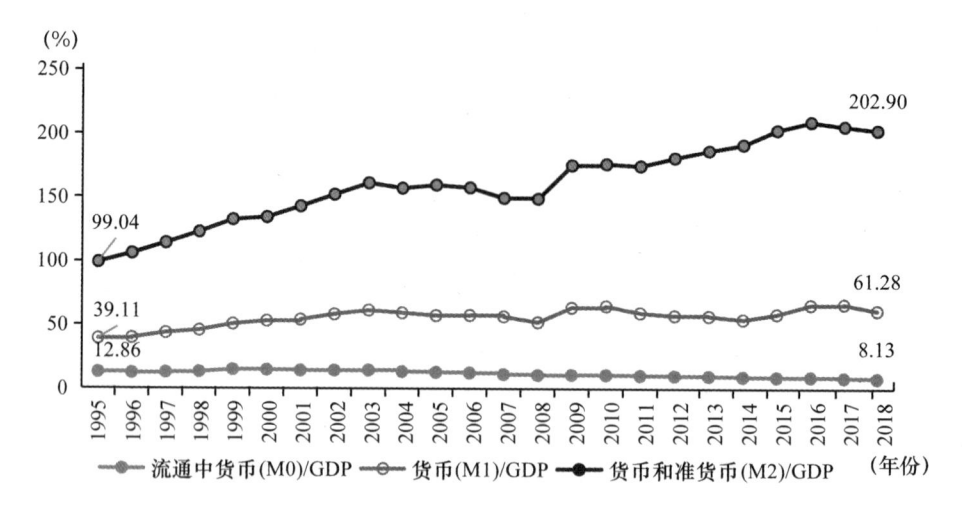

图 5-3　1995—2018 年中国货币供给占 GDP 比重（单位：%）

资料来源：中经网数据库。

出现轻度通货紧缩，通货紧缩率分别为 -1.40%、-0.75% 和 -0.69%；自 2012 年，之后通胀率均低于 3% 的目标通胀率，表明中国近些年不存在严重的通货膨胀。此外，2008—2018 年，美元兑人民币平均汇率介于 6—7，表明人民币汇率比较稳定。

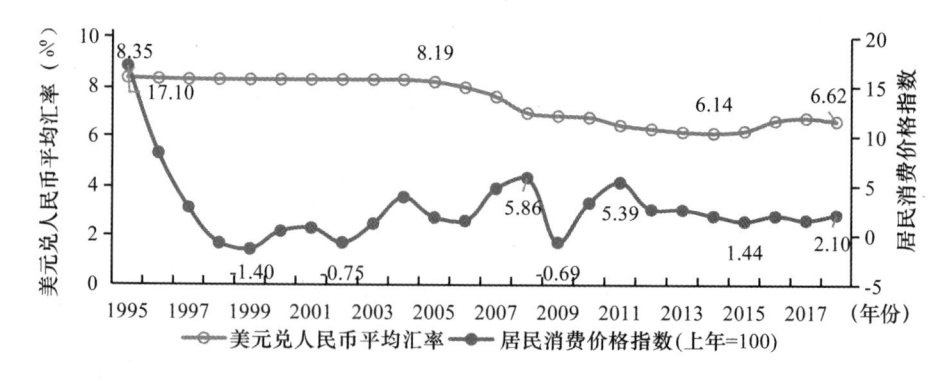

图 5-4　1995—2018 年中国人民币汇率和通胀率

资料来源：中经网数据库。

图5-5显示，流通中货币（M0）占GDP比重下降，货币（M1-M0）和准货币（M2-M1）占GDP的比重都在上升，表明居民和企事业消费占比在下降，企事业单位活期存款以及居民和企事业单位定期存款占比在上升，货币供给结构不利于扩大消费和提高企事业单位流动性，有利于居民和企事业单位投资。因此，为防止投资过度和经济过热，须进一步调整和优化货币供给结构，鼓励消费，增加M0和M1比重，减少M2比重。

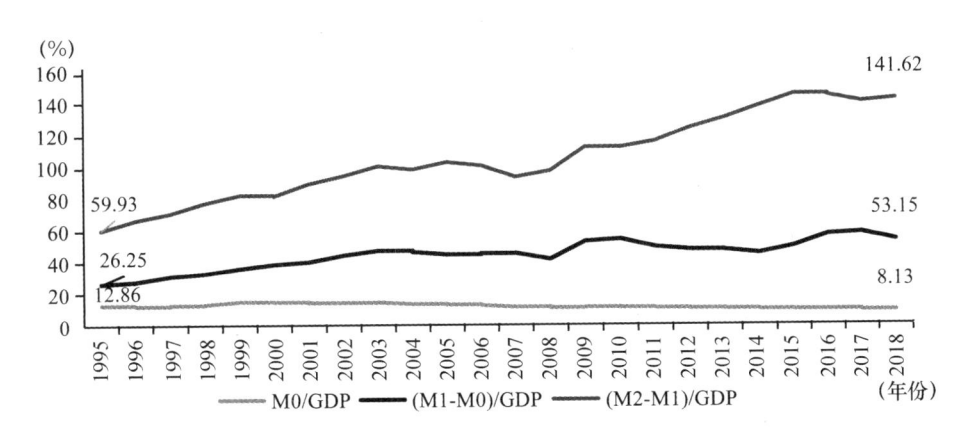

图5-5 1995—2018年中国货币供给量结构

资料来源：中经网数据库。

尽管1995—2018年准货币（M2-M1）和流通中货币（M0）增长率呈下降趋势，但总体上准货币（M2-M1）增长率大于流通中货币（M0）增长率（见图5-6）。这表明，尽管货币供给量增长率持续下降，但用于投资的货币供给增长率大于用于消费的货币增长率，导致货币供给结构偏重投资，经济发展对投资的依赖度较高。

利率是货币价格，货币供给量影响利率，利率政策也影响货币供给量。表5-3显示，利率政策被央行频繁运用：1998年房改基准利

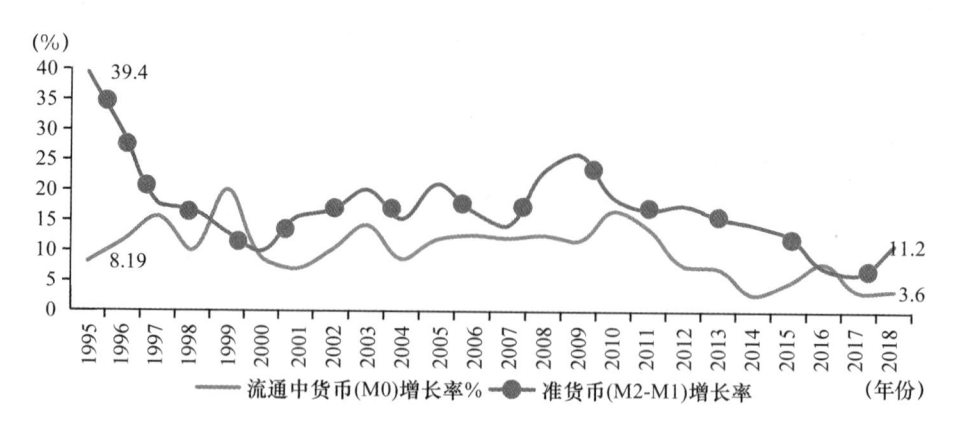

图 5-6　1995—2018 年中国货币供给增长率

资料来源：中经网数据库。

率下调 3 次，2007 年基准利率上调 6 次，2008 年基准利率下调 5 次，2010 年和 2011 年分别上调 2 次和 3 次，2015 年又下调 5 次。通常，一年以上五年以下贷款利率为房地产开发贷款利率，属于中期贷款利率，五年及以上利率为住房抵押贷款利率，属于长期贷款利率。中国利率政策的主要目标是对经济增长进行逆周期调节。目前，中国经济增长由高速增长转向高质量增长，经济增速有所下滑，基准利率位于低水平，自 2015 年之后一年以内贷款、三至五年（含五年）贷款以及五年以上贷款基准利率分别为 4.35%、4.75% 和 4.90%，有利于促进房地产开发投资和住房消费。

表 5-3　　1998—2015 年中国金融机构人民币贷款基准利率　　（单位：%）

调整时间	六个月以内（含六个月）	六个月至一年（含一年）	一至三年（含三年）	三至五年（含五年）	五年以上
1998.3.25	7.02	7.92	9.00	9.72	10.35
1998.7.1	6.57	6.93	7.11	7.65	8.01
1998.12.7	6.12	6.39	6.66	7.20	7.56

续表

调整时间	六个月以内（含六个月）	六个月至一年（含一年）	一至三年（含三年）	三至五年（含五年）	五年以上
1999.6.10	5.58	5.85	5.94	6.03	6.21
2002.2.21	5.04	5.31	5.49	5.58	5.76
2004.10.29	5.22	5.58	5.76	5.85	6.12
2006.4.28	5.4	5.85	6.03	6.12	6.39
2006.8.19	5.58	6.12	6.3	6.48	6.84
2007.3.18	5.67	6.39	6.57	6.75	7.11
2007.5.19	5.85	6.57	6.75	6.93	7.20
2007.7.21	6.03	6.84	7.02	7.2	7.38
2007.8.22	6.21	7.02	7.20	7.38	7.56
2007.9.15	6.48	7.29	7.47	7.65	7.83
2007.12.21	6.57	7.47	7.56	7.74	7.83
2008.9.16	6.21	7.20	7.29	7.56	7.74
2008.10.09	6.12	6.93	7.02	7.29	7.47
2008.10.30	6.03	6.66	6.75	7.02	7.20
2008.11.27	5.04	5.58	5.67	5.94	6.12
2008.12.23	4.86	5.31	5.4	5.76	5.94
2010.10.20	5.10	5.56	5.60	5.96	6.14
2010.12.26	5.35	5.81	5.85	6.22	6.40
2011.2.9	5.60	6.06	6.10	6.45	6.60
2011.4.6	5.85	6.31	6.40	6.65	6.80
2011.7.7	6.10	6.56	6.65	6.90	7.05
2012.6.8	5.85	6.31	6.40	6.65	6.80
2012.7.6	5.60	6.00	6.15	6.40	6.55
2014.11.22	5.60	6.00	6.15		
2015.3.1	5.35	5.75	5.90		
2015.5.11	5.10	5.50	5.65		
2015.6.28	4.85	5.25	5.40		
2015.8.26	4.60	5.00	5.15		
2015.10.24	4.35	4.75	4.90		

注：自2014年11月22日，金融机构人民币贷款基准利率期限调整为一年以内（含一年）、一至五年（含五年）和五年以上。

资料来源：中国人民银行（http://www.pbc.gov.cn/）。

第二节 行业管制政策要求企业并购

一 限购政策抑制房地产需求和供给

2011—2015年，中国开始实施第一轮限购政策，2016年第4季度开始第二轮限购。截至2018年年末，中国有67个城市实施限购政策。限购政策对房地产市场产生了显著影响。表5-4显示，2005—2018年，67个限购城市的销售面积、竣工面积、施工面积和房价增长率平均值分别为16.72%、16.24%、12.32%和12.19%，221个非限购城市销售面积、竣工面积、施工面积和房价增长率平均值分别为26.26%、46.95%、60.60%和12.88%。对比两组数据可以看出，限购政策对城市的房地产需求和供给产生显著负影响。纵向对比来看，对于67个限购城市，其2005—2010年商品房需求和供给增长速度均明显高于2011—2018年。

表5-4　　2005—2018年中国288个城市房地产市场变动趋势　　（单位：%）

年份	限购城市（67个）				非限购城市（221个）			
	竣工面积增长率	销售面积增长率	施工面积增长率	房价增长率	竣工面积增长率	销售面积增长率	施工面积增长率	房价增长率
2005	124.39	24.91	17.55	12.89	451.86	58.93	-8.17	16.31
2006	11.62	19.01	16.20	16.15	18.56	37.57	59.43	15.57
2007	30.36	23.04	10.18	22.62	31.32	44.11	28.39	19.47
2008	8.95	-11.02	12.93	10.79	26.78	7.74	18.45	14.42
2009	16.29	77.34	18.49	17.93	13.89	46.04	38.33	27.82
2010	12.64	7.18	30.36	25.71	29.74	27.28	5.85	17.78
2011	21.18	0.25	26.59	9.86	19.77	25.04	23.21	19.49

续表

年份	限购城市（67个）				非限购城市（221个）			
	竣工面积增长率	销售面积增长率	施工面积增长率	房价增长率	竣工面积增长率	销售面积增长率	施工面积增长率	房价增长率
2012	14.93	7.88	22.15	3.98	17.65	4.12	20.08	7.88
2013	18.03	21.75	13.95	8.48	17.29	22.75	14.81	11.99
2014	2.72	-5.75	7.53	2.85	3.55	-9.31	85.53	4.60
2015	-1.40	14.25	-3.44	4.06	-1.17	1.65	-4.98	2.63
2016	-3.89	26.16	-0.24	9.66	0.28	21.04	519.71	3.26
2017	-30.66	12.38	-2.53	13.45	-19.14	54.43	-12.86	6.25
2018	2.19	—	2.72	—	—	—	—	—
平均	16.24	16.72	12.32	12.19	46.95	26.26	60.60	12.88

注："—"表示缺失值。

资料来源：《中国288个城市统计年鉴（2006—2019）》。

不论是限购城市还是非限购城市，竣工面积和施工面积增长率均呈递减趋势，并且都在2014年之后出现负增长。这说明限购在抑制市场需求的同时也影响了供给。

二　房地产开发信贷管控约束企业融资

房地产开发贷款是房地产开发和房地产企业生存的关键因素。为实现"房住不炒"长效机制以及"脱虚向实"产业结构调整，除限购政策外，中央政府严控房地产贷款。表5-5显示，1997—2018年房地产开发企业国内贷款占全部资金比重呈递减趋势，由1997年的23.87%减至2018年的14.46%，而房地产开发企业自筹资金和其他资金占全部资金比重呈递增趋势，分别由1997年的25.49%和38.11%增至2018年的33.64%和51.83%。自筹资金通常包括房地产投资信托、私募基金和委托贷款，融资成本较高，其他资金主要是指购房者的购房款。可见，在银行开发贷受到严格管控后，房地产开发企业扩大融资渠道，积极采用多元化的融资策略，通过发行信用债、海外债、资产支持证券、赴港上市等多种渠道补充资金。在信贷严格管控条件下，中小房地产开发企业因融资难和融资贵受到较大约束，容易成为被并购对象。而且，近年来房地产企业资产负债率逐年攀升，由2008年的72.30%增至2018年的79.10%，存在一定的债务风险，"去杠杆"任重道远。最后，房地产开发企业的利润率先升后降，总资产回报率和净资产回报率的平均值分别为1.39%和5.69%，易引发房地产企业并购。

表5–5 1997—2018年中国房地产开发企业资金来源与利润变动趋势

（单位：%）

年份	国内贷款	国外贷款	FDI	自筹资金	其他资金	资产负债比	ROA	ROE
1997	23.87	12.07	8.59	25.49	38.11	76.20	-0.06	-0.27
1998	23.85	8.194	5.863	26.43	41.04	76.10	-0.05	-0.23
1999	23.18	5.35	3.76	28.04	43.02	76.10	-0.19	-0.78
2000	23.09	2.81	2.25	26.91	47.01	75.60	0.29	1.19
2001	21.99	1.76	1.38	28.38	47.69	75.00	0.44	1.76
2002	22.77	1.61	1.27	28.09	47.38	74.90	0.77	3.05
2003	23.78	1.29	0.88	28.57	46.27	75.80	1.06	4.40
2004	18.40	1.33	0.83	30.33	49.87	74.10	1.39	5.36
2005	18.31	1.21	0.80	32.72	47.77	72.75	1.54	5.64
2006	19.74	1.48	1.12	31.68	47.10	74.07	1.89	7.29
2007	18.72	1.71	1.30	31.41	48.16	74.43	2.19	8.58
2008	19.20	1.84	1.60	38.65	40.32	72.30	2.37	8.57

续表

年份	国内贷款	国外贷款	FDI	自筹资金	其他资金	资产负债比	ROA	ROE
2009	19.66	0.83	0.70	31.05	48.45	73.50	2.78	10.48
2010	17.22	1.08	0.92	36.52	45.17	74.50	2.72	10.69
2011	15.24	0.92	0.81	40.85	43.00	75.42	2.04	8.30
2012	15.31	0.42	0.37	40.48	43.79	75.20	1.71	6.88
2013	16.11	0.44	0.38	38.83	44.62	76.00	2.25	9.37
2014	17.41	0.52	0.49	41.33	40.73	77.00	1.23	5.36
2015	16.15	0.24	0.23	39.17	44.45	77.70	1.12	5.00
2016	14.92	0.10	0.09	34.07	50.92	78.30	1.39	6.38
2017	16.18	3.05	0.11	32.60	51.12	79.10	1.62	7.77
2018	14.46	3.00	0.07	33.64	51.83	79.10	2.17	10.40

资料来源：中经网数据库。

三 土地出让政策提高土地获取成本

土地是房地产开发的生产要素和前提。能否取得土地决定房地产开发企业的生存，被称为"地根"。土地出让价格不仅受土地规划和城市规划的影响，而且受土地出让方式的影响。2002年5月9日，国土资源部发布了《招标拍卖挂牌出让国有土地使用权规定》（第11号令），规定自2002年7月1日，商业、旅游、娱乐和商品住宅等各类经营性用地，必须以招标、拍卖或者挂牌方式出让。2004年3月，国土资源部和监察部发布了《关于继续开展经营性土地使用权招标拍卖挂牌出让情况执法监察工作的通知》（第71号令），要求2004年8月31日后，所有经营性用地必须采用招标、拍卖或者挂牌方式出让，各地不得再以历史遗留问题为由采用协议出让方式,被称为"8·31大限"。因此,自2002年,中国土地出让的市场化程度不断提高,土地竞租市场逐渐形成土地竞租理论(bid-rent theory, Alonso, 1964)在中国土地市场具有很强解释力,房地产开发企业土地竞租并日益增强,多地出现"地王"。[①]

"招拍挂"土地出让制度的实施以及土地出让面积的减少,导致房地产开发企业的土地取得成本上升,一些中小房地产企业因无法取得土地面临倒闭风险,引发房地产企业并购。表5-6显示,2001—2017年,全国土地出让面积先增后减,分别由2001年的9.04万公顷增至2011年的33.51万公顷又减至2017年的23.09万公顷,年均增长6.04%。土地出让收入呈递增趋势,由2001年的1295.89亿元增至2017年的51984.48亿元,年均增长25.95%,为土地出让面积增长率的4倍多。协议出让土地面积及其收入自"8·31大限"后呈递减趋势,分别由2004年的12.91万公顷和2862.87亿元减至2017年的1.75万公顷和1477.03亿元,年均分别减少16.62%和5.22%。协议出让土地面积及其收入占全部土地出让面积及其收入比重也呈递减趋势,分别由2004年的71.12%和44.65%减至2017年的7.59%和2.84%。与此相反,"招拍挂"出让土地面积及其收入自"8·31大限"呈递增趋势,分别由2004年的5.24万公顷和3549.31亿元增至2017年的21.34万公顷和50507.45亿元,年均分别增长11.41%和22.66%。"招拍挂"出让土地面积及其收入占比呈递增趋势,分别由2004年的28.88%和55.35%增至2017年的92.41%和97.16%。

---

① William Alonso, *Location and Land use: Toward a General Theory of Land Rent*, Harvard University press, 1964.

表 5-6　　　　　　　2001—2017 年中国土地出让变动趋势

年份	出让 面积/万公顷	出让 收入/亿元	协议出让 面积/万公顷	协议出让 收入/亿元	协议出让 面积占比/%	协议出让 收入占比/%	"招拍挂"出让 面积/万公顷	"招拍挂"出让 收入/亿元	"招拍挂"出让 面积占比/%	"招拍挂"出让 收入占比/%
2001	9.04	1295.89	8.38	803.89	92.69	62.03	0.66	492.00	7.31	37.97
2002	12.42	2416.79	10.61	1447.55	85.43	59.90	1.81	969.24	14.57	40.10
2003	19.36	5421.31	13.94	2349.88	72.02	43.35	5.42	3071.43	27.98	56.65
2004	18.15	6412.18	12.91	2862.87	71.12	44.65	5.24	3549.31	28.88	55.35
2005	16.56	5883.82	10.84	1687.92	65.44	28.69	5.72	4195.90	34.56	71.31
2006	23.30	8077.64	16.19	2282.72	69.47	28.26	7.11	5794.93	30.53	71.74
2007	23.50	12216.72	11.77	2141.86	50.08	17.53	11.73	10074.86	49.92	82.47
2008	16.59	10259.80	2.66	731.06	16.06	7.13	13.92	9528.74	83.94	92.87
2009	22.08	17179.53	3.36	883.94	15.21	5.15	18.72	16295.59	84.79	94.85
2010	29.37	27464.48	3.42	1101.06	11.65	4.01	25.95	26363.42	88.35	95.99
2011	33.51	32126.08	3.01	1307.81	8.99	4.07	30.50	30818.27	91.01	95.93
2012	33.24	28042.28	3.08	1388.85	9.27	4.95	30.16	26653.43	90.73	95.05
2013	37.48	43745.30	2.86	1635.79	7.64	3.74	34.62	42109.50	92.36	96.26
2014	27.73	34377.37	2.08	1612.22	7.50	4.69	25.65	32765.15	92.50	95.31
2015	22.49	31220.65	1.76	1465.14	7.81	4.69	20.73	29755.50	92.19	95.31
2016	21.19	36461.68	1.69	1348.02	7.97	3.70	19.50	35113.66	92.03	96.30
2017	23.09	51984.48	1.75	1477.03	7.59	2.84	21.34	50507.45	92.41	97.16

资料来源：《中国国土资源统计年鉴（2002—2018）》。

图 5-7 显示，受土地供给规模缩减和"8·31 大限"影响，2004 年以后，房地产开发企业购置土地面积呈递减趋势，而房地产企业待开发土地面积呈递增趋势。房地产开发企业购置土地面积由 2004 年的 39784.66 万平方米减至 2018 年的 29141.57 万平方米，年均减少 2.25%。房地产开发企业待开发土地面积由 2004 年的 39635.30 万平方米增至 2018 年的 45617.86 万平方米，年均增长

1.01%。房地产开发企业土地购置面积的减少会进一步减少房地产开发企业未来开发能力，房地产增量市场将会萎缩；待开发土地面积的增加会加大房地产开发企业资金占用，流动性风险增加，破产和倒闭概率增大，引发房地产企业并购。

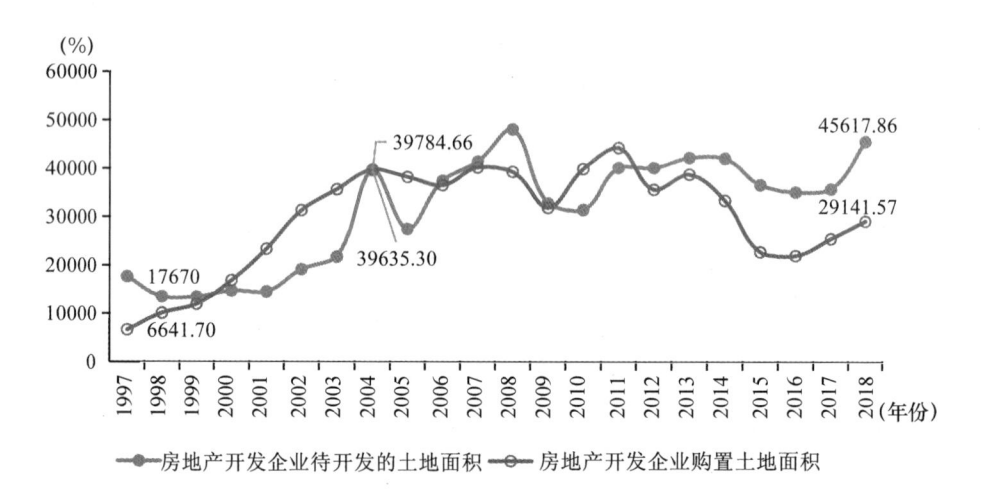

图5-7 1997—2018年中国房地产企业待开发和购置土地面积变动趋势（单位：万平方米）

资料来源：中经网数据库。

图5-8显示，房地产开发企业的土地购买价格呈递增趋势，由2004年的726.05元/平方米增至2018年的5525.50元/平方米，年均增长15.60%，多地出现"地王"现象。土地出让价格增长，会不断提高房地产开发企业的土地购置成本，对于房地产企业的区域布局、拿地策略、产品开发能力等均提出更高的要求，部分盲目布局、抢"地王"的房地产开发企业容易面临资金链紧张甚至倒闭破产的风险。同时，也会导致部分房地产开发企业难以获取土地，从而选择主动转型。

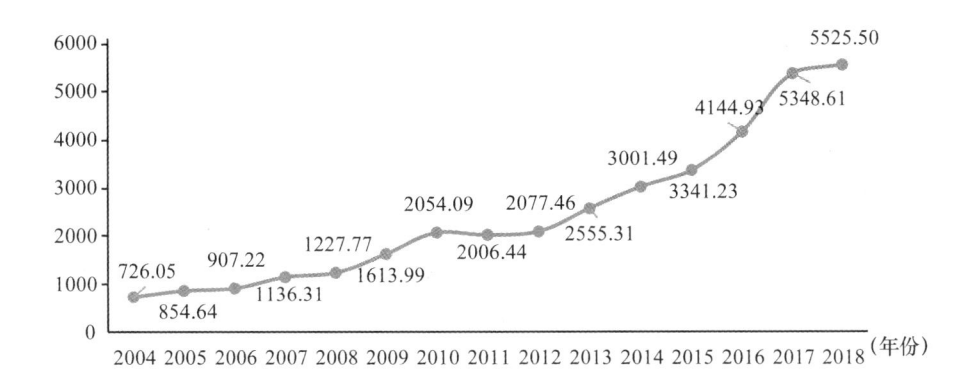

图 5-8　2004—2018 年中国房地产企业土地购买价格变动趋势（单位：元/平方米）

资料来源：中经网数据库。

◇◇ 第三节　微观经济因素激励企业并购

一　主并企业动因分析

Brouthers 将并购动机分为经济动因（economic motives）、个人动因（personal motives）和战略动因（strategic motives）。[①] 经济动因是指并购可能提高公司经济绩效，包括提高盈利能力、分散风险、降低成本，实现规模经济，应对市场失灵，提升融资能力和品牌价值，为股东创造更大价值，防止被别的企业并购。个人动因是指并购可能增加管理者个人利益，包括提高销售、提高管理声望、改善低效管理、进行管理挑战。战略动因包括获取协同效应（synergy）、进行全球扩

[①] Keith D. Brouthers, Paul van Hastenburg, and Joran van den Ven, "If Most Mergers Fail why are They so Popular?", *Long Range Planning*, Vol. 31, No. 3, 1998, pp. 347–353.

张、增强市场力量、获取新资源（包括管理技能和原材料）和改善竞争环境（收购竞争对手、设置进入壁垒或扩展产品线）。

根据 Brouthers（1998）的并购动因分类，中国房地产企业并购的经济动因包括财务投资、多元化战略、战略合作、资产调整和业务转型；个人动因包括买壳和整体上市；战略动因包括横向并购、垂直并购、品牌收购、资质和牌照获取。需指出的是，并购具有多样化特征，一种并购活动可能包含多种并购动机。

（一）并购的战略动因一：获取土地资源

土地是房地产开发的生产要素和前提，土地的不可移动性和稀缺性决定了土地是房地产企业最主要的战略性资源。因此，房地产企业并购是土地资源优化配置的过程，是主并企业将目标企业的土地资源转化为李嘉图租金的过程。例如，2016年5月19日，融创收购莱蒙国际、联想控股等多个项目，增加土地储备；2017年7月19日，信达地产收购淮矿物业，进入安徽和浙江市场；2012年11月29日，冠城大通为增加土地储备，进入长三角房地产市场，以7000万元收购丹龙置业常州有限公司股权。

一种并购活动通常具有多种并购动机。例如，横向并购不仅是企业和项目的并购，也是土地资源的并购。房地产企业并购在实现多元化经营战略、进行战略合作以及提高财务投资盈利目标时，同样会获取土地资源，进入新的市场，提高主并企业的协同效应。据此，本书将横向并购、多元化经营战略、战略合作以及财务投资作为房地产企业获取土地资源、进入新的市场、提高协同效应的战略性并购动机。表5-7显示，2008—2018年，中国房地产企业横向并购、多元化经营战略、战略合作呈递增趋势，各种并购动机的并购事件由2008年的 105 件增至 2018 年的 209 件，占全部并购事件比重平均为 79%。这表明，获取土地资源是房地产企业并购的主要和直接动机。

表 5-7　　2008—2018 年中国房地产企业获取土地动机的并购分布

（单位：件、%）

动机	2008	2009	2010	2011	2012	2013	2014	2015	2016	2017	2018	合计
横向整合	77	73	49	66	62	89	137	160	129	162	141	1145
多元化战略	17	28	43	41	23	26	31	49	21	42	46	367
战略合作	0	0	1	0	4	3	0	9	3	12	21	53
财务投资	11	3	9	16	16	17	46	6	3	7	1	135
小计	105	104	102	123	105	135	214	224	156	223	209	1700
占比	82.03	90.43	80.31	82.00	89.74	77.59	90.30	71.57	76.47	70.35	77.41	79.00
合计	128	115	127	150	117	174	237	313	204	317	270	2152

资料来源：Wind 并购数据库。

（二）并购的战略动因二：提高市场势能

横向并购不仅具有横向的规模经济，还能够扩大企业规模和市场份额，增强企业竞争力，有效降低房企进入新区域的壁垒，降低企业发展的风险和成本，改善竞争环境，缓解同业竞争。因此，横向并购不仅具有经济动因，而且具有战略动因。例如，2011 年 1 月 15 日，恒大以 16.64 亿元横向并购深圳建设集团；2004—2006 年，万科地产横向并购南都集团等。图 5-9 显示，2008—2018 年中国房地产企业横向并购事件占主导地位，虽然个别年份有所波动，但平均为 53.21%。这表明房地产企业在扩大规模、增强市场势力和市场竞争力方面的动机最强。2014—2018 年，中国房地产企业掀起以横向并购为主的浪潮。

横向并购是企业快速扩大规模的利器。无论是按商品房销售额还是商品房销售面积计算，中国房地产企业排名前 10、前 30、前 50 以及前 100 的市场集中度逐年提高，龙头房地产企业的规模越来越大。鉴于具有并购能力的主并企业主要是大型房地产企业且横向并购占主导地位，房地产企业的横向并购扩大了房地产企业规模，而且提高了市场集中度和市场份额。

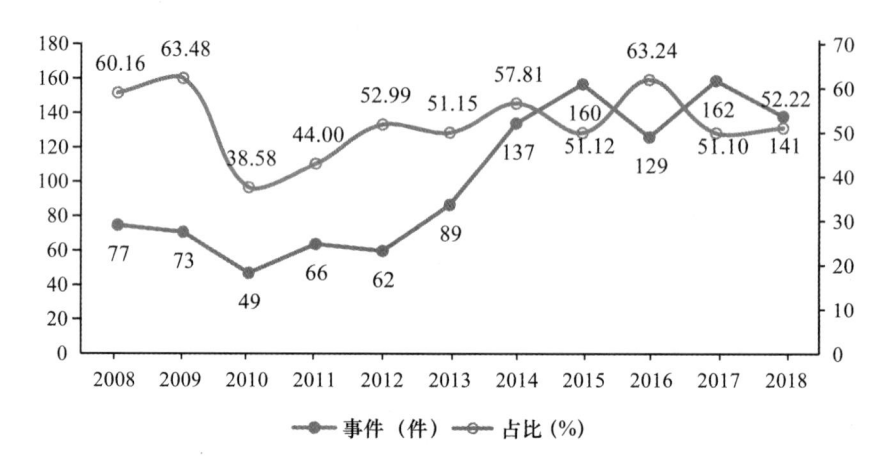

图 5-9　2008—2018 年中国房地产企业横向并购分布

资料来源：Wind 并购数据库。

纵向并购是对上下游产业链企业的垂直一体化并购，具有纵向的规模经济。图 5-10 显示，2008—2018 年，中国房地产企业的垂直并购事件较少，共发生了 34 件，垂直并购事件占全部并购事件的比重较低，由 2008 年的 6.25% 降至 2018 年的 1.85%。可见，针对上下游产业链的垂直并购不是我国房地产企业的主要选择。

（三）并购的战略动因三：进行多元化经营

随着人均居住面积的逐年提升，我国商品住宅的需求空间逐渐压缩。近几年，大量龙头房企纷纷开展多元化布局，结合自身优势资源，选择房地产上下游产业或其他朝阳产业。在多元化过程中，房企

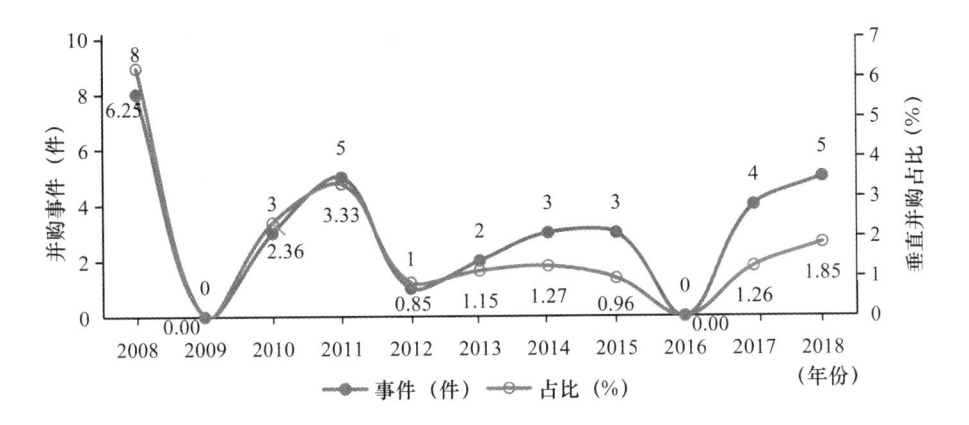

图 5－10　2008—2018 年中国房地产企业垂直并购分布

资料来源：Wind 并购数据库。

对于新行业的了解并不深入，存在一定风险。此时，收并购成为不错的选择。一方面，房地产企业开展多元化经营，参与文化、旅游、基础建设、教育、医疗等领域业务，降低经营风险。例如，2012 年 5 月 21 日，万达以 26 亿美元收购了美国第二大院线 AMC（American Multi-Cinema），并于 2016 年 1 月 12 日以 35 亿美元收购传奇影业；2016 年 4 月 24 日，恒大地产收购武汉巴登城，投资文化旅游；2015 年 4 月 23 日，绿地集团通过金丰投资借壳整体上市，向基础建设、大消费和金融领域发展；2017 年 7 月 14 日，由万科集团领衔普洛斯 CEO 梅志明、厚朴投资、高瓴资本、中银投资组成的财团，以 159 亿新元收购物流产业上市公司普洛斯（Global Logistic Properties Limited），进入物流地产；2017 年 7 月，融创以 438.44 亿元收购万达 13 个文旅项目 91% 的股权，涉足文旅地产；2019 年 11 月，融创以 153 亿元收购云南城投持有的环球世纪及时代环球各 51% 股权，进入会展行业；2017 年 1 月 15 日，阳光城 2 亿元收购力合顺德科技园 51% 股权，进入产业地产；2017 年 1 月 9 日，融创中国以 26 亿元收购链家

6.25%股权,进入租赁市场。另一方面,房地产企业通过收购调整资产结构,由重资产模式转向物业管理、金融、互联网等轻资产模式。例如,2017年6月30日,雅居乐收购绿地物业,开展物业管理及各类社区增值服务;2017年9月1日,金科股份转型升级为"美好生活服务商";2017年11月27日,招商蛇口成立地产基金,开展地产开发的轻资产管理业务。

中国房地产企业并购的经济动因包括财务投资、多元化战略、战略合作、资产调整、业务转型。其中,财务投资、多元化战略和战略合作属于多元化经营并购,资产调整和业务转型属于轻资产并购。表5-8显示,2008—2018年,经济动因的房地产企业并购事件呈递增趋势,由2008年的41件增至2018年的113件,占全部并购事件比重为41.54%。这表明,除横向并购外,房地产企业并购主要是以营利为动机。其中,经济动因的房地产企业并购以财务投资、多元化战略和战略合作的多元化经营并购为主,2008—2018年共有555件,占全部经济动因并购事件的62.08%;资产调整和业务转型的轻资产并购有339件,占全部经济动因并购事件的37.92%。

表5-8　2008—2018年中国房地产企业经济动因的并购分布　（单位:件、%）

动机	2008	2009	2010	2011	2012	2013	2014	2015	2016	2017	2018	合计
多元化战略	17	28	43	41	23	26	31	49	21	42	46	367
业务转型	2	0	0	0	2	1	1	1	0	3	1	11
战略合作	0	0	1	0	4	3	0	9	3	12	21	53
财务投资	11	3	9	16	16	17	46	6	3	7	1	135
资产调整	11	5	22	22	7	32	12	74	39	60	44	328
小计	41	36	75	79	52	79	90	139	66	124	113	894
占比	32.03	31.30	59.06	52.67	44.44	45.40	37.97	44.41	32.35	39.12	41.85	41.54
合计	128	115	127	150	117	174	237	313	204	317	270	2152

资料来源:Wind并购数据库。

(四) 并购的战略动因四：缓解融资约束

近年来，房地产企业融资环境不断收紧，尤其是非标融资、影子银行等融资渠道受到严格限制，信托贷款、房企发债也受到规范性约束，这对房企融资产生较大影响，尤其是部分中小房企与民营房企。因此，部分房企通过并购方式获取资金。一方面，此前房地产企业通过并购贷款进行"变相融资"。相较于房地产开发贷款，并购贷款资金运用更加灵活，且对发起申请的房企自由资金要求较低。另一方面，部分房企通过"借壳"上市融资。例如，2015年5月12日，绿地集团与金丰投资重组上市，拓宽了融资渠道，有效缓解了融资约束。2008年6月6日，方兴地产收购金茂大厦股权的110亿元并购款包括自有现金（40亿元）、资本市场配售新股（16.27亿股，约27.17亿港元）以及双边贷款（3亿美元）等。近几年，我国实行从紧的房地产信贷政策，房地产企业的融资渠道逐步收紧，银行开发贷等传统融资渠道受到贷款集中度、额度限制等严格管控，房地产企业面临较大的融资压力，制约其发展战略的落地和实施。一些中小房地产企业和民营房地产企业尤甚，融资渠道大幅收紧，融资成本居高不下。为防止房地产市场过热，中国资本市场基本暂停了房地产上市公司的IPO业务。房地产公司只能通过买壳或借壳在A股上市融资，或者赴港上市。因此，获取资本、缓解融资约束成为房地产企业并购的战略动因之一。

(五) 并购的战略动因五：实现公司上市

Jensoen & Mecking认为，与股东关心企业利润相比，经理人更关心自身的权力、收入、社会声望和职位。[①] 企业并购能扩大企业规模，提高经理人的收入和职位。因此，公司上市有利于提高公司治理水平，提升经理人和公司声誉，管理者存在很强的上市并购动机。表5-9显示，因国内资本市场暂停了房地产上市公司的IPO业务，2008—2018年，中国房地产企业买壳上市和整体上市并购事件的数量较少，共发生了21件，其中17件是买壳上市并购，4件是整体上市并购。房地产企业上市并购事件占全部并购事件比重很低且呈递减趋势，平均为0.98%，由2008年的1.56%降至2018年的0。可见，中国房地产企业在A股上市并购和上市融资难度极大，且整体上市并购比买壳上市并购难度更大。尽管如此，房地产企业买壳上市并购或整体上市并购能够提升公司治理水平和公司声誉，实现公司和个人并购目的。部分房企寻求在港股上市，表5-10显示，2018—2019年就有11家内地房企在港股上市，另外还有5家已递交招股说明书待上市。

表5-9 2008—2018年中国房地产企业上市并购动机分布（单位：件、%）

动机	2008	2009	2010	2011	2012	2013	2014	2015	2016	2017	2018	合计
买壳上市	2	6	0	0	0	2	3	4	0	0	0	17
整体上市	0	0	0	0	0	0	1	2	1	0	0	4
小计	2	6	0	0	0	2	4	6	1	0	0	21
占比	1.56	5.22	0.00	0.00	0.00	1.15	1.69	1.92	0.49	0.00	0.00	0.98
合计	128	115	127	150	117	174	237	313	204	317	270	2152

资料来源：Wind并购数据库。

① Michael C. Jensoen and William H. Mecking, "Theory of the Firm: Managerial Behavior, Agency Costs and Ownership Structure", *Journal of Financial Economics*, Vol. 3, No. 4, 1976, p. 305-360.

表 5-10   2018 年以来 11 家在港上市的房企

上市代码	上市公司	所在地	上市日期
06158.HK	正荣地产	上海	2018/1/16
01996.HK	弘阳地产	南京	2018/7/12
06111.HK	大发地产	上海	2018/10/11
03990.HK	美的置业	佛山	2018/10/11
03616.HK	恒达集团	许昌	2018/11/12
02892.HK	万城控股	惠州	2018/12/20
02019.HK	德信中国	杭州	2019/2/26
01902.HK	银城国际	南京	2019/3/6
02772.HK	中梁控股	上海	2019/7/16
01427.HK	中国天保集团	涿州	2019/11/11
02103.HK	新力控股	南昌	2019/11/15

二 被并企业动因分析

对被并企业而言，并购分为善意并购和恶意并购。对于善意并购，主并企业和被并企业都是主动的，它们的并购动因比较清晰明确，能够实现双赢。对于恶意并购，主并企业主动，被并企业被动，主并企业并购动因明确，被并企业缺乏并购动因，具有反并购动机。

因房地产并购的主并方主要从事房地产开发行业，根据被并企业所从事的行业，可将被并企业的动机分为：(1) 获取品牌效应，扩展销售渠道，此时被并方大多"被同业并购"；(2) 寻求垂直一体化的专业化经营，表现为"被相关行业并购"；(3) 处置不良资产或战略转型，此时存在"被不相关行业并购"的可能性。

表 5-11 显示，2008—2018 年，中国房地产企业被并购事件主要发生在同业并购，共发生 894 个；其次是非房地产相关产业企业并

购,共发生730个;最少是房地产相关产业企业并购,共发生173个。表5-12显示,同业房地产企业并购、不同行业房地产企业并购和相关行业房地产企业并购占被并购房地产企业比重平均分别为49.75%、40.62%和9.63%。这表明,寻求战略合作或品牌效应的房地产相同行业企业并购动机占主导,其次是战略转型或处置不良资产的房地产不同行业企业并购动机,最后是垂直一体化的房地产相关行业企业并购动机。

表5-11　　　　2008—2018年中国被并购房地产企业行业事件分布　　（单位:件）

行业	2008	2009	2010	2011	2012	2013	2014	2015	2016	2017	2018	合计
房地产开发	56	35	42	47	53	101	94	126	99	128	113	894
房地产服务、建材、建筑与工程	2	4	2	13	9	6	11	19	16	37	54	173
非房地产相关行业	29	15	25	23	52	47	81	134	89	141	94	730
合计	87	54	69	83	114	154	186	279	204	306	261	1797

资料来源:Wind并购数据库。

表5-12　　　　2008—2018年中国被并购房地产企业行业比重分布　　（单位:%）

行业	2008	2009	2010	2011	2012	2013	2014	2015	2016	2017	2018	平均
房地产开发	64.37	64.81	60.87	56.63	46.49	65.58	50.54	45.16	48.53	41.83	43.30	49.75
房地产服务、建材、建筑与工程	2.30	7.41	2.90	15.66	7.89	3.90	5.91	6.81	7.84	12.09	20.69	9.63
非房地产相关行业	33.33	27.78	36.23	27.71	45.61	30.52	43.55	48.03	43.63	46.08	36.02	40.62
合计	100	100	100	100	100	100	100	100	100	100	100	100

资料来源:Wind并购数据库。

(一) 获取品牌效应，扩展销售渠道

若被并企业寻求被房地产开发企业兼并收购，其可能以寻求与大企业达成战略合作、获取品牌效应、扩展销售渠道为动机。图5-11显示，2008—2018年，中国房地产企业被同行并购事件呈递增趋势，由2008年的56件增至2018年的113件，年均增长6.59%，2013年存在跳跃式增长。这表明具有战略合作意愿的中小房地产企业数量在增加。

图5-11　2008—2018年中国房地产企业被同业并购事件分布

资料来源：Wind并购数据库。

(二) 垂直一体化的专业化经营

若被并企业寻求被房地产服务、建材、建筑与工程企业并购，其动机可能为垂直一体化的专业化经营。图5-12显示，2008—2018年，中国房地产企业被相关行业并购事件及其比重呈递增趋势，由2008年的2件增至2018年的54件，年均增长34.93%，房地产企业

被相关行业并购事件占全部被并购事件比重由 2008 年的 2.30% 增至 2018 年的 20.69%，年均增长 1.84 个百分点。因此，具有垂直一体化、专业化经营的被并购房地产企业数量增加较快，表明中国房地产企业垂直一体化的被并购事件比重在增加。

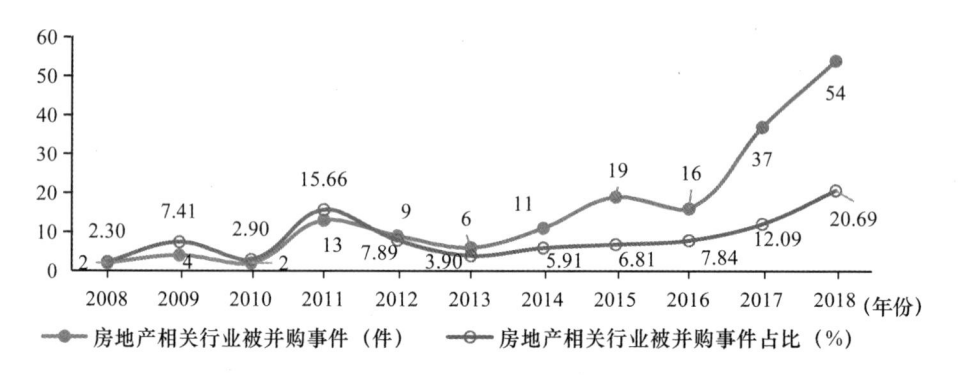

图 5-12　2008—2018 年中国房地产企业被相关行业并购事件分布

资料来源：Wind 并购数据库。

三　处置不良资产或战略转型

当企业出现经营困难、资金断裂或战略转型等情况，需要剥离房地产业务时，被并企业更加关注并购对价，对主并企业行业特征的关注度将会下降，此时可能"被不同行业并购"。图 5-13 显示，2008—2018 年中国房地产企业被不同行业并购事件及其比重呈递增趋势，由 2008 年的 29 件增至 2018 年的 94 件，年均增长 11.28%，占全部被并购事件比重由 2008 年的 33.33% 小幅增至 2018 年的 36.02%。

值得注意的是，2008—2018 年，中国房地产企业被同业并购事件占全部被并购事件比重呈递减趋势，由 2008 年的 64.37% 降至 2018

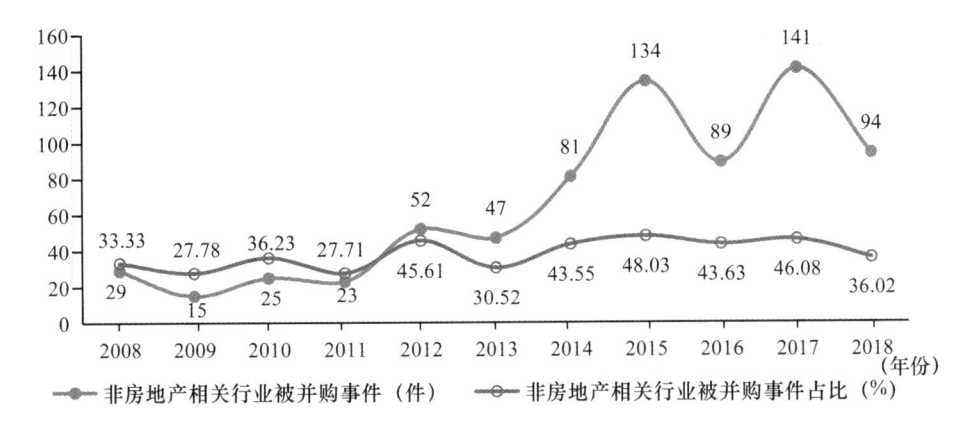

图 5-13　2008—2018 年中国房地产企业被不同行业并购事件分布

资料来源：Wind 并购数据库。

年的 43.30%，而房地产相关行业及非房地产相关行业被并购事件占比均有上升，其原因可能在于，在经济下行压力增强、房地产价格上涨的背景下，非房地产行业尤其是房地产产业链上下游行业，为了寻求房地产行业更高的利润水平，通过并购方式进入房地产领域。

第六章

房地产企业并购策略

并购策略影响并购绩效,是并购成功与否的关键因素。本章将结合大数据统计和案例分析,就并购时机、并购地域、并购标的以及并购模式选择为房地产企业提供参考。

◇ 第一节 房地产企业并购策略选择

房地产企业的并购必须重视策略选择,策略优劣影响并购绩效,是并购成功与否的一个关键因素。一个好的并购策略主要包括恰当的并购时机与地域、优质的并购标的及合理的并购模式。

一 并购时机的策略选择

经济增长放缓为并购市场提供了空间。宏观经济层面,经济繁荣期,企业经营与财务状况良好,出售意愿低,并购机会少,经济萧条期则相反。当前,我国经济整体稳定但趋于下行,企业盈利能力降低,大量中小房地产企业退出,这为并购市场提供了大量的并购机会。规模优势企业可以考虑通过并购，以较低价格扩大市场占比。

经济结构转型为多元化并购提供了良好的契机。我国第三产业发展迅速，国家创新驱动战略促进全行业技术创新与技术升级，通过并购可减少进入壁垒，为房地产实现产业融合、升级或转型提供良机。

资本市场为并购提供投资及融资机会。目前，投资端并购政策宽松，企业并购准入条件降低，虽存在融资端贷款政策收紧的情况，但上市公司股票增发稳定，现金流或规模处于优势的企业面临良好投资机会，可发挥融资优势并发起并购，实现经济、战略或个人目标。

产业政策影响企业并购方式的选择。目前，我国房地产行业各项调控政策将进一步抑制行业发展，且在未来一段时间内难见放松趋势。房地产行业整合趋势显著，不具竞争优势的中小企业及缺乏盈利能力的房地产业务为房地产企业横向并购提供了标的。此外，战略新兴产业引导型政策也为房地产企业纵向或非相关多元化并购提供机会。

二 并购地域的策略选择

一个地区的经济、人口、社会、住房市场等因素，都会影响并购完成后项目的长短期绩效情况。经济发达或增长速度较快、城镇化程度低及人口净流入地区的房地产市场，其容量或增量较大，为房地产项目并购提供了空间。经济新常态以来，我国各地区政治、经济、社会发展呈现新特点，房地产并购目标地域随之发生变化。城市群、都市圈发展趋势促使并购核心由存量空间已趋近饱和的传统一二线中心城市向新一二线城市转移，带动周边区域发展。城市更新、特色小镇等阶段性任务，为房地产企业提供了专业化并购的机会，重大功能平台及特殊政策区则为并购提供政策支持。

三　并购标的的策略选择

并购标的影响并购绩效。根据并购标的，并购分为项目并购和企业并购。项目并购主要为横向并购，标的集中于房地产行业。横向并购注重考察项目完成度、投资回报、现金流及债券债务关系等项目指标。企业并购标的行业比较多元，要综合考察财务与非财务指标。

并购项目标的可优先选择住宅业态占比高、投资回收效率快及周期短、产品适销对路、产权清晰且法律纠纷少的项目。在企业标的选择上，资产价值及质量高、债务成本低、盈利能力好、创新能力强、文化一致、战略目标一致的企业标的，有助于提升并购绩效。

四　并购模式的选择

选择合适的并购模式，有助于降低成本，提高并购绩效，实现并购目标。并购模式按并购要素有多种分类。按交易方式分，吸收与新设合并模式中，一方灭失，标的并购后归于并购方或实质控制方，符合并购战略动因；控股并购模式中，并购后双方存续，并购方拥有标的并购后的经济利益而无经营管理权，符合并购经济动因。按标的性质分，资产并购中，并购方获得优质资源，实现资源有效配置，符合资产结构调整的经济动因；股权并购中，并购方获得标的经济利益，符合并购经济动因；企业并购后，并购方同时获得标的所有权与经营权，主要追求战略动因。按并购范围分，完全并购及部分并购模式中，由于并购方取得标的资产、负债或所有者权益（股权）比例不同，动因复杂。按支付方式分，现金并购中，并购方以自有或借贷所得资金支付,缓解标的方流动性问题,动因复杂。股权置换并购双方互持对方股权,符合盈利之经济及协同战略动因;债务承接增加并购方债务成本,不符合经济效益而偏向战略动因的"附属品"。按融资方式分,经济动因遵循成本收益原则,自有资金或股权投资机会成本高于借贷成本,杠杆并购的经济效益更高,反之战略动因偏重融资准入门槛及时间成本,当贷款或发债受限时,转向非杠杆并购。

第二节 房地产企业并购时机选择

一 宏观经济与房地产并购

（一）经济周期引发房地产并购周期

表6-1显示,从历史并购浪潮看,我国房地产行业并购随经济发展呈周期性变动。经济繁荣,企业并购减少;经济萧条,企业并购增加。货币宽松,企业并购少;货币收紧,企业并购多。

表6-1 我国宏观经济景气指数与房地产企业并购

年份	宏观经济景气指数（预警）	房地产企业并购数（件）	数量占全行业比重（%）	房地产企业并购额（亿元）	房地产并购金额与全行业金额比值（%）	房地产企业并购单价（亿元/件）
2009	92.73	20	1.03	208	4.14	10.40
2010	111.50	81	3.88	181	2.95	2.23
2011	105.32	113	4.87	382	4.93	3.38
2012	90.06	100	3.22	273	5.52	2.73

续表

年份	宏观经济景气指数（预警）	房地产企业并购数（件）	数量占全行业比重（%）	房地产企业并购额（亿元）	房地产并购金额与全行业金额比值（%）	房地产企业并购单价（亿元/件）
2013	92.45	148	4.47	999	8.67	6.75
2014	79.93	244	6.99	1842	10.21	7.55
2015	67.88	310	6.12	2264	9.18	7.30
2016	69.13	216	5.37	3106	14.88	14.38
2017	73.55	316	5.83	2809	13.28	8.89
年均值	86.95	172	4.64	1340	8.20	7.07

资料来源：CEIC、Wind 并购数据库。

从图 6-1 可以看出，我国宏观经济景气指数和房地产企业并购数量呈现一定的负相关性，即随着景气指数的降低，并购数量呈增加的趋势。

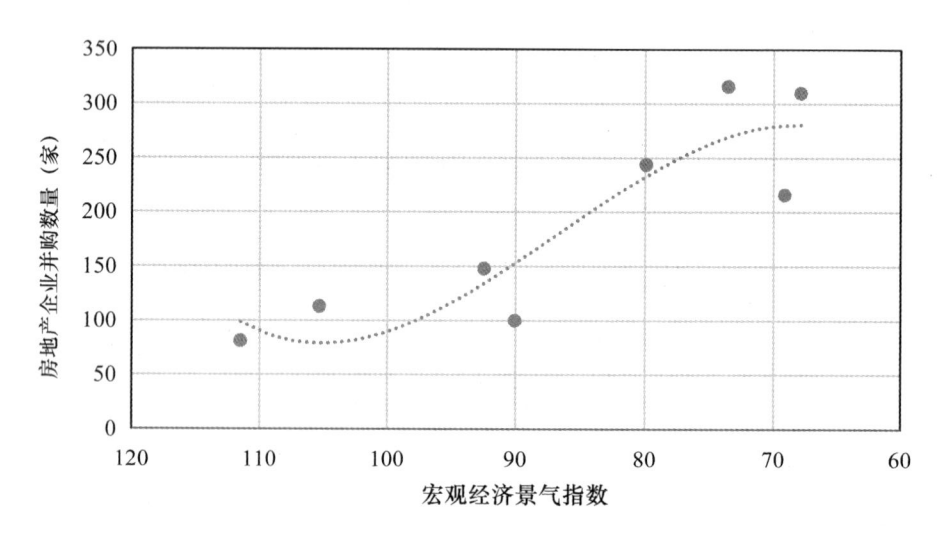

图 6-1 我国宏观经济景气指数与房地产企业并购关系

图6-2显示，2010年之后，我国经济增长速度逐渐放缓，这一时期房地产企业在并购数量、总额度以及全行业中的比值，总体上均呈现增长的趋势。并购单价在2016年显著增长后，虽然在2017年有一定程度的回落，但总体上也呈现逐渐上涨趋势。

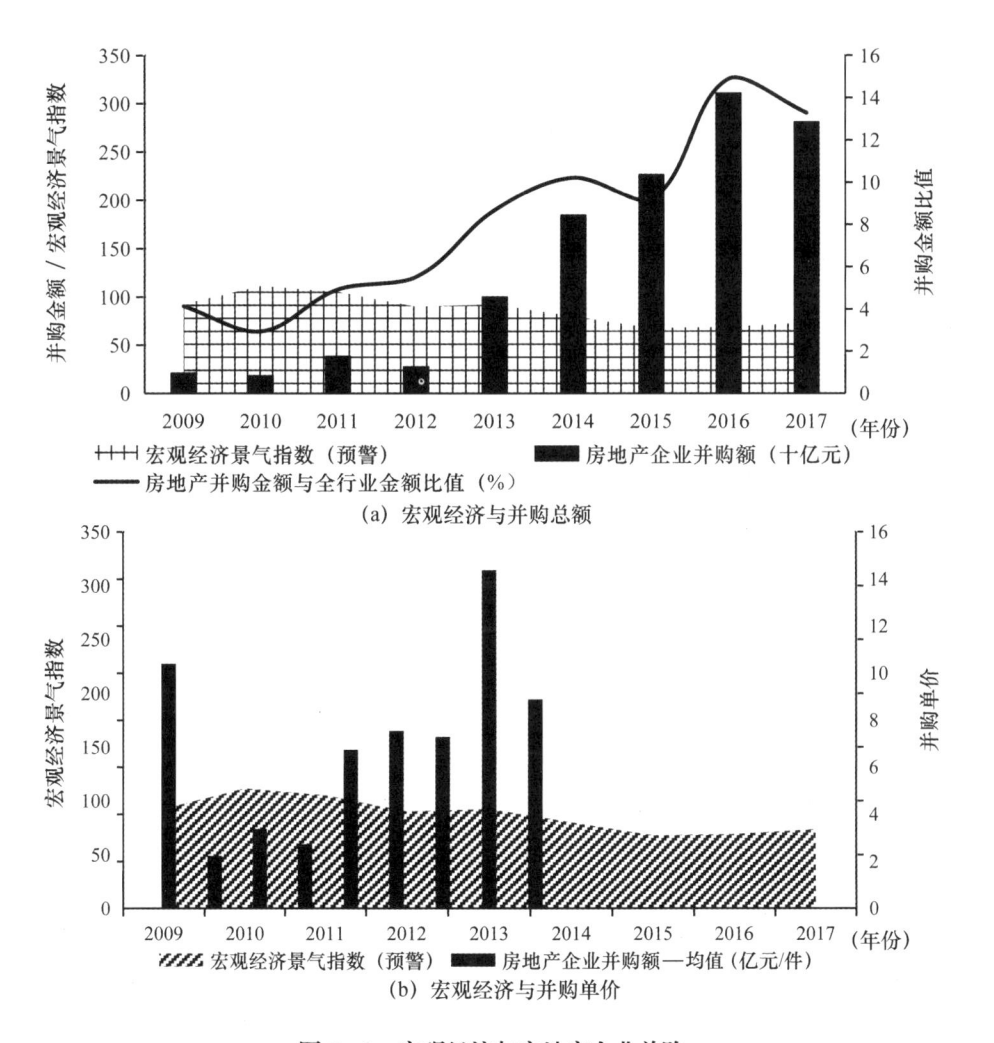

(a) 宏观经济与并购总额

(b) 宏观经济与并购单价

图6-2 宏观经济与房地产企业并购

资料来源：CEIC、Wind并购数据库。

由此可见，企业并购与经济周期紧密相关，二者呈负相关关系。经济繁荣期，房地产主业投资回报率高，现金流充足，可持续发展预期较高，出售意愿较低；经济萧条期，住房市场需求减少，容量缩减，而土地市场上，企业面临较大的融资约束，缺乏投资能力。财务和经营状况较差的中小规模房企，投资—现金流敏感性较强，抗风险能力弱，不具备持续开发和生产能力，迅速回笼资金意愿强烈。房地产行业内资源整合频繁，促进行业并购。

目前，我国经济处于稳定状态，经济下行压力增强，多项房地产调控政策并举，市场需求增量空间开始压缩。这对于采取扩张战略、融资渠道广、资金充足的大型房地产企业来说，其并购机会逐渐增多。

（二）结构转型引领并购升级

经济结构转型引发企业投资转型，第三产业与科技发展促进房地产开始多元化并购。我国经济结构由第一、第二产业向第三产业转型，尤其是科技型、服务型产业快速发展。基于此，房地产企业并购由"房地产+房地产"向"房地产+服务/运营"升级。

图6-3显示，2009年以来，我国第一产业就业人员占比持续降低，第二产业占比以2013年为节点先增后减，第三产业占比持续增加且2013年后增长幅度更加显著。结合重要产业增加值占GDP比重情况，我国经济及产业结构正由传统型发展方式的第一、第二产业向内涵式发展的第二产业高技术领域及第三产业转型。我国经济发展由追求速度向追求质量转变，经济结构转型对房地产行业并购的影响表现为以下两个方面。

一方面，低科技、低服务型产业占比降低，传统房地产开发行业

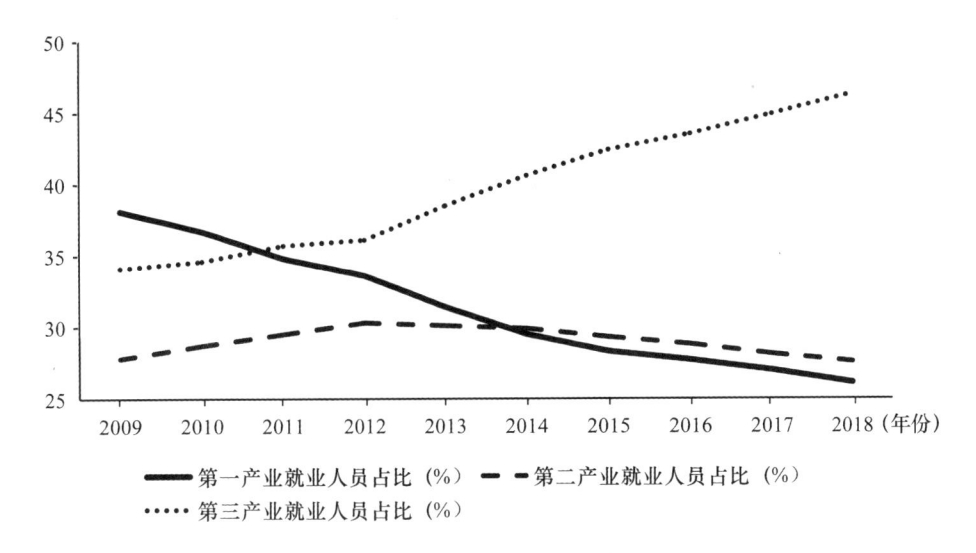

图 6-3 我国三大产业就业人员占比

资料来源：国家统计局。

内部竞争加剧。图 6-4 显示，以行业整合为目的的并购增加，弱实力企业退出市场，强实力企业通过并购进一步获得市场优势，市场呈现"马太效应"。

另一方面，高科技、高服务型产业占比增加，以多元化和转型为目标的并购事件增多。并且，多元化并购主要瞄准产业、商业、文旅、金融等服务业相关行业及新能源等高新技术产业（见图 6-5）。这些行业均需要企业有较强的运营、管理和服务能力。

表 6-2 显示，标的含房地产业务占比均值为 56.50%，标的不含房地产业务占比均值为 45.54%，可见房地产业务标的仍是房地产行业并购主流。但从时间趋势看，二者差异不断缩小，其中 2012 年和 2015 年非房地产业务标的占比甚至超过房地产业务标的占比。随着科技型、服务型产业发展，房地产业逐渐向其他产业扩张。

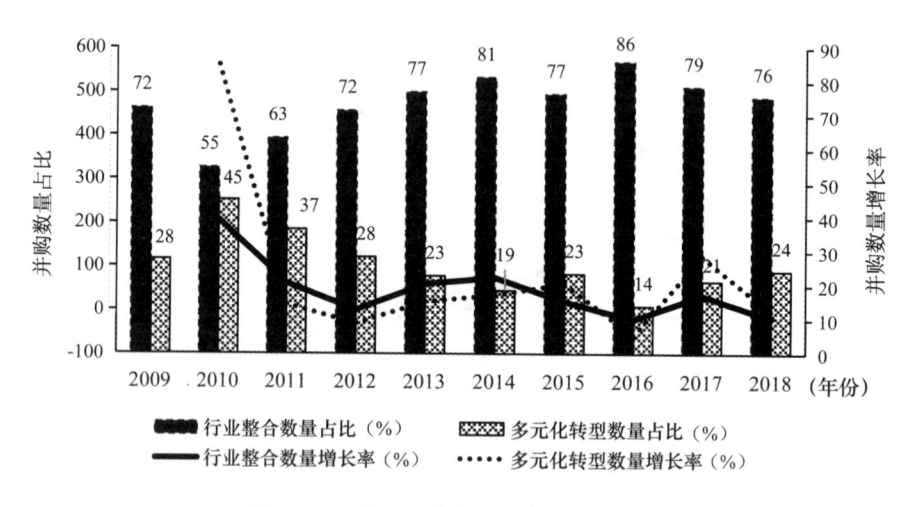

图6-4 我国房地产行业并购目的分类

注：本图为按并购目的对我国房地产行业进行划分。其中，行业整合包括房地产行业横向整合及纵向整合，多元化转型包括多元化战略及业务转型。资料来源：Wind企业并购数据库。

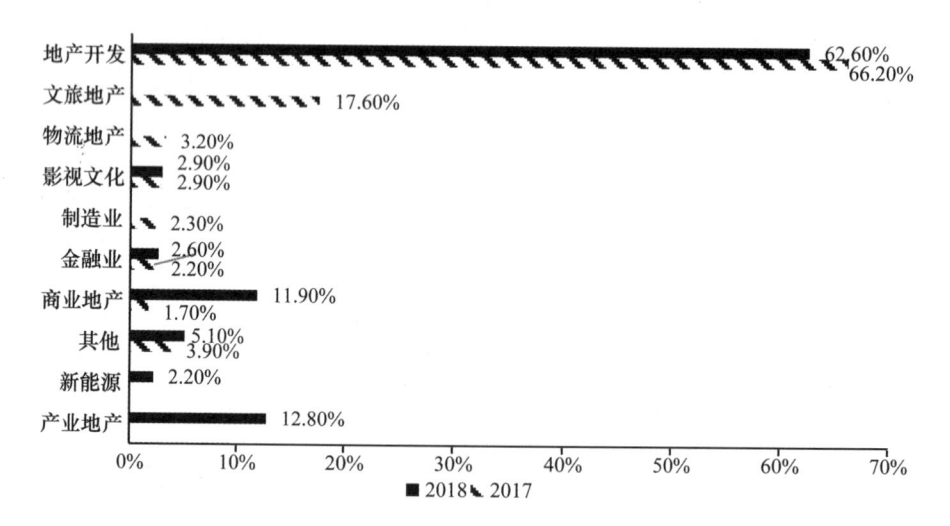

图6-5 我国房地产行业并购标的行业属性

资料来源：中指研究院。

表6-2　　　　　　　　　我国房地产行业并购标的分布

年份	标的含房地产业务	标的不含房地产业务	二者比值
2009	64.29%	42.86%	1.50
2010	61.76%	39.71%	1.56
2011	59.04%	40.96%	1.44
2012	49.07%	52.78%	0.93
2013	66.67%	33.99%	1.96
2014	54.40%	47.80%	1.14
2015	48.75%	51.97%	0.94
2016	51.78%	51.78%	1.00
2017	51.80%	49.51%	1.05
2018	57.47%	44.06%	1.30
均值	56.50%	45.54%	

注：本表统计量为频率。若同一并购事件含多项标的或标的跨行业经营则分别统计，故第二、第三列之和大于或等于100%。

资料来源：Wind企业并购数据库。

我国经济结构转型将持续深化，人民日益增长的美好生活需要驱动科技型、服务型产业发展。房地产并购随之由"房地产+房地产"向"房地产+服务/运营"转型，由资本密集向技术密集转型，实现行业转型升级。要想通过并购实现经济利益或是战略利益，在新一轮并购潮中，房地产企业应当注意洞察这一行业发展趋势，紧跟经济结构转型步伐，实现企业自身的转型或升级。

二 资本市场与房地产并购

并购是企业投资的重要手段，并购数量及金额受资本市场各要素影响而上下波动。并购政策影响并购投资，而信贷及股票市场影响并购融资。

（一）并购政策放松，房地产并购市场活跃

并购政策影响企业并购成本及标的价格。并购政策宽松，准入条件少，市场竞争充分，标的企业谈判能力较强，定价反映区域标的真实价值。反之，并购政策收紧，准入条件增多，对不符合条件企业形成壁垒，符合条件的主并企业谈判能力增强，并购价格降低，标的方并购收益降低，标的出售期望减弱，实力较强的并购方可获得折价收益。

表6-3显示，2011年以来，并购政策在初始发展后经历"松—紧—松"逐步调整阶段。2011—2013年，我国并购重组市场经历初始发展后，2014—2015年，房地产并购政策较为宽松，房地产企业并购数量均值同比增长130.83%，并购总金额均值同比增长301.76%，单笔交易价格同比增长73.94%。2016年6月—2018年6月，并购政策收紧，房地产企业并购数量均值同比增长0.72%，并购总金额均值同比增长25.43%，单笔交易价格同比增长24.56%，增长率均下降。总体上看，并购政策与市场表现呈同向变动关系。并购政策紧缩，抑制房地产行业并购意向；并购政策宽松，则激发房地产行业并购活力。

表6-3 并购政策[1]与房地产企业并购

时间	2011—2013年	2014—2015年	2016年6月—2018年6月	2018年6月以后
监管态度	初始发展	宽松	收紧	松紧适度
房地产并购数（件/年）	120	277	279	268
同比增长率（%）	—	130.83%	0.72%	-3.94%
房地产并购额（亿元/年）	511	2053	2575	1576
同比增长率（%）	—	301.76%	25.43%	-38.80%
房地产并购平均金额（亿元/件）	4.26	7.41	9.23	5.88
同比增长率（%）	—	73.94%	24.56%	-36.29%

[1] 我国并购政策详细内容请见第九章房地产企业并购的相关政策。

资料来源：新浪财经、Wind并购数据库。

近期，与融资政策收紧相比，我国并购政策持续放松，利好房地产并购。放宽并购方准入条件，给中小房企"抱团取暖"提供了机会；定向可转债支付较现金及股权灵活度高，较债务承接或有风险低，有利于缓解房地产企业并购融资压力；为高新技术标的开辟"豁免/快速通道"，可引导传统房地产企业提高创新意识。此外，2018年9月以来，证监会大幅取消和简化并购行政审批事项，提升基础制度的适应性与有效性。对此，大型房地产企业可利用宽松并购政策获得低固定成本及高标的折价，实现扩大土地储备、扩张企业规模、提高企业竞争力和市场份额等战略动因，满足盈利的经济动因。中小房企则可在房地产市场增量空间压缩和融资环境收紧的前提下，利用宽松并购政策降低成本，虽面临标的价格折损，但综合考虑闲置成本与并购成本，也不失为好时机。

(二) 借贷市场收缩，房地产企业并购债务融资成本增加

房地产是资本密集型行业，债权融资是房地产企业的重要融资渠道。资本市场借贷政策影响房地产并购融资。借贷政策宽松，则房地产企业并购融资约束降低，促进并购发生；反之，借贷政策收缩，则房地产并购面临融资困难，融资成本上升，抑制并购发生。

表6-4显示，我国房地产企业债务融资监管经历了"严格—宽松—收紧"阶段。图6-6显示，我国房地产上市公司长短期借款规模均增长，房地产企业并购数量及规模也呈上涨趋势。随着房地产借贷融资政策的收紧，房地产上市公司短期借款增长缓慢，企业面临流动性困境，并购数量增长明显放缓。相反，房地产上市公司长期借款则受政策影响较小而增长迅速。2015年，银监会修订了《商业银行并购贷款风险管理指引》，要求并购贷款期限一般不超过7年。通常并购贷款不超过5年，以3—5年居多，长期借款的快速增长催生了大规模并购。此外，这可能得益于2014—2016年10月中期票据及公司债发行主体扩容，房地产企业债务融资监管放松，其发行规模呈指数增长[1]，流动性增强。在债务融资宽松的背景下，2016年，房地产企业并购规模达到历年最大值3106亿元人民币，同比增长37.19%。2016年以后，随着房地产市场回暖，2017—2018年房地产行业销售与开发投资均屡创新高。2016年10月后，融资政策收紧，行业并购规模及并购贷款规模开始减小。

---

[1] 摘自金融界（https：//baijiahao.baidu.com/s？id=1621965068581068205&wfr=spider&for=pc）。

表6-4　　　　　　　　房地产企业借贷融资政策与并购

时间	2014年以前	2014年—2016年10月	2016年10月以后
监管态度	严格	宽松	收紧
房地产企业借贷特征	开拓阶段债务规模低	并购贷款宽松，中期票据和公司债发债主体扩容	防范金融风险

注：我国并购融资政策详细内容请见第十章房地产企业并购的金融支持。

资料来源：Wind金融数据库、国金证券研究所、企业财务报表。

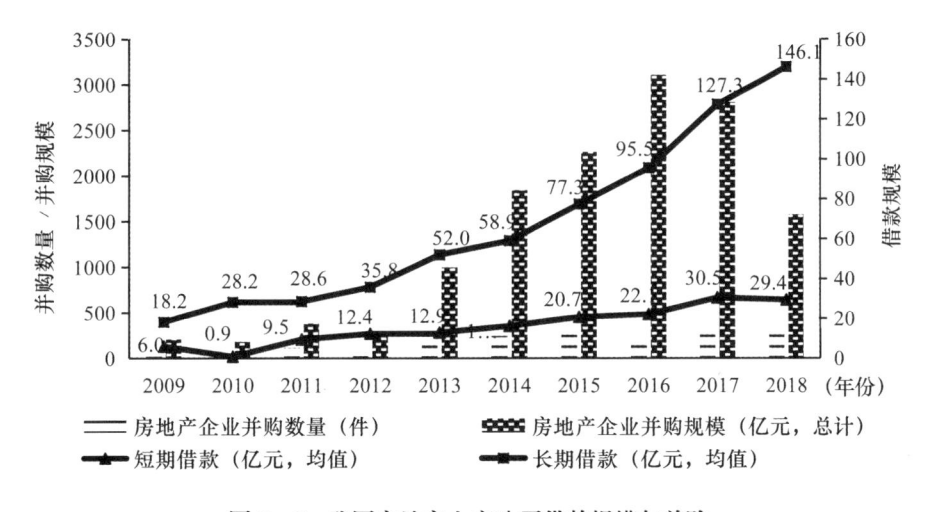

图6-6　我国房地产上市公司借款规模与并购

2018年以来，房地产企业借贷融资政策进一步收紧，特别是加强对用于房地产开发土地并购或房地产开发土地项目公司股权并购的贷款合规监管，房地产企业并购融资困难增加。当市场产生净现值大于零的优质并购机会时，投资—现金流敏感的房地产企业将因"巧妇难为无米之炊"而错失机会，而对于现金流充足或信用好、贷款融资受制小的房地产企业，则可发挥资本优势，在并购浪潮中取得先机。

(三) 股票市场稳定，上市房地产企业并购股权融资稳定

股权融资是企业并购的另一重要融资渠道。借贷市场对房地产企业贷款收缩，使得房地产企业并购对股权融资依赖的增加。表6-5显示，房地产企业并购中，股权支付较债权支付占比大。股票市场表现成为房地产企业并购的重要影响因素。

表6-5 我国房地产企业并购支付方式

年份	现金及实物资产支付占比（%）	股权支付占比（%）	债权支付占比（%）
2008	100.00	0.00	0.00
2009	81.40	23.26	2.33
2010	96.77	4.30	0.00
2011	97.84	4.32	0.00
2012	100.00	3.51	0.00
2013	94.58	5.42	0.60
2014	96.89	1.78	0.89
2015	97.61	4.10	0.00
2016	98.00	3.00	0.00
2017	97.99	1.67	0.33
2018	99.21	1.18	0.79
均值	96.39	4.78	0.45

注：表中股权支付、债权支付、现金及实物资产支付使用关键词统计，当支付方式包含"股权""债权""现金"及"实物资产"等关键词即统计入该项指标，多种支付方式并购计入多项指标。故三项占比之和大于或等于100%。

资料来源：Wind 并购数据库。

图 6-7 及图 6-8 显示，我国房地产行业并购数量及交易金额占全行业比重与沪深 300 指数变化趋势基本一致：股票市场繁荣，投资者预期增加，引致权益资本流入，股票交易活跃且股价上升，房地产企业虽 IPO 受限，但已上市公司定向增发平稳增长，促进并购发生，数量及金额增加；反之，股票市场萧条，投资者风险偏好趋于谨慎，储蓄意愿大于投资意愿，股票交易活跃度降低且股价下跌，并购减少。然而，不排除个别年份背离现象。这与华泰联合证券[①]统计的道琼斯指数与美国并购交易及道琼斯欧洲交易所指数与欧洲并购交易关系的国际经验一致。

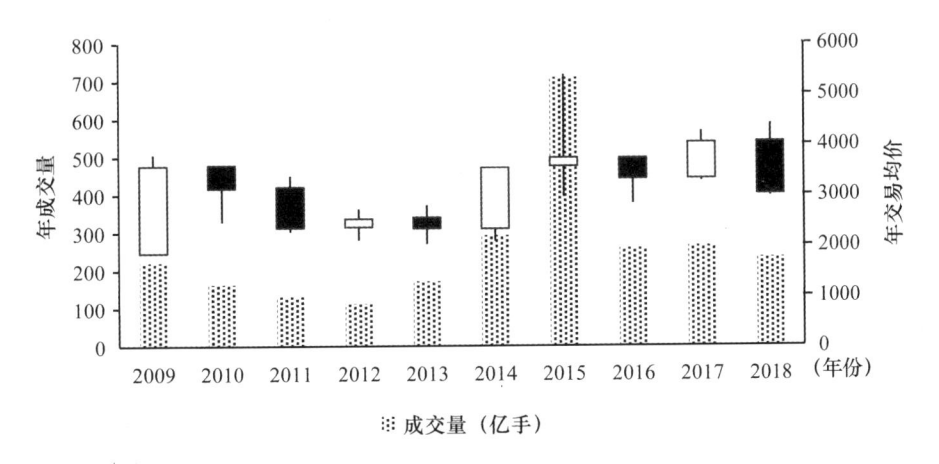

图 6-7 我国沪深 300 指数变动趋势

资料来源：新浪财经。

值得注意的是，市场机制存在盲目性缺陷，投资者过度自信会引致投资失败。2013 年年初至 2015 年 5 月末，我国 A 股市场表现良好，

[①] 刘晓丹：《VC/PE 如何参与企业并购》，2010 年，华泰联合证券，https://fdc.fang.com/wenku/492444.html。

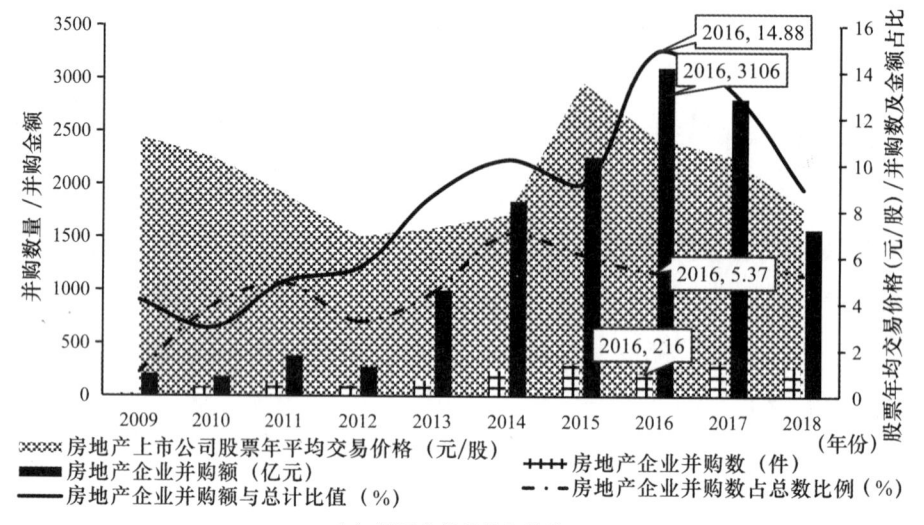

152 房地产行业整合与并购策略

(a) 股票交易价格与并购

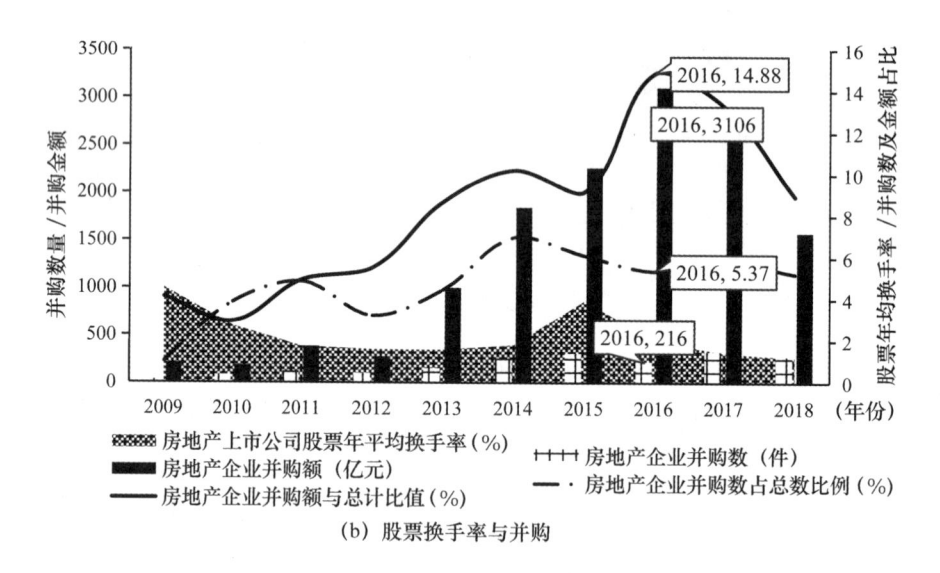

(b) 股票换手率与并购

图 6-8 我国房地产上市公司股票表现与并购

资料来源：Wind 金融数据库。

沪深 300 指数呈上升趋势，全行业企业并购数量与金额均增加。2015 年并购规模为 2013 年的 2.14 倍，但并购失败概率同步增长。2016 年，失败事件占比为 5.92%，截至目前为历年最高（见图 6-9）。股票市场繁荣，增强了投资者信心，并促进投资，但也可能导致过度自信，增加溢价风险，降低并购效率，导致并购失败。此现象存在滞后性，对股票市场繁荣期的房地产企业并购具有警示作用。

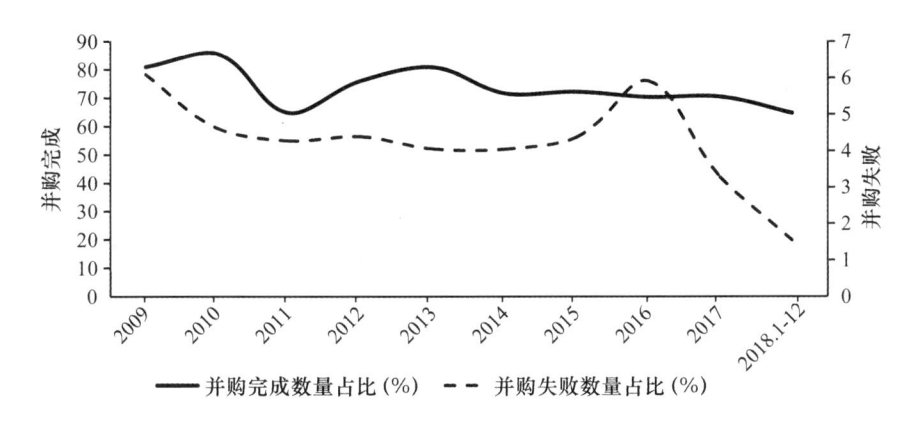

图 6-9 我国企业并购成功、失败数量占比

资料来源：Wind 企业并购数据库。

股票市场表现对房地产企业并购具有信号作用。房地产企业可以把握股票市场融资机会，繁荣期以高价发股，弥补并购资金短缺，同时避免股权过度稀释，但须警惕股价泡沫，减少过度融资。

股票市场监管约束股票市场表现，进而影响企业并购。表 6-6 和表 6-7 显示，我国 A 股市场监管力度加强，房地产企业并购数量和金额增长率下降；反之，监管放松，并购增长率上升。据此可知，我国房地产企业并购受股票市场监管周期影响而波动增长。2018 年 10 月以来，国内股票市场监管政策逐渐放松，资本加速流动，将为房地产企业并购注入活力。

表6-6　　我国A股市场监管与房地产企业并购

时间	2009—2011年	2012—2014年	2015年—2018年10月	2018年10月以后
监管态度	收紧	放松	收紧	放松
房地产并购数（件/年）	71	164	278	270
同比增长率（%）	—	130.99	69.51	-2.88
房地产并购额（亿元/年）	257	1038	2476	1578
同比增长率（%）	—	303.89	138.54	-36.27
房地产并购平均金额（亿元/件）	3.62	6.33	8.91	5.84
同比增长率（%）	—	75.83	40.76	-34.46

注：计算公式：房地产并购数（额）＝监管周期内各年房地产并购数（额）之和/3。按四舍五入，并购数量和金额取整，平均金额保留两位小数。2015—2018年10月数据为2015—2017年数据汇总与2018年1—10月数据汇总之和并由月数据换算年数据。

资料来源：平安证券研究所、Wind金融数据库。

表6-7　　我国A股市场监管政策内容

时间	主要内容
2009—2011年	1. 严格监察内部交易等违法活动 2. 建立内幕消息知情人登记管理制度
2012—2014年	1. 发展券商和基金子公司资管业务 2. 减少IPO、再融资、并购重组审批内容 3. 实施金融创新，推行新三板、"沪港通"、股指期权等

续表

时间	主要内容
2015—2018年10月	1. 严格监察伞形信托 2. 规范两融业务 3. 限制股指期货和程序化交易 4. 清查配资 5. 金融反腐 6. 延迟注册制、战略新兴板等重大改革 7. 加强监管基金子公司 8. 限制跨界定向增发 9. 打击壳资源 10. 严格IPO审核条件
2018年10月以后	1. 重新确立支持资本市场政策方针 2. 简化市场交易行为监管 3. 放松回购制度监管 4. 放松定向增发约束条件 5. 放松影子银行监管

资料来源：谭华清：《驱动我国股票市场大周期的主要因素有哪些——基于2000年以来历史数据的分析》，《国际金融》2019年第9期，第63—70页。

三 产业市场与房地产并购

房地产行业发展受土地供给、住房需求及产业政策共同影响，行业发展影响企业并购。房地产企业应结合行业发展趋势与异质性特征选择适当时机，通过并购实现经济、战略或个人利益。

（一）土地供给紧缩与需求增加激化横向并购

土地是房地产企业的基本生产要素。房地产企业可以通过招拍挂、协议转让及并购等方式获取土地资源。我国政府控制土地一级市场供应，在土地供给量固定的情况下，土地资源竞争激烈程度和土地价格对房地产企业土地资源获取方式影响甚大。如若土地供给放松，土地资源竞争激烈程度下降，房地产企业招拍挂成本降低，并购时间及经济成本优势降低，以土地储备为目的的战略动因并购减少。图 6-10 显示，房地产并购规模与土地成交楼面均价呈现同步波动趋势。图 6-11 显示，千亿元销售规模以上的房地产企业与大型国资背景的房企并购热度始终不减，如融创、华夏幸福、阳光城、万科、泰禾等房企 2017—2018 年并购交易金额均进入 TOP 15。

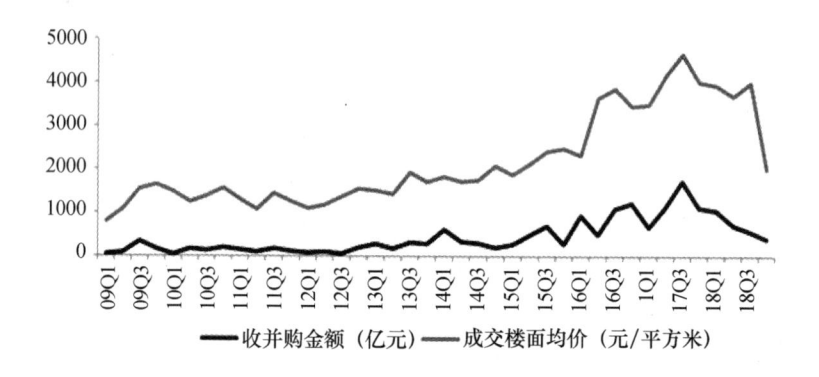

图 6-10　我国重点房地产企业并购交易金额与土地成交楼面均价
资料来源：中指研究院。

此外，土地资源需求在供给一定的情况下影响土地市场竞争，进而影响房地产横向并购。图 6-12 显示，我国土地资源需求呈周期性变化。其中，商品房新开工面积 2008—2013 年快速增长，平均涨幅

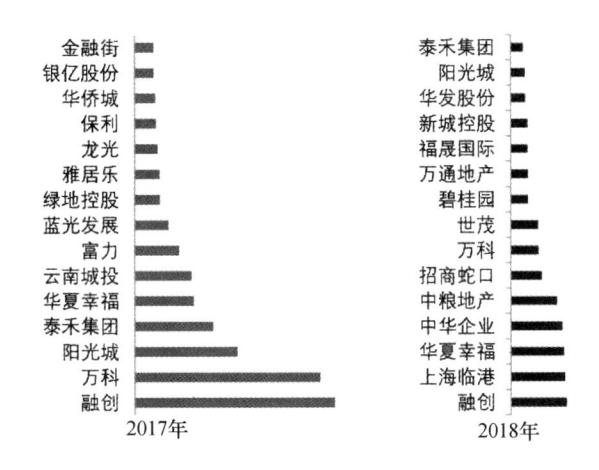

图 6-11 我国重点房地产企业并购交易金额

资料来源：中指研究院。

14%；2014—2015年出现下降，平均减幅12%；2016年以来，新开工回暖，平均涨幅11%。土地购置面积2008—2018年整体波动下降，2016年达到最小值，随后两年小幅回升。2015年以来，新一轮土地需求增长在土地供给总体紧张情况下进一步加剧房地产行业内部资源整合，横向并购趋势增强。一方面，并购数量增加；另一方面，随着中小房企逐渐退出，并购规模增大，从最初几亿、几十亿体量迅速扩大至几百亿元人民币及以上，近年来达到百亿元级别以上规模的项目如2017年融创中国收购万达13个文旅项目91%股权，交易金额达438.44亿元。

随着生态保护红线、永久基本农田、城镇开发边界三条控制线逐步划定，未来土地仍将保持限量供应，并购整合成为大型房企扩大市场份额、获取土地和项目资源、战略布局的重要途径。房地产行业将呈现"强者恒强，弱者恒弱"的行业格局，房地产并购将呈现"群雄争霸"局面。大型房企可抓住时机，快速找到合适标的，以低成本

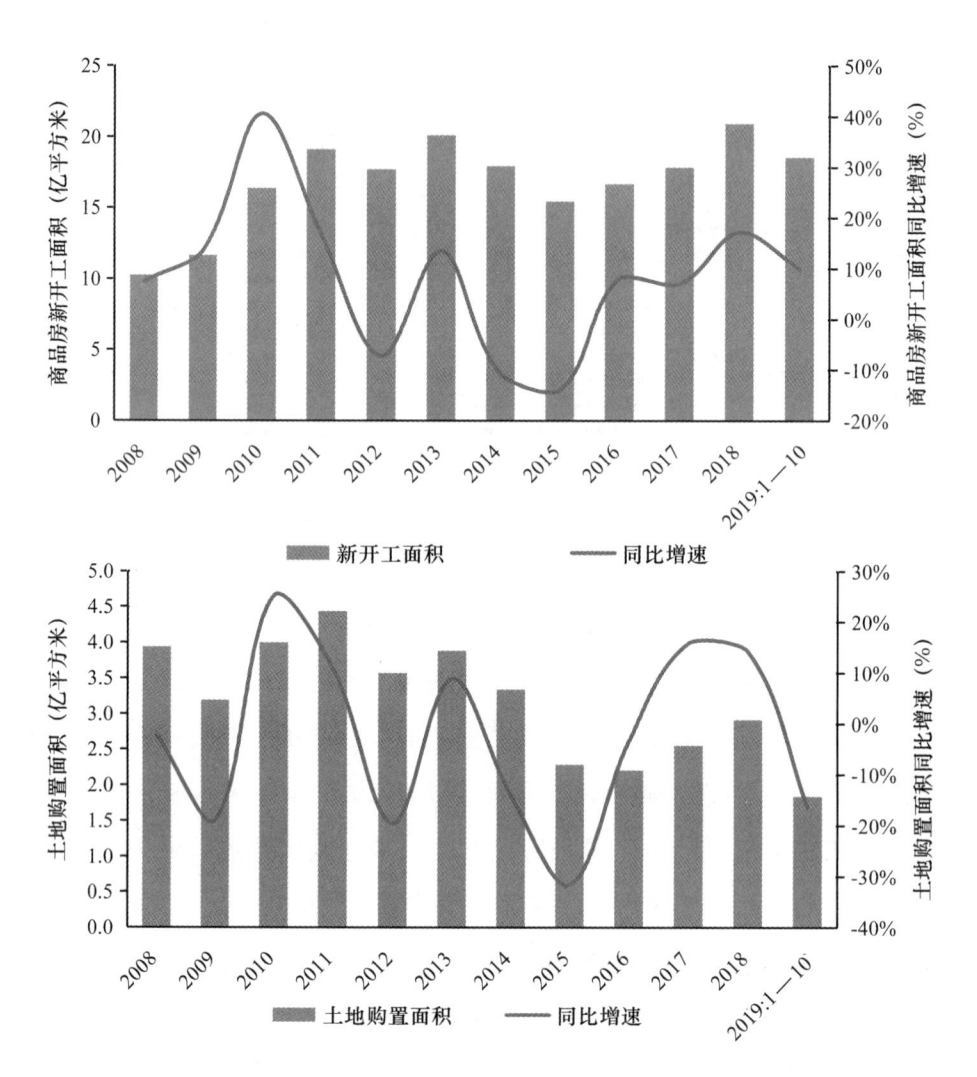

图 6-12　2008—2019 年 10 月全国商品房新开工面积（上图）与土地购置面积（下图）

资料来源：中指研究院。

扩大土地储备，实现战略目标。

(二) 住房需求增长与国企改制扩容横向并购

住房市场需求影响房地产企业主营业务收入，是房地产企业持续经营的根本,投资回报变动影响房地产并购行为。住房市场需求增加,房价上涨,房地产业务竞争空间增大,投资回报增加,引发行业内部激烈竞争,从而促进横向并购;反之,住房市场需求减少,住房市场容量缩减,房价下跌,房地产业务投资回报减少,资本流出房地产行业,非相关多元化并购增加。

图 6-13 显示,2000—2018 年,我国新增住宅需求持续增加,人均居住面积持续提升,居住条件得到改善。商品住宅销售面积由 2000 年的 1.66 亿平方米增长至 2018 年的 14.8 亿平方米,年均复合增长率为 13%。我国人均居住面积快速提升,2018 年城镇居民人均住房建筑面积达 39 平方米,较 1978 年增长 32.3 平方米。2015 年,国内城镇家庭居住在同时拥有厨房及厕所的住宅比例为 84.3%,较 2005 年提升 10.8 个百分点;居住在平房的比例为 20.6%,较 2005 年下降 15.3 个百分点。

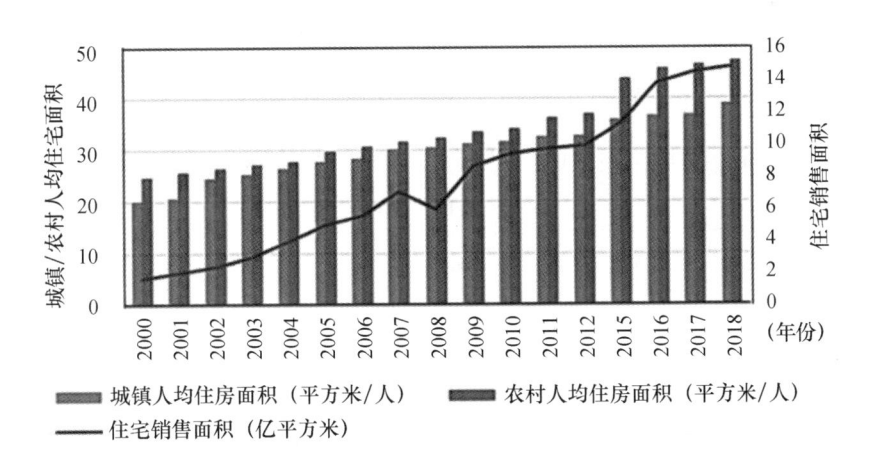

图 6-13 2000—2018 年住宅销售面积和城镇/农村人均住房面积

资料来源:国家统计局。

全面二孩政策将在一定程度上维持住宅需求。我国全面实施二孩政策后，虽然新生儿出生率未能如前期预测那样出现明显增加，但在一孩生育率持续显著下降的情况下，二孩政策的放松在相当程度上缓解了我国新生儿出生率下降的程度。2018年，我国人口出生率仍在下降，但出生人口中二孩及以上出生人数和比重已明显高于一孩。也就是说，如果没有全面二孩政策的促进，实际出生率或会大幅下跌。二孩政策在一定程度上可促进未来住房需求，房地产业务仍有盈利空间。吸引资本流入房地产行业，横向并购成为房地产企业获得更高或更多投资回报的良好时机。同时，企业也应根据人口出生时间和达到婚育年龄的期限判断住房需求变化的周期性，不能盲目扩大生产，否则将可能造成部分产能过剩。

图6-14显示，房价与房地产企业并购发生同步变动。房价上涨，房地产业务投资回报增加，资本流入房地产行业，横向并购频发，而非相关多元化并购减少。近年来受限购、限售、限贷政策影响，房价回归平稳增长，使房地产业务投资回报率小幅下滑。同时，随着住房需求顶点的到来，房企纷纷开展多元化布局，从开发商向运营商、服务商转型，或者涉足科技、医疗健康、物流等行业，非相关多元化并购呈现增长趋势。

在"房住不炒"的政策基调下，未来我国房地产调控政策将保持连续性和稳定性，短期内调控力度难以出现全面放松，这为房地产并购提供了良机。在房地产行业深耕的企业应确立自身定位，把握逆周期机遇，同时将风险防控调至高位，注重销售回款率和现金流的安全性，在价格相对低位实现企业规模和市场地位的跃升。已经出现经营不力征兆的企业，在房地产市场整体紧缩、融资渠道日益收紧且未来发展不明的情况下，可适当考虑多元化发展，拓展新的业务领域，寻

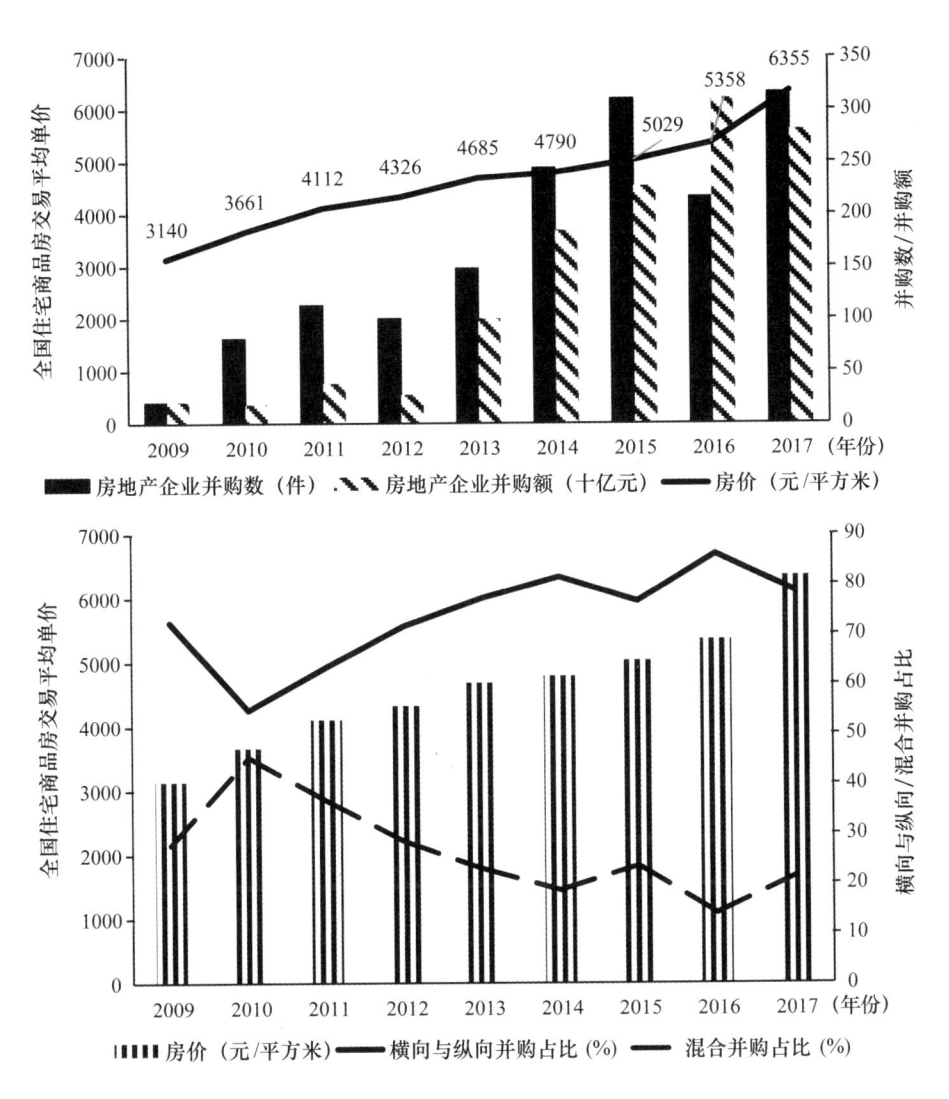

图 6-14 房价与房地产企业并购

资料来源：城市年鉴、Wind 企业并购数据库。

找新的利润增长点。

此外，国有企业主辅分离改革为房地产并购提供标的，促进横向并购。2003 年，国资委发布《关于进一步规范国有大中型企业主辅分离辅业改制的通知》，明确界定国有控股企业及其辅业经营等概念，提出要以"精干壮大主业、放开搞活辅业、提高企业核心竞争力"为目标，合理确定企业辅业资产。国有企业主辅分离改制，意在促使国有企业"务正业"，在专业领域发挥所长。房地产业务成为国有非房企加速剥离重点，地产"资产包"成为房地产行业并购热门标的。例如，2011年，房地产行业股权及资产交易共发生近500起，交易金额约1300亿元，其中包含78家国有非房地产企业。2018年以来，国有企业此类辅业剥离业务层出不穷，大唐集团转让重庆渝能产业集团100%股权，航天科技旗下航天置业转让北京航天恒润置业22.60%股权，华侨城转让深圳市康侨佳城置业投资有限公司30%股权，中航国际控股公司转让中航万科有限公司60%股权，中国冶金地质总局山东局转让山东正元置业有限责任公司100%股权，中国重汽转让中国重汽集团房地产开发有限公司100%国有股权，山东高速转让蒙自置业80%国有产权和山东高速海阳置业100%国有产权等。国有企业主辅分离，通过出售房地产业务高价值股权回笼资金，回归主业。被剥离的房地产业务则为房地产并购市场提供并购标的，促进横向并购，有利于行业资源重组。例如，2017年，云南旅游通过并购剥离房地产业务至华侨城，从而专注于文化旅游业务，强化整合旅行社、旅游交通及旅游酒店资源，进一步扩大市场份额，提升品牌形象和市场影响力。

（三）行业整合促进横向并购，产业升级引导多元化并购

房地产行业整合促进房地产企业之间横向并购，提高集中度，将中小房地产企业挤出市场。同时，产业升级同时，为大型房地产企业寻求效益新增长点及中小型房地产企业转型提供了契机。房地产行业发展是房地产企业战略制定的风向标，行业整合及产业升级促使房地

产企业并购向多元化转变。

一方面，房地产行业面临较为严厉的调控环境，限购、限售、限贷、限价等紧缩型产业政策不断压缩市场空间，房地产企业亟须寻找持续发展突破口；另一方面，近年来，随着人民美好生活需求的日益增长，多元化的产业地产如物流、商业、文化、旅游、医疗、养老、教育等需求旺盛而供应不足，"第三产业+地产"所涉及的产业均为近年来国家大力推行支持型产业政策的行业，投资价值与财富价值高，是大型房企完善业务体系、小型房企寻求新增长点的重要选择。

图6-15显示，我国重点房地产企业在并购标的的选择上，地产开发仍占较大比例，文旅、商业、物流等产业地产并购成为除住宅外的第二大标的，比重不断增加。由此可见，伴随社会的不断发展、经济结构调整和人民日益增长的美好生活需求，我国房地产企业并购由单一的住宅型横向并购向多元化的各类型产业地产扩张，企业战略由单一的住房提供商向多元的产业服务商、美好生活服务商转型。

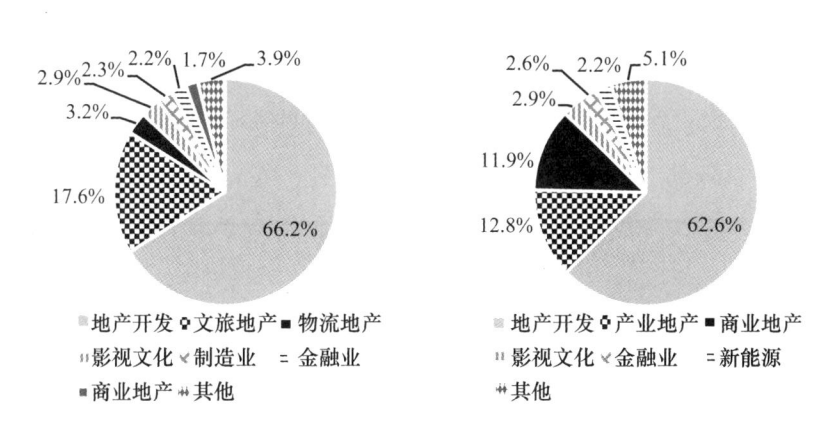

图6-15　2017年（左）和2018年（右）重点房企并购标的类型分布

资料来源：中指研究院。

第三节 房地产企业并购地域选择

房地产企业并购与房地产行业一样具有显著地域差异。经济发达地区、人口净流入地区及城镇化转型突出的地区住房需求较为旺盛，为房地产战略并购提供契机。

近年来，城市群及都市圈[①]打破传统行政发展区域界限，城市更新、特色小镇、新型地产等阶段性产业政策为城乡建设提供发展机遇，自贸区、高新区等重点功能平台在政策支持下快速崛起，吸引人口、集聚投资，使房地产并购在地理区域上呈现新的特征。

一 传统地域特征

（一）经济发展：生产与消费的平衡

经济发达地区较欠发达地区在土地、资本等生产要素方面拥有更加丰富的资源。表6-8与表6-9显示，我国建筑企业房屋施工与竣工面积在四大区域呈"东部＞中部＞东北＞西部"格局，增长速度则为"中部＞东部＞西部＞东北"。整体而言，经济发达地区，房地产市场发展程度与发展空间更高且更大，企业间竞争程度高，并购发生概率也更高。

[①] 参见2018年11月18日中共中央、国务院发布的《中共中央国务院关于建立更加有效的区域协调发展新机制的意见》，包括京津冀城市群、长三角城市群、粤港澳大湾区、成渝城市群、长江中游城市群、中原城市群、关中平原城市群等。

表 6-8　　　　　　　　我国四大区域国内生产总值及人均水平

单位：亿元（总值）；元/人（人均）

年份	东部地区		西部地区		中部地区		东北地区	
	GDP 总量	人均 GDP	GDP 总量	人均 GDP	GDP 总量	人均 GDP	GDP 总量	人均 GDP
2008	180417	36929	60448	16680	64041	18057	28409	26125
2009	196674	39693	66973	18407	70578	19823	31078	28495
2010	232031	45798	81408	22570	86109	24123	37493	34225
2011	271355	53142	100235	27672	104474	29190	45378	41379
2012	295892	57499	113905	31269	116278	32365	50477	45999
2013	324765	62673	126956	34653	127910	35447	54715	49848
2014	350101	67109	138100	37487	138680	38244	57469	52357
2015	372983	71019	145019	39056	146950	40274	57816	52812
2016	410186	77465	156828	41917	160646	43762	52410	48038
2017	447835	83922	168562	44719	176487	47828	54256	49890
2018	480996	89488	184302	48557	192658	51915	56752	52371

注：经济区域划分标准参照国家统计局网站（http://www.stats.gov.cn/tjsj/zxfb/201405/t20140527_558611.html）提供的数据。其中，东部地区包括北京、天津、河北、上海、江苏、浙江、福建、山东、广东、海南，西部地区包括四川、贵州、云南、西藏、陕西、甘肃、青海、宁夏、新疆、重庆、内蒙古、广西，中部地区包括山西、安徽、江西、河南、湖北、湖南，东北地区包括辽宁、吉林、黑龙江。

资料来源：CCER。

表 6-9　　　　　我国四大区域房屋施工与竣工面积分布　（单位：万平方米）

年份	东部地区		中部地区		西部地区		东北地区	
	施工	竣工	施工	竣工	施工	竣工	施工	竣工
2008	327844	131688	94871	44058	82270	35345	25533	12500
2009	363151	140072	104788	49391	91540	39344	29115	16595
2010	433901	156277	125659	56092	108585	44185	39878	20896
2011	521649	174747	149614	65614	126996	50169	51242	25325

续表

年份	东部地区		中部地区		西部地区		东北地区	
	施工	竣工	施工	竣工	施工	竣工	施工	竣工
2012	594562	195056	177071	76850	153048	58997	61746	27833
2013	673267	208772	209363	84489	182770	66805	64568	29179
2014	741562	230226	239635	93273	199741	72124	68889	27734
2015	746181	232852	247157	95626	199681	73339	46699	18969
2016	760119	234724	262141	99448	205526	73399	36429	14811
2017	799316	230474	280356	104479	208091	72840	30611	11279
均值	596155	193489	189066	76932	155825	58655	45471	20512

资料来源：CCER。

表6-10与图6-16显示，我国东部经济较为发达，GDP总量和人均GDP远远领先于其他区域。该地区的产业结构较为先进，企业盈利能力强，人口持续流入，住房需求旺盛，未来可持续发展能力强，是房地产企业并购首选之地。同时，此地区一线及二线核心城市分布较多，现阶段及未来土地供应紧张且余量少，相比于招拍挂，通过并购获取土地资源成本优势明显，是本地区及全国布局的优势房地产企业出于获取土地资源、提高企业竞争力和市场影响力、获得协同效应等战略动因并购聚集地；西部地区土地等生产要素开发程度低而增量空间大，此类地区房地产企业发展受政治及社会资本影响明显，地方房企品牌及社会关系价值大，但企业竞争力弱，在房地产行业全国范围整合及大型房企全国布局战略下，是企业出于战略动因并购可考虑之地。此类地区多为二、三、四线城市，住房需求价格弹性大，应防止盲目自信和过度投资，谨慎分析、判断政策与市场发展趋势。东北地区较西部地区虽然经济发展水平高，但由于存量空间较小，并不是其他地区房地产企业并购的优选之地。

表6-10　我国四大区域房地产企业并购地区分布　　　　　　　单位：%

年份	东部地区	中部地区	西部地区	东北地区
2008	75.38	6.15	13.85	4.62
2009	71.88	6.25	15.63	6.25
2010	79.37	9.52	7.94	3.17
2011	68.75	10.00	13.75	7.50
2012	59.57	18.09	20.21	2.13
2013	59.44	15.38	22.38	2.80
2014	63.37	7.56	25.00	4.07
2015	75.41	5.74	16.80	2.05
2016	59.57	18.09	20.21	2.13
2017	73.33	11.85	12.96	1.85
2018	63.49	14.52	21.16	0.83
均值	68.61	10.86	16.87	3.66

注：均值对应表6-10中的2008—2017年数据。

资料来源：Wind金融数据库。

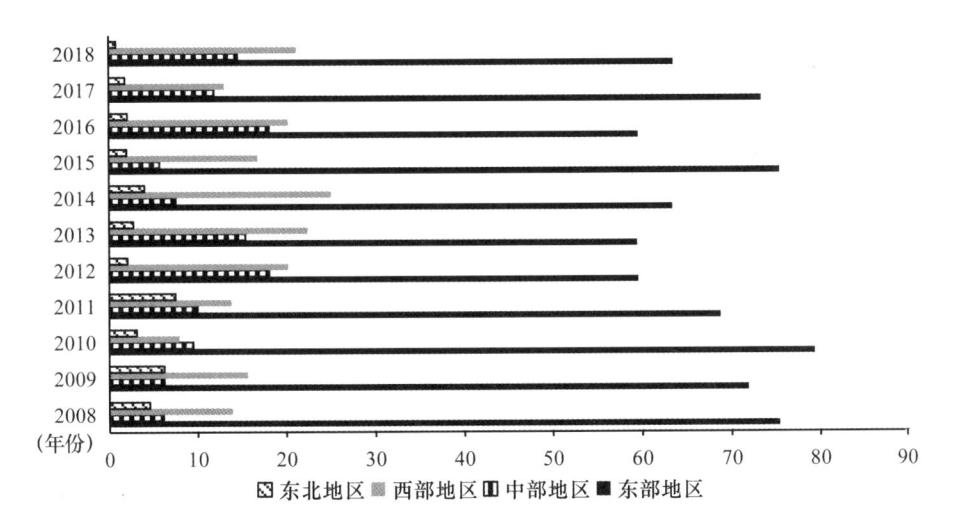

图6-16　我国四大区域房地产企业并购地区分布

资料来源：Wind企业并购数据库。

（二）人口流动：基数与增长率的平衡

经济发展程度影响人口流动。表6-11显示，经济较发达的东部及中部地区，其2017年较2008年常住人口增长较快（不考虑人口出生率）；经济欠发达的西部地区在重庆、四川等地高速发展及"一带一路"西向走廊地带的建设下，常住人口较东、中部地区总量及增长率低，但较东北地区总量少而增长率高。相对而言，东、中部地区及西部地区部分核心城市为人口净流入地区，东北及东西部的部分城市为人口净流出地区。

表6-11　　我国2017年年末与2008年年末常住人口对比

地区	2008年（万人）	2017年（万人）	变化率
东部地区			
北京	1695	2171	28.08%
天津	1176	1557	32.40%
河北	9896	7520	-24.01%
上海	1888	2418	28.07%
江苏	7677	8029	4.59%
浙江	5120	5657	10.49%
福建	3604	3911	8.52%
山东	9417	10006	6.25%
广东	9544	11169	17.03%
海南	854	926	8.43%
均值	5087	5336	4.90%
中部地区			
山西	3411	3702	8.53%
安徽	6135	6255	1.96%
江西	4400	4622	5.05%
河南	9429	9559	1.38%
湖北	5711	5902	3.34%
湖南	6380	6860	7.52%
均值	5911	6150	4.04%

续表

地区	2008年（万人）	2017年（万人）	变化率
西部地区			
四川	8138	8302	2.02%
贵州	3793	3580	-5.62%
云南	4543	4801	5.68%
西藏	287	337	17.42%
广西	4816	4885	1.43%
陕西	3762	3835	1.94%
重庆	2839	3075	8.31%
甘肃	2628	2626	-0.08%
宁夏	618	682	10.36%
内蒙古	2413	2529	4.81%
新疆	2130	2445	14.79%
青海	553	598	8.14%
均值	3043	3141	3.22%
东北地区			
吉林	2734	2717	-0.62%
黑龙江	3825	3789	-0.94%
辽宁	4315	4369	1.25%
均值	3625	3625	0.01%

资料来源：国家统计局。

总体上讲，人口基数大地区经济发展程度高，住房需求总量大，且房地产业发展程度高；人口净流入地区经济发展增速快，住房需求增长率高，而房地产业发展速度快。此二类地区标的质量相对高或房地产标的增量大，无论是出于经济动因还是战略动因皆是并购优选之地。人口基数大但增长率低的地区，还须结合经济发展程度考察市场发展情况，部分地区可能缺乏市场活力，而人口基数小地区可能因人口出生率高而导致常住人口增长率高，房地产市场欠发达。

(三) 城镇化发展: 存量与增量的平衡

一个地区的城镇化发展程度对房地产企业并购区域的选择, 主要是通过该地区土地供给与住房需求来影响的。表6-12显示, 近十年来, 并购数量占比相对较高地区的城镇化率与增长率呈现出不同特点, 其中, 广东、福建、山东等地城镇化率及增长率高于全国平均水平, 河北、湖北等地城镇化率低于或接近但增长率高于全国平均水平, 北京、上海、江苏、浙江等地城镇化率高于但增长率低于全国平均水平。由此可见, 城镇化程度较高地区土地供给存量空间小, 但受经济发展影响, 仍是房地产企业横向并购热点地区, 大企业间相互并购频发; 城镇化程度较低地区土地供给存量空间大, 且住房需求上涨, 地方房企为在全国布局的房企并购提供了机会。

表6-12　　　　　　　　我国城镇化率与房地产并购

排名	地区	并购占比			城镇化率		
		2008年	2017年	年均值	2008年	2017年	增长率
1	广东	9.23%	16.67%	12.19%	63.37%	69.85%	10.23%
2	上海	20.00%	10.00%	11.54%	88.60%	89.0%	0.40%
3	北京	7.69%	10.00%	8.93%	84.90%	86.50%	1.88%
4	浙江	13.85%	11.85%	8.64%	67.60%	68.00%	0.59%
5	江苏	12.31%	5.56%	7.69%	64.30%	68.76%	6.94%
6	福建	6.15%	2.96%	4.86%	49.90%	64.80%	29.86%
7	山东	4.62%	3.33%	4.57%	47.60%	60.58%	27.27%
8	河北	—	7.78%	4.35%	41.90%	55.01%	31.29%
9	天津	1.54%	3.70%	3.99%	77.23%	82.93%	7.38%

续表

排名	地区	并购占比			城镇化率		
		2008年	2017年	年均值	2008年	2017年	增长率
10	四川	1.54%	4.44%	3.92%	43.70%	50.79%	16.22%
11	湖北	—	3.70%	3.41%	46.20%	59.30%	28.35%
	全国均值	3.23%	3.23%	3.23%	46.48%	58.52%	25.90%

注：（1）城镇化率为城镇人口占总人口比重；（2）排名按并购占比（年均值）；（3）并购占比为该地区2008—2017年房地产企业并购数量均值占全国房地产企业并购数量均值的比重。

资料来源：国家统计局、Wind企业并购数据库。

二 新型地域特征

党的十八大以来，我国提出一系列区域发展战略的新理念，主要包括京津冀、长三角、粤港澳等城市群和都市圈区域协同发展战略、城市更新和特色小镇等新型城镇化战略及自贸区和高新区等重点功能平台建设战略等。这些战略理念影响了我国房地产行业的发展及房地产企业的并购活动，显现出不同于传统的新型地域特征。

（一）区域协同发展战略：为房地产并购的区域选择指明方向

城市群发展对住房需求的空间分布具有重要指导意义。一般而言，城市群呈现圈层结构，内部核心城市往往住房供不应求，将住房需求挤压到周边溢出区域，从而带动周边需求增长。城市群的发展形成人口和资本的集聚，城市群核心将成为房地产行业需求的集中区域，而核心城市周边的三四线城市则受溢出效应影响，也将形成一定程度的集中。

图6-17显示，2011—2018年，新建商品住宅销售面积按排名依

次为重庆、成都、武汉、西安、郑州、上海、天津、长沙等城市，显示这些城市的市场需求比较旺盛，吸引着人口和资本聚集。这些城市正是各大城市群的龙头和核心城市。

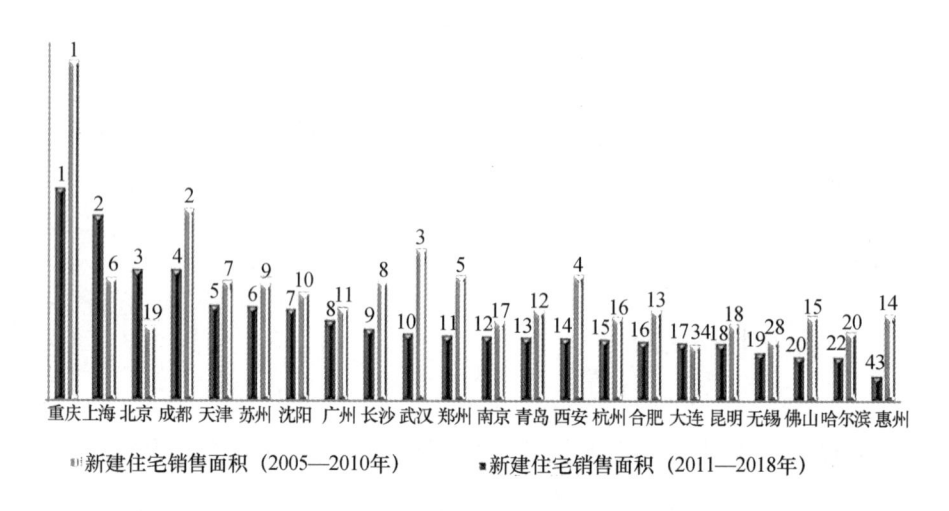

图 6-17　新建商品住宅销售面积城市排名变动情况

资料来源：Wind 金融数据库 CEIC、2019 年中国金融四十人论坛。

从图 6-17 可见，随着城市群逐步发展，房地产企业并购活动向重庆、成都等西南城市中心和长江中游转移，东部则始终是并购热点地区。

2018 年 11 月 18 日，中共中央、国务院发布《中共中央国务院关于建立更加有效的区域协调发展新机制的意见》，明确指出以京津冀城市群、长三角城市群、粤港澳大湾区、成渝城市群、长江中游城市群、中原城市群、关中平原城市群等推动国家重大区域战略融合发展，建立以中心城市引领城市群发展、城市群带动区域发展新模式，推动区域板块之间融合互动发展。以北京、天津为中心引领京津冀城市群发展，以上海为中心引领长三角城市群发展，以香港、澳门、广州、深圳为中心引领粤港澳大湾区建设，以重庆、成都、武汉、郑州、西安为中心，引领成渝、长江中游、中原、关中平原城市群发展。

长期以来，京津冀及长三角城市群核心城市一直是并购热点区域；长江中下游、中原等城市群发展带动周边地区，为市场拓展、土地资源获取及多元化经营等战略动因并购提供机会；粤港澳大湾区则将在未来很长一段时间受政策支持，房地产行业发展空间大，是横向并购趋势集中新地区。同时，该地区科技水平及第三产业水平高于全国平均水平，也为多元化并购提供机会。

（二）新型城镇化战略：支撑城乡房地产并购阶段性需求增加

从生产要素和住房市场的角度考虑，房地产并购首要考虑的标的地区偏向经济发达地区、人口净流入地区、城镇化率低而发展快速的地区，但同时可见随着城镇化广度及深度不断增大，除较大土地存量空间与住房需求增长外，新型城镇化战略催生的城市更新地区、特色小镇成为专业化程度高的房地产企业并购优选地。

例如，佳兆业自1999年起涉足城市更新领域，在广深地区城市更新领域深耕近20年，在2009年深圳土地招拍挂市场成本高涨的情况下，通过并购获取布吉龙泉别墅区（桂芳园，1999）、深圳民航大厦（佳兆业中心，2003）、盐田三村、四村、西山吓村及社排小布村（2011）等城市更新项下优质地产，开辟深圳地区土地竞争蓝海，同时实现企业价值大幅增长。2018年，其财务报告披露集团2019年城市更新带来的产品价值约为600亿元。

佳兆业以城市更新为特长特色在广深地区深耕，不仅为城市房地产发展注入新活力，也为企业发展增加新增长点。除深圳外，如北京"大城市病"疏解、上海市黄浦区老旧社区改造、温州新一轮城中村改造等，都为具有城市更新经验或试图向城市更新转型的房地产企业并购提供机会。

再如，杭州2017年打造白沙泉并购金融街区（小镇），通过迪安诊断、通策医疗等发起并购型基金——浙江大健康产业基金，经此引入杏泽资本、人福医药、中海医药、国药控股，形成并购金融与健康产业相结合的特色小镇产业基地。据统计，截至2018年6月，累计入驻金融机构2722家，总资产管理规模11200亿元，小镇企业投向实体经济3800亿元，投资项目1418个，支持企业上市110家。[①]

白沙泉并购金融街区（小镇）为杭州乡镇建设提供新模式，也为房地产企业并购提供机会。地方房地产企业可以通过并购投资本地区特色产业，形成横纵向多元化发展格局，在住房市场日趋收紧情况下，有助于自身的转型与升级。

（三）重点功能平台区建设战略：将成为房地产并购新热点区域

党的十八大以来，重大功能平台建设日益被放在促进区域协调发展的突出位置上。

建立自由贸易试验区，在构建开放型经济新体制、建设国际化市场化法治化营商环境等方面先行先试。自贸区建设为国内外经济交流搭建便捷平台，促进贸易快速发展，同时带动物流、仓储等贸易关联产业协同发展。上海、广东、四川、福建、天津、浙江、重庆、海南、湖北、河南等地都建有自贸区，未来在江苏苏州、山东青岛等地也将建设更具区域特征的自贸区。此类地区是商业、物流等与贸易及贸易相关产业地产并购的主阵地。

---

① 新浪财经、杭州市金融办。

建设高新技术产业开发区，在一些知识与技术密集的大中城市和沿海地区建立发展高新技术的产业开发区。高新区科技和经济发展水平高于全国平均水平，主要源于高新区内企业不仅在科技资源、资金和管理手段等方面借鉴国内外先进模式，还可享受高新技术产业优惠政策。此类地区适合科技转型或技术升级创新类房企并购进入。

此外，根据区域发展的特殊矛盾与问题，中央及各地方政府还将着力推进临空经济区、海洋经济示范区、产业承接转移示范区、产城融合示范区、综合改革试验区、开放合作试验区等特色功能平台设立与发展，为房地产企业转型升级的战略动因提供并购选择。

◇ 第四节　房地产企业并购标的选择

根据并购理论，选择不同类型的标的方，受企业战略各方面的影响，呈现不同趋势，并将对企业未来发展产生深刻影响。在本节中，我们将结合实际案例分析房地产企业并购如何选择标的方，以期得出一般逻辑，为房地产企业并购标的选择提供借鉴。

总体来看，房地产并购以房地产开发项目为主，2018 年交易金额占比高达 62.6%。除房地产开发项目外，物业等上下游关联行业及商业、物流等产业地产并购，2018 年交易金额占比 24.7%，横向相关多元化及纵向产业链整合是房地产并购的多元化方向。近年来，为顺应国家产业政策，房地产企业还在医疗、新能源等国家战略产业方向展开非相关多元化并购活动，如 2018 年，金融业交易金额占比约 2.6%。

并购标的按性质分为项目标的与企业标的①，按并购双方行业性质分为横向并购、纵向并购及非相关多元化并购。不同性质标的评估标准不同，而标的行业不同，其并购逻辑也就不同。当并购标的为地块资产、开发项目及项目公司时属于横向并购；当并购标的为企业时，按房地产上下游企业与非房地产相关企业划分，分为纵向并购和非相关多元化并购。

一 项目并购标的选择

项目并购是房地产企业并购的主要方式。交易数量层面，2014—2018年房地产企业横向并购数量共约729件，占房地产行业并购总数量约60%；交易金额层面，房地产行业横向并购交易金额共约6669亿元，占房地产行业并购总金额约57%。

一方面，房地产行业专业性强，在选址定位、规划设计、工程施工、营销策划等环节都需要专业人员负责和参与。而且，房地产行业具有一定的地域依赖性，地方房地产企业与本地政府联系紧密，社会关系强，地方品牌效应及客户忠诚度高。全国布局房企横向并购地方房企的地块资产、开发项目及项目公司，有助于获取土地资源，提高竞争力，打破区域壁垒，进入新的市场，获取区域政治资源，从而提高市场势力。例如，2013年，万科通过并购美景置业获得其郑州土地储备1500亩，在并购后两周内仅派驻一名城市总经理即完成管理

---

① 与下一节房地产企业并购模式选择中按标的性质划分略有差异，本节项目标的为纯地块资产、房地产开发项目资产与项目公司，但不包含资产并购之其他经营性资产。企业标的包括房地产企业及非房地产企业，但不包括项目公司，形式有股权与企业并购。

团队建设,以相对低的成本开拓了郑州市场。

另一方面,我国房地产行业市场集中度日益提高,土地供给存量空间紧缩,房地产企业在原市场生存须与同业竞争。并购有助于减少竞争,降低竞争摩擦成本。"大鱼吃小鱼"的现象在行业整合的初期和中期较普遍,盈利能力弱但具有市场价值的中小房企一般会优先被并购,不具市场价值则退出。因此,当行业整合进入后期,项目并购更多表现为"巨头间的联合和竞争"。例如,2015年以来,万达与融创、恒大与万科分别结成战略合作关系。事实上,中国房地产龙头企业自2011年来基本维持稳定。表6-13显示,2010年排名前10的房地产企业在2017年均进入前20榜单。

表6-13　　　　我国房地产企业500强排名(前20)

排名	2010年	2017年
1	万科企业股份有限公司	恒大集团
2	恒大地产集团有限公司	碧桂园控股有限公司
3	保利房地产(集团)股份有限公司	万科企业股份有限公司
4	上海绿地(集团)有限公司	保利房地产(集团)股份有限公司
5	中国海外发展有限公司	融创中国控股有限公司
6	绿城房地产集团有限公司	绿地控股集团有限公司
7	广州富力地产股份有限公司	中国海外发展有限公司
8	碧桂园控股有限公司	龙湖地产有限公司
9	雅居乐地产控股有限公司	华夏幸福基业股份有限公司
10	龙湖地产有限公司	广州富力地产股份有限公司
11	世茂房地产控股有限公司	华润置地有限公司
12	中信房地产股份有限公司	金地(集团)股份有限公司
13	金地(集团)股份有限公司	新城控股集团股份有限公司
14	华润置地有限公司	绿城房地产集团有限公司
15	远洋地产控股有限公司	旭辉集团股份有限公司

续表

排名	2010 年	2017 年
16	SOHO 中国有限公司	招商局蛇口工业区控股股份有限公司
17	金科实业（集团）有限公司	世茂房地产控股有限公司
18	复地（集团）股份有限公司	雅居乐地产控股有限公司
19	新城控股集团有限公司	中南置地
20	招商局地产控股股份有限公司	正荣地产控股股份有限公司

资料来源：2017 年排名来自"2018 中国房地产 500 强测评成果发布会"成果，主办方为中国房地产业协会、上海易居房地产研究院中国房地产测评中心；2010 年排名来自"2011 年中国房地产 500 强峰会"成果，主办方中国房地产研究会、中国房地产协会、中国房地产测评中心。

项目标的的横向并购，实质为同一市场并购双方互补互换资源。除土地资源、市场资源等，项目并购交易规模大的话还可能涉及资本流动。并购方借并购之机向资本市场融资，包括增资扩股、发行债券、银行借款、信托、基金等。

（一）并购背景：行业集中度提高，进入成熟期

随着我国国民经济高速增长及住房市场化、产业化全面铺开，房地产行业逐渐成长为国民经济重要产业，现已逐步进入生命周期的成熟期。房地产企业项目并购实为横向并购，本质上是通过竞争企业之间的并购，帮助企业实现获取土地资源、进入新的市场、扩大规模、提高企业竞争力和市场影响力等战略目的。

图 6-18 显示，2008—2018 年，我国房地产开发投资额占全社会固定资产投资额比重保持在 17%—21%，平均值为 19.03%，即近五分之一固定资产投资额用于房地产开发项目。其中，2018 年投资额累计近 12.03 万亿元，远超其他行业。

目前，我国房地产行业龙头企业聚集，掌握大量优质资源，具有

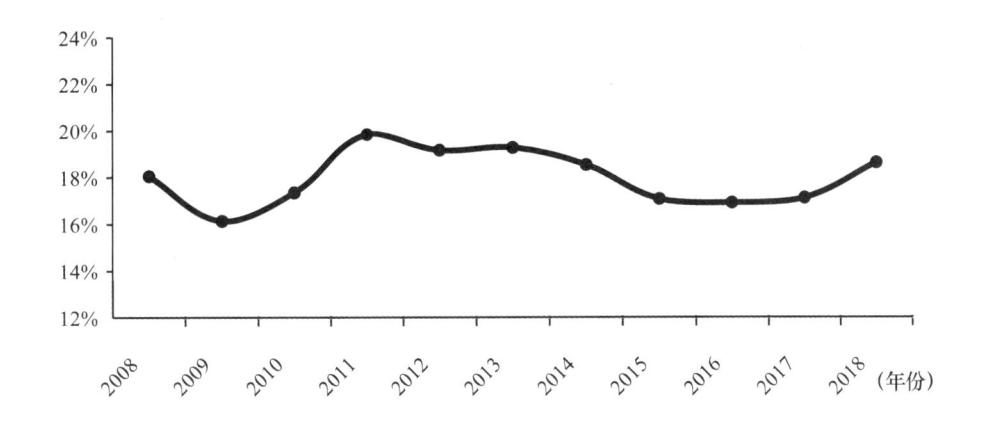

图 6-18 我国房地产开发投资额占固定资产投资额比重

资料来源：国家统计局。

价格优势，给现有竞争者造成竞争压力，对潜在竞争者形成进入壁垒，行业内部竞争激烈。房地产行业进入成熟期及行业集中度提高，为谋求战略扩张的大中型房企提供了并购机会。项目标的较企业标的资产清晰，结构简单，目的明确，成本较低，是房地产企业横向并购的更优标的选择。

经济结构转型升级催生了地产的新业态、新需求，但在不同区域，产业地产的需求也有所差异（见表 6-14）。东部发达城市群的产业发展处于以先进制造业与生产性服务为主引领产业升级的阶段，科技园区、研发基地将是产业地产发展的重要内容。因此，企业应积极应用"科技+"，使高新科技在房地产业试验与落地，满足先进产业发展的需求。核心城市周边作为核心城市后备基地，将切实深化传统制造业发展，并打造成为独具特色的产业基地，实现社会分工。其产业地产深化发展方向将是工业园区、科技园区及物流园区。这要求作为并购方的房地产企业在标的方行业具有相应经验或知识，以便并购后更好实现协同与整合。作为推动中国经济外向型发展的重要载体，自贸区的发展则扩大商业、物流、仓储等产业地产发展空间。

表6-14　　　　　　　　我国不同地区产业地产发展需求

地区	战略目标	产业需求	产业地产发展方向
东部发达城市群	产业升级	先进制造业与生产型服务	科技园区研发基地
核心城市周边	产业转移	传统制造业深化发展	工业园区、科技园区、物流园
自贸区	产业配套	物流、仓储及商贸往来	现代服务业园区

资料来源：北京清大文产规划设计研究院。

（二）并购逻辑：优胜劣汰，适者生存

我国房地产企业面对着逐渐饱和的市场环境及调控政策趋于严格、信贷政策日趋收紧的政策环境。大型房地产企业面临进一步扩张甚至是维持现状的压力，中小房地产企业则面临一定生存压力。

就土地供应而言，经过改革开放以来的快速扩张和发展，大部分城市尤其是大型、特大型城市的环境和资源容量已经基本达到上限，可用于房地产开发的土地资源十分有限，可谓"寸土寸金"。房地产企业争夺土地资源的竞争进入白热化，除非拆除重建，否则较难再取得新的土地储备。就住房销售而言，在不考虑炒房投机的动机下，由于人口的更迭具有长周期性，城镇居民的住房刚需基本稳定，住房市场销售量与销售金额波动不大。同时，住房销售市场在区域层面存在一定程度垄断，大型房地产企业如万科、绿城、中海等客户群体稳定且忠诚度较高，任何一方想要扩大市场份额都会引起竞争对手抵抗。品牌、价格、产品质量及附加值等传统因素在竞争中对提高竞争力及市场影响力作用不大，反之，并购则有助于企业克服负外部性，减少竞争，降低竞争风险及成本，实现市场战略目标。

值得注意的是，横向并购在帮助企业实现短时期内快速获取资源并取得发展的同时，如果忽视并购后在文化制度、组织架构、资源协同等方面的整合建设，长期来看企业并购后的整体经营绩效有可能出现反弹式下降，即"赢了规模，却输了质量"。如果并购时对未来投资回报过于乐观而采用过度溢价方式，过高的溢价和交易成本有可能给并购方造成较大的现金流和营运压力，对并购后企业集团长期发展产生不利影响。"横向并购—获取资源—扩大规模—继续横向并购"的循环发展（见图6-19）。对于房地产企业是否具有可持续性值得思考。

房地产 ＋ 房地产 ＝ 房地产

图 6-19　房地产企业项目并购传统模式

房地产行业同业竞争激烈，"大鱼吃小鱼"。项目并购能帮助并购方扩大市场份额，减少竞争对手。随着中小房地产企业被并购或退出，房地产行业未来可能出现无"小鱼""虾米"可吃局面，商业、旅游、医疗、养老、物流等非住宅型产业地产成为房地产企业转型的理想蓝海市场（见图6-20）。此类标的产品附加值高，且有产业政策支持，发展空间大，是"地产泡沫化、产业空心化"背景下住宅型房地产企业并购的主要标的选择。值得注意的是，部分产业地产领域因早期产业政策刺激也存在产能过剩问题，并购方在选择时应谨慎判断，切忌盲目跟随及过度自信。

房地产 ＋ 第三产业 ＝ 产业地产

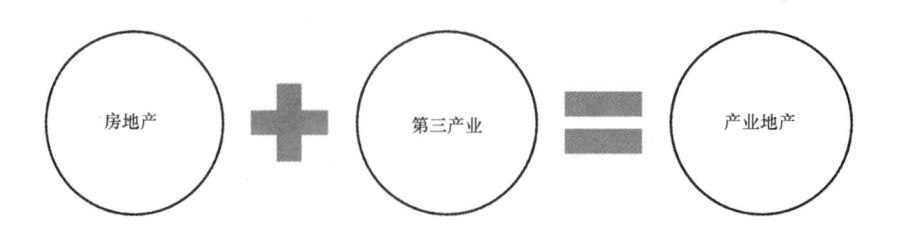

图 6-20　房地产企业项目并购横向多元化模式

（三）标的评估：项目价值与项目质量并重

项目并购标的评估与项目开发是否一致，应着重关注项目价值，即评估是否满足成本收益原则，同时考虑到项目转让可能存在的风险，还应关注项目质量，即评估是否满足价值与价格一致原则。

对项目价值的评估可考虑投入成本、投资回报率、回收期、现金流等指标。根据成本收益原则，应选择投资回报率高（包括成本低及利润高两方面）、回收期短、现金流充足的项目标的。并购方可选择净现值法（NPV）、投资回收期法（PP）、折现项目回收期法（DPP）及内部收益率法（IRR）等评估项目价值，以考察项目并购是否符合经济或战略目标。

项目转让，一方面，可能是因原持有方缺乏继续开发能力；另一方面，则可能是项目本身存在风险，如改造难度大、销售预期低或债务纠纷等。因此，除项目价值外，并购方还应详细调查项目质量，避免导致价值损失。第一，项目进度须符合法定转让条件，即至少完成开发投资的25％，完成度越高，则项目完成并购后销售进入期越短，有助于并购方快速实现销售回款，以缓解并购带来的现金流失。第二，项目改造与行政区域政策及社会职能密切相关。部分地区政策限制条件过多,将增加并购在获取土地资源上的行政和法律风险及成本,部分地块则具有保障性住房建设、绿化生态建设、城市综合体建设等特殊功能,这对并购后开发建设及销售造成障碍。第三,项目产权可能存在历史遗留问题,如债务纠纷、业主纠纷、宅基地纠纷等。其他质量问题还包括烂尾楼、闲置地等。由此可见,并购方选择项目标的时应做好充分的前期调查准备工作,根据经济与战略目标选择项目完成度高、改造难度小、产权明晰、无其他质量问题的标的。

(四) 典型案例

本节将就房地产开发项目及其他产业地产项目并购从并购动因、背景及绩效等方面展开案例分析,为房地产企业并购提供借鉴。

案例6-1及案例6-2将展示阳光城与融创中国的项目并购过程,二者是房地产企业通过并购实现快速成长的典型。案例6-1侧重分析并购在房地产企业土地资源获取战略动因中的重要作用。案例6-2则更为全面分析并购之于房地产企业的综合优势。

案例6-3及案例6-4将展示传统房地产企业并购产业地产项目过程。以融创中国并购万达文旅项目及恒大、远洋等并购健康地产项目为例,通过并购实现业务多元化,推进企业实现更深层次的战略转型。

案例6-1 阳光城——项目并购实现快速扩张

阳光城集团是世界500强阳光控股投资的以房地产开发为主业的全国化品牌企业,业务涵盖地产开发、商业运营、物业服务三大领域。截至2018年年末,阳光城实现销售金额1628亿元,布局全国28

大区域近 100 座城市，累计开发近 300 个项目，土地储备超 4400 万方，储备货值 5500 亿元，总资产规模达 2634 亿元，综合实力位列中国地产 15 强。①

图 6-21 显示，阳光城 2012 年以来连年高频并购，频数年均逾 10 件，其中横向并购占比约 11%。表 6-15 展示了阳光城 2011—2017 年亿元规模以上横向并购典型事件。可知，2011 年以来，阳光城横向并购频率变快，支付对价增加，并购后绩效短期提高而长期有所降低。

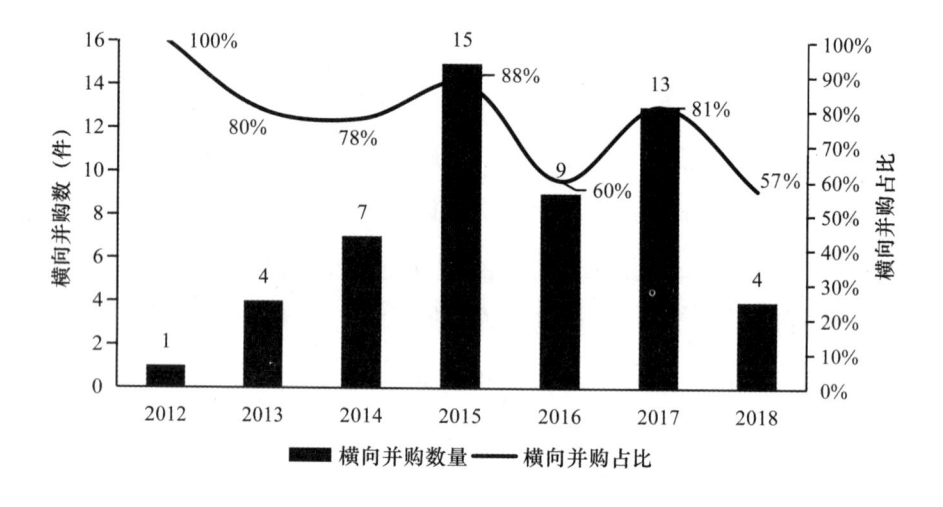

图 6-21　阳光城 2012—2018 年并购数量

注：此图统计数据高于第四及第五章并购频率统计图，原因在于此图展现并购意愿，除并购成功外，还包括并购要约但最终未实现事件。

资料来源：Wind 企业并购数据库。

---

① 摘自阳光城集团官网介绍。

表6-15　　阳光城地产2011—2017年亿元规模以上横向并购

时间	支付对价	标的方	并购股权	年度绩效[1]
2011年3月4日	4.45亿元	西安国中皇城置业	100%	0.55
2013年3月30日	1.02亿元	上林苑	100%	—
2013年4月2日	3.12亿元	汇泰房地产	25%	0.62
2014年4月3日	15.50亿元	福建骏森	100%	0.63
2015年9月18日	16.50亿元	杭州铭昇达	100%	0.33
2016年9月28日	20.50亿元	逸涛万国	50%	-0.15
2017年6月14日	64.50亿元	北京慧诚房地产	100%	-0.27

注：[1] 年度绩效评价参照杨剑泳和俞明轩《房地产企业横向并购绩效评价研究——以阳光城地产为例》，《中国房地产》2019年第24期。

资料来源：阳光城2011—2017年财务报告。

图6-22显示，并购逐渐替代"招拍挂"成为阳光城获取土地资源的主要方式。土地资源是房地产企业重要生产要素，土地储备决定企业生存与发展。很多房地产企业将土地资源获取作为重要发展任务，甚至是某些特殊时期首要发展任务。但以招拍挂取得土地资源时间周期长，易错过房地产项目开发最佳时机，且在竞争激烈城市须支付的土地成本高，易因融资约束、投资现金流敏感造成失败。相较于"招拍挂"方式，只要决策制定恰当，并购双方能够在并购前后达成一致并进行良好整合，企业通过并购获取土地资源更加快速、有效，也容易获得成果。尤其是对龙头开发商来说，凭借自身资金、运营、融资优势，更容易吸引中小房企或项目公司的聚集，取得标的方信赖，完成并购。因此，并购成为近年来部分龙头房企获取土地资源的主要方式。

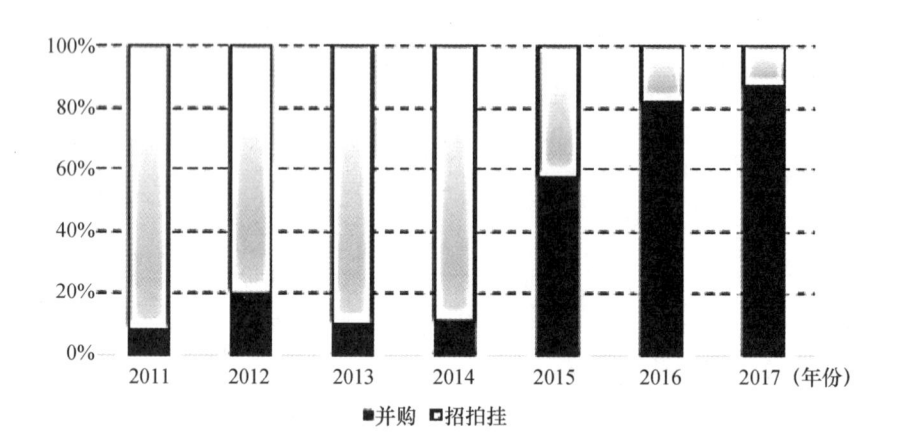

图 6-22　阳光城并购和"招拍挂"方式获取土地资源的占比

资料来源：杨剑泳和俞明轩《房地产企业横向并购绩效评价研究——以阳光城地产为例》，《中国房地产》2019 年第 24 期。

案例 6-2　融创中国——"地产并购之王"

融创中国（以下简称"融创"）被业内称为"地产并购之王"，即其没有遵循传统房地产企业"债务融资—招拍挂获取土地资源—住宅开发建设—楼盘销售"增长模式，而专注于房地产二级市场，通过并购地产项目快速实现业务与资本增长。

据统计[①]，2015—2017 年，融创新增土地储备面积同比增长幅度分别为 190.8%、370.2% 及 41.7%，而 2015—2018 年并购方式取得土地资源占全部土地资源比重分别为 64%、67%、71% 及 75%。表 6-16 展示出融创近年来的主要并购事件。由此可见，并购始终是融创获取土地资源的主要方式，且日趋重要。

---

① 新闻等公开渠道。

表 6-16　　　　　　　　　　融创中国主要项目并购事件

时间	标的	成效
2015 年	中渝置地、西安天朗、江苏四方、武汉美联以及烟台海基置业等	将规模扩展到成都、济南、西安、南京、武汉及海南万宁等二线城市
2016 年	莱蒙国际位于三河燕郊、上海、南京、杭州、深圳及惠州的 6 个项目公司	首次进入深圳市场,据野村证券研究报告估算将可为融创提供 200 亿元合约销售收入
2016 年	联想控股附属公司融科智地旗下 41 家项目公司	项目分别位于北京、天津、重庆、杭州等 16 个城市,总建筑面积约 1802 万平方米,其中未售面积约 730 万平方米,将进一步扩大融创在一二线核心城市土地储备及市场份额,另将首次进入大庆、烟台、大连、景德镇、昆明、长沙等城市;同时,进一步降低土地成本,标普预计此组合平均土地成本约仅为每平方米 3000 元
2017 年	天津星耀地产星耀五洲项目	项目位于天津市津南区,曾是天津双料地王,但因开发商资金链断裂而成为京津冀知名烂尾大盘之一。并购后快速整合修缮,自 9 月开始销售以来已经完成超 200 套销售
2018 年	海航地产所持有海南高和房地产开发有限公司	海南高和房地产开发有限公司开发有望海国际广场项目总用地面积 2.53 顷,总建筑面积约 15.5 万平方米,位于海口市海秀路中心位置,临近金融中心、行政腹地、商业心脏,是海口商业经济象征,是海口市乃至海南区域人流量最大的繁华商业区,具有绝对优势的商业氛围。另据公告显示,海南高和房地产开发有限公司持续盈利,2018 年 1 月营业收入 1310 万元,净利润 895 万元,净资产 7.07 亿元
2019 年	新湖中宝 20 个地块项目	分别位于浙江温州、江苏启东和上海,土地面积近 100 万平方米,土地用途主要为住宅

资料来源:融创中国年度财务报告与并购公告、新闻等公开渠道。

在土地资源日趋紧张背景下，并购首要优势为较招拍挂速度快、周期短且成本低。融创收购土地均价5000元人民币/平方米，比主要市场土地拍卖均价17000元人民币/平方米低近70%；并购周期较短，为10—20天。快速融资、快速并购且项目标的完成度均较高，使得融创可以在多个城市高效扩张并较快实现销售，业内称之为"左手并购，右手销售"。这有助于融创快速实现资本回流，并较快占领市场。除此以外，并购还可为并购方带来附加值，包括地方政治资源、品牌效应与客户忠诚等，进一步提高企业竞争力与市场势力。例如，融创与苏高新集团合作开发金鸡湖"桃花源"项目、工业园区"泊云庭"项目，借助苏高新集团在苏州的深耕资源，此两个项目开盘即达到销售高峰。

根据公开资料，融创的并购策略主要包括：第一，倾向选择项目与小公司标的；第二，优先考虑一二线城市及具有发展潜力城市群外溢区域的三四线城市。就项目标的而言，在经历对绿城、佳兆业等并购失败后，融创汲取经验并逐步改变策略。2015年中报业绩发布会上，孙宏斌表示："不要想着前面的公司，大公司要么做得很好，要么就死了。之前的经验让我们明白，整包去做是很累的，而且效率很低。因为比如一家公司整体卖了10个项目，5个不错，5个很差，加起来就很差。融创宁愿去选一个城市或者谈几个项目。"在地域选择上，如图6-23所示，融创2018年土地储备区域（除万达并购外）布局中，北京、上海及广深地区占比合计37%，超过全部区域的三分之一，为融创最主要的布局区域，其次则偏重总部所在的华北区域。

二级市场交易对并购方的能力要求很高，需要企业具备包括战略勇气、现金流与融资能力及销售营销能力等在内的综合实力。以资金能力为例，融创2019年上半年累计实现合同销售金额约人民币

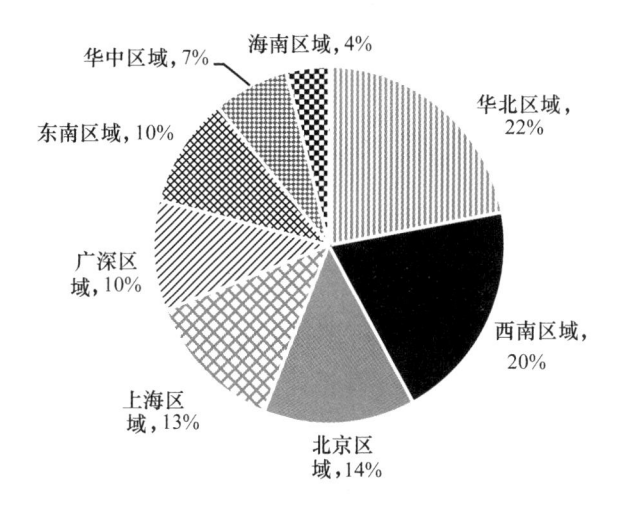

图 6-23 融创土地储备（万达收购除外）区域分布

资料来源：搜狐新闻（http://www.sohu.com/a/243239184_651384），2018 年 7 月 24 日。

2141.6 亿元，同比增长 12%，权益销售金额约人民币 1479.4 亿元。高盈利能力为融创打下了扎实的资金基础，其现金流也相对充足。2018 年，账面现金约人民币 1202.0 亿元，同比增长约 24.3%；集团债务净额与资产总额比率为 15.2%，较 2017 年同期 19.7% 下降 4.5 个百分点。融资方面，则采用多种渠道，如 2019 年年初与歌斐资产签约采用私募结合地产融资方式成立地产基金，再如债务融资，包括 2019 年 1 月、2 月和 4 月在离岸市场分别发行 2021 年到期的 6 亿美元 8.375% 优先票据、2022 年到期的 8 亿美元 7.875% 优先票据以及 2023 年 10 月到期的 7.5 亿美元 7.95% 优先票据，以及 2019 年 4 月上交所公告之拟申请发行 80 亿元"小公募"类型公司债券等。① 融创的发展战略与眼光为其在并购市场树立了声誉，诸多项目及公司主动上门合作，进一步增强融创在并购中的主动权。

---

① 搜狐新闻（https://www.sohu.com/a/335872581_100134746）。

案例6-3 房地产+文旅产业——融创并购万达文旅

文化与旅游产业是房地产业项目并购横向多元化的早期尝试之一。其优势在于文化与旅游产业需求旺盛，文化旅游地产产品营销模式多样灵活且适合租售并举。房地产企业参与开发文化娱乐项目，在文化及旅游项目基础设施建设方面具有经验优势。同时，我国文化与旅游资源丰富，在人民日益增长的美好生活需求下，销售与利润空间大，符合企业经济目标。

2017年，融创中国以总代价438.44亿元人民币并购万达集团13个文旅项目91%股权，被称为"世纪并购"。此并购主要反映了融创在文化与旅游板块的战略动机。业界公认万达为房地产企业在文化与旅游产业开拓的先锋和前辈。并购万达文旅项目使融创获得丰富且优质的管理与人才资源，有助于其快速进入全新领域，节约开发成本，提高发展效率，实现战略转型。

如图6-24所示，文旅产业对外部环境敏感，项目并购后并购方须对项目后续开发建设与经营销售负责，项目标的劣势凸显。一方面，经济萧条期，居民可支配收入减少，文旅产品消费欲望降低，文旅业面临销售动力不足风险，若盲目并购，则可能出现销售停滞与产能过剩等不利问题；另一方面，旅游资源受环境污染影响存在产品价值折损风险，若遇到地震、水污染、空气污染等不可抗力，企业可能难以承受由此产生的巨大损失。企业并购前当妥善选择，做好长期开发建设和维护规划。若企业自身整合与吸收能力较弱，则可考虑更为经济的股权并购模式。例如，2017年，华侨城向世博旅游集团和云南文化投资集团增资扩股，从而间接控股上市公司云南旅游有限公司

(简称"云南旅游")。并购后,云南旅游主营业务能力得到提高,并购协同效应显著。

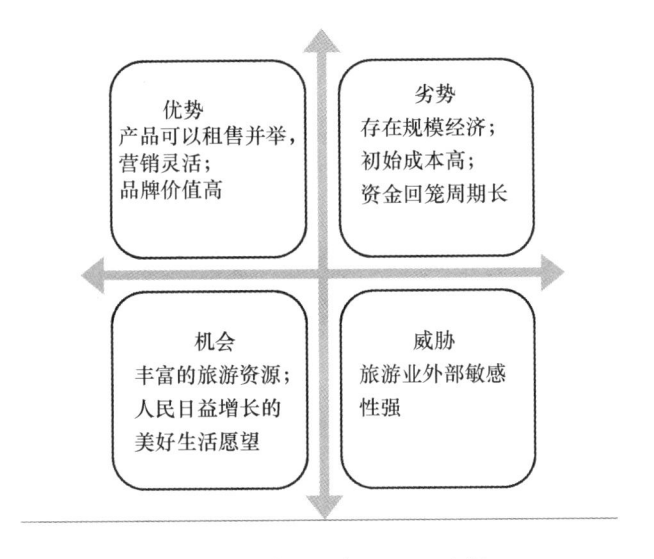

```
┌─────────────────┬─────────────────┐
│ 优势            │ 劣势            │
│ 产品可以租售并举,│ 存在规模经济;   │
│ 营销灵活;        │ 初始成本高;     │
│ 品牌价值高       │ 资金回笼周期长  │
├─────────────────┼─────────────────┤
│ 机会            │ 威胁            │
│ 丰富的旅游资源; │ 旅游业外部敏感  │
│ 人民日益增长的  │ 性强            │
│ 美好生活愿望    │                 │
└─────────────────┴─────────────────┘
```

图 6-24　旅游地产 SWOT 分析

资料来源:新闻等公开渠道。

案例 6-4　"房地产 + 健康产业"——房地产跨界新风向

"健康中国"上升为国家战略与居民健康意识增强,分别为资本流入健康产业提供了政策与需求支持。投资健康产业,有助于房地产企业获得高价值土地资源,提高盈利能力,并有可能实现传统住宅地产向健康产业地产转型。首先,政府及居民部门对健康产品需求增长,使医疗健康地产价值高企。其次,健康服务有助于增加房地产项目附加值,并创造"1+1>2"品牌价值,提高项目盈利能力。最后,如图 6-25 所示,传统房地产企业可以由健康地产经医院投资运营、医药与器械及服务等向非诊疗服务发展，完成房地产向健康产业的转型升级。

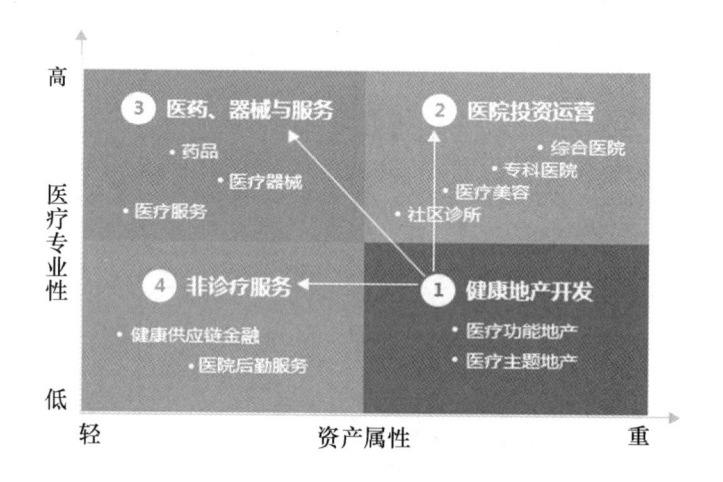

图 6-25　房地产企业在健康产业的布局

资料来源：前瞻产业研究院。

房地产企业并购健康产业，首先应选择高协同性标的，如医疗地产开发及医院投资等重资产属性且开发建设利润较高项目。但要注意，传统房地产企业可能面临资源、资本、市场及文化等进入壁垒。其中，资源壁垒意指房地产企业缺乏医疗资源，包括硬软件基础设备、人才、技术等；资本壁垒意指医疗健康行业前期投资大，回收周期长，对房地产企业资金运作及资本实力提出较高要求；市场壁垒意指健康产业品牌与声誉是重要销售要素，是优质医疗技术及成功案例长期积累的结果，但房地产企业缺乏此类经验；文化壁垒意指经营哲学差异，健康产业核心为人与技术，而传统房地产开发企业核心为资源与产品，二者存在本质区别。表 6-17 展示了主要房地产企业进入健康产业的方式。由此可见，项目并购较自主开发更适合房地产企业实现健康产业战略目标。

表6-17　房地产企业进入健康行业方式及主要着眼点

房地产企业	进入方式	进入领域	产品
恒大集团	并购、自建、医联体	高端国际专科医院、社区医养、医美、互联网医疗	互联网健康管理平台、专科医院、医养社区、医美及抗衰老中心
远洋地产	医联体、并购、合作共建	跨境医疗、互联网+医疗、健康养老	养老公寓、跨境健康管理平台、远程医疗服务平台
宜华地产	收购、参股、自建	医疗后勤、医院管理、专科医疗、医疗器械、高端养老、远程医疗	互联网医疗平台、养老公寓、综合性医院
Parkway Health	收购、合作共建、参股	医疗健康服务、产业基金、健康教育	产业投资商+运营商+产业地产开发商
中茵集团	收购、参股、自建、共建	医药流通、高端养老、互联网+医疗	产业投资商+产业地产开发商+运营商为主
运盛	收购、控股	医疗信息化、健康产业并购基金	健康云服务平台、远程诊疗平台

资料来源：前瞻产业研究院。

二　企业并购标的选择

与项目并购相比，房地产企业进行企业并购涉及的行业更丰富，评价标准更复杂。

依据标的所属行业划分，企业多元化并购分为横向相关多元化并购、纵向相关多元化并购及非相关多元化并购。项目并购是为了获取土地资源及扩大市场份额等战略目标，与其相比，企业并购动因更为复杂，兼顾经济与战略动因。一方面，股权方式使企业规避并购后的整合风险，部分降低未来经营不确定性风险，符合经济动因；另一方面，企业并购可获得除土地资源外更丰富的经营资源，有助于企业更容易实现多元转型，符合战略动因。

从评价标准看，企业并购的经济动因关注标的财务状况、经营成果、权益情况及现金流状况等财务指标，战略动因则关注文化、战略等非财务指标。

表6-18显示，我国房地产企业含非房地产业务并购数量占比均值约44.84%，且有上涨趋势。在行业整合趋势下，房地产企业转型发展需求强烈，并购成为多元化可行路径。

表6-18 我国房地产企业房地产业务并购与非房地产业务并购占比

年份	含房地产业务的并购	含非房地产业务的并购
2008	68.29%	37.80%
2009	64.29%	42.86%
2010	61.76%	39.71%
2011	59.04%	40.96%
2012	49.07%	52.78%
2013	66.67%	33.99%
2014	54.40%	47.80%
2015	48.75%	51.97%
2016	51.78%	51.78%
2017	51.80%	49.51%
2018	57.47%	44.06%
均值	57.57%	44.84%

注：本表所指"含房地产业务的并购"为标的方Wind行业分类包含"房地产"字样，"含非房地产业务的并购"为标的方Wind行业分类其他行业。若标的方跨行业经营则同时计入两类，因此合计可能大于100%。

资料来源：Wind企业并购数据库。

（一）并购背景：产业链整合与产业融合，房地产业探索多元路径

企业多元化并购包括横向相关多元化、纵向相关多元化及非相关多元化。

在横向相关多元化方面，房地产企业并购标的为非住宅型产业地产企业，已在项目标的部分做了分析介绍，此处不再赘述。

就纵向多元化而言，房地产行业以土地和建筑物为主要经营对象，是集房地产开发、建设、经营、管理、维修、装饰和服务等多种经济活动为一体的综合性行业。其综合性使得房地产行业价值链较长且多元。上游行业是为房地产开发建设提供原材料的供应商，包括提供建筑劳务的建筑公司、装修公司，以及提供其他服务的广告公司、运输公司等，下游行业则包括为房地产销售提供服务的代理商、经销商，以及为房地产提供服务的物业公司等。房地产企业对价值链中上下游企业的前向或后向一体化并购，是房地产行业相关多元化的典型体现。例如，2019 年，碧桂园智慧物业服务以 3.75 亿元收购港联不动产服务 100% 股权，次日又以 1.9 亿元买入中国恒大旗下嘉凯城物业 100% 股权，进一步扩大"房地产 + 物业"领域市场优势。

就非相关多元化而言，本质是房地产行业多元化，受行业自身发展及其他行业发展共同影响。我国房地产行业进入成熟期，严格的管控政策使得企业挤出在房地产领域的投资，再加上我国经济转型升级，尤其是新能源、人工智能等国家战略新兴产业兴起，都为房地产行业多元化发展创造了条件。根据清科研究中心数据统计，2018 年第三季度全行业并购事件中，数量占比排名前五的目标行业分别为 IT、机械制造、生物技术/医疗健康、房地产、电子及光电设备，合计占全行业并购总数的 46.8%。并购交易资金则主要流向物流、房地

产、汽车、能源及矿产、金融行业，并购涉及交易总额合计占全行业的60.8%。高新技术企业是全行业并购热点标的。按波特五力模型分析，高新技术产业现有竞争者少且多为萌芽企业和初创企业，企业规模小且融资约束强，投资能力弱，其释放出广阔的竞争机会。潜在竞争者基于新兴行业不确定性多处于观望阶段，现有市场竞争激烈程度不强。在高新技术行业生命周期的导入期和成长期进入，房地产企业具有规模和资金优势，进入成本和竞争摩擦小。

由此可见，无论是外部机会还是内部优势，都支持房地产企业实施多元化战略。这为房地产企业多元化并购提供了理论基础。

（二）并购逻辑：协同产生成本优势，转型升级刺激新增长

我国经济发展进入新时代，只依赖一种服务或产品的发展模式已经无法跟上新时代的发展要求，不利于企业提升核心竞争能力。因此，多元化成为流行和趋势。

纵向并购本质上是价值链中相关多元化企业之间实现"1+1>2"的价值增值。理论上说，企业采用纵向一体化战略，有利于加强生产流程与上下游企业之间的配合，缩短生产周期，节约与上下游企业在市场上购买或销售的交易成本，控制稀缺资源，保证关键投入的质量或者获得新客户，建立行业壁垒。但是，纵向并购也会增加并购方的内部管理成本，对并购方的决策能力和整合能力要求较高。如果并购方决策不当或是缺乏并购后的整合能力，不但不能产生"1+1>2"的协同效应，还有可能影响并购方原有的主营业务，造成"拆东墙补西墙"的不良连锁反应。

对于大型房地产企业而言，资产规模和主营业务经营能力较强，自有资金实力雄厚。此类企业可能通过非相关多元化扩充经营版图，

增强核心竞争力，追求新的利润增长点或是探索新的发展空间，也可能通过并购向国家战略性发展领域进军，提高自身品牌和声誉，赢得更多的政府和市场关注。对于没有发展前景的中小房地产企业，继续在房地产行业经营将面临很高的政策风险和市场风险。在房地产行业调控政策限制以及房地产市场日趋饱和的情形下，此类企业抵抗风险能力较弱，因此可以通过非相关多元化并购快速进入其他高利润或具有发展前景的行业，拓展经营空间，分散经营风险，甚至可能通过并购实现产业转向，从而退出房地产行业。

尽管多元化并购具有诸多优势，并购方也应当谨慎选择。

一方面，对自身能力应有清醒认识。房地产企业多元化并购至少须考虑管理能力、资金情况和核心竞争力等自身综合实力。首先是管理能力。企业管理者必须科学决策，准确把握企业是否具备非相关多元化并购的条件，把握多元化的机遇。同时，管理者的管理能力可以在企业之间共享，因此，标的方管理者的管理能力也是多元化经营的重要考量。其次是企业资金情况。房地产行业属于资本密集型行业，重资产配置和资金回收期长，企业只有具备充足的资金才具有非相关多元化并购的可能。尤其受经济大环境低迷的影响，银行和资本市场投资房地产更加谨慎，房地产企业融资更加困难，企业经营经常受到资金链紧张的影响。非相关多元化并购可以帮助房地产企业进入轻资产运营领域，以免因资金不足或资金链断裂引发经营风险。最后是核心竞争力。核心竞争力是企业生存和发展的关键能力。房地产企业只有完成专业化经营，在现有或者可能拥有的资源上实现资源聚焦，才能真正获得能力提升，形成对核心业务的支持。值得注意的是，要避免业务过度分散而导致失去核心业务。

另一方面，综合考量风险与收益。部分企业愿意出售资产或股权,往往可能存在流通性差、变现能力低等问题,如融创并购乐视计提近165.5亿元减值损失。能否重新盘活原有资产或消化负面因素,对不熟悉新领域、新业务的房地产企业来说是个不小的挑战。此外,除标的质量问题外,多元化并购部分领域与房地产相关性小,经营哲学与房地产业差异较大,并购调研及整合吸收是并购成功的关键。

(三)标的评估:财务指标与企业文化并重

根据并购动因,企业标的评估指标略有差异。

经济动因下,企业标的着重评价财务指标,包括财务状况、经营成果、权益状况及现金流情况等。一般而言,纯经济动因并购应选择偿债能力高、盈利能力强、营运情况好、发展速度快或前景广、有助于改善股权结构及现金流充足的标的企业。

战略动因下,企业标的综合评价财务与非财务指标。财务层面,关注资产质量、债务风险与股权变动。标的资产质量高及债务风险小,有利于并购方获得经济效益,标的资产质量低或债务风险大则有可能导致并购方损失。股权变动影响控制权转移,谨防恶意并购是选择关键,如宝万之争。非财务层面,关注战略与文化一致性。一致性强,有利于企业的顺利融合,让企业运营迅速走上正轨;一致性弱,则提高并购成本,有可能导致并购失败,如融创与绿城始终未形成真正意义上的企业并购。

(四)典型案例

根据管理层特质、资产规模、累计经验及标的情况,房地产行业并购方标的选择呈现出个别偏好与多点开花的特征。其中,个别偏好体现为某一房地产企业若早期在某一领域有过成功涉足的经验，则偏好在该领域深耕，如万达集团2013年和2016年分别并购美国AMC影院、美国DCP集团，始终深耕文化产业。多点开花则体现为房地产行业对各行业全方位、多领域布局，包括雅居乐并购绿地物业，海航地产及万科等跨境并购物流公司，万科并购印力商业，远洋并购美国MS集团（MeriStar）旗下养老运营商MSL高端生活公司（Meridian Senior Living，LLC），恒大及远洋等并购医疗健康企业等。

案例6-5 "房地产+物业"
——雅居乐与绿地控股的"双龙头"战略联盟

物业是房地产下游产业重要环节。大型房地产企业如万科、绿城等均配备自主物业品牌商。为降低产业链运营成本，并通过提供优质物业服务，提高产品附加值，部分房地产企业加快并购品牌物业商。

例如，雅居乐控股的物业服务公司雅生活与绿地控股旗下的物业服务公司绿地物业通过并购相互持股，结成战略联盟（见图6-26）。2017年6月，雅生活支付对价10亿元人民币并购绿地物业，而2017年8月，绿地控股注资10亿元人民币持有雅生活20%股权。自此，雅生活于2018年1月1日至2022年12月31日期间可获得绿地物业管理服务及其他优先权，也可在社区增值服务等领域与绿地控股展开合作。此项并购使雅乐居快速获得物业服务，实现住宅产品差异化及产品增值，长期实施有助于企业实现产业多元战略目标，提高企业竞争力。

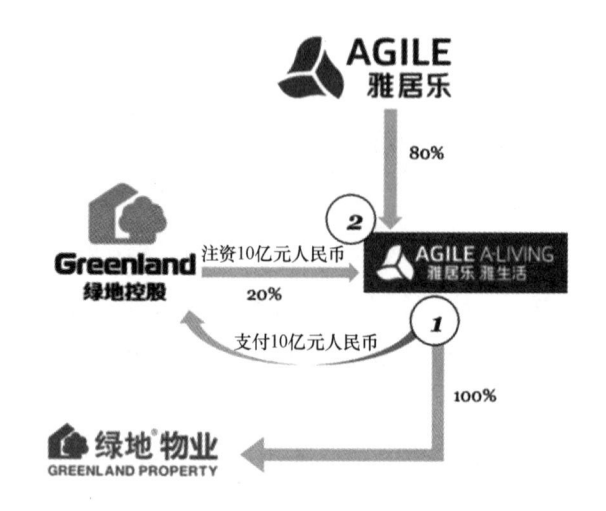

图 6-26　雅居乐与绿地控股战略联盟

图片来源：普华永道。

案例 6-6　"房地产+物流"
——海航、中投及万科等大举进军物流产业

我国物流地产发展空间较大。从数量上看，我国人均物流面积约 0.4 平方米，与美国人均 5.5 平方米相比相去甚远，存量空间大；从质量上看，现有物流仓储设施供给中，仅约 20% 为现代化仓储物流设施，其余则为传统物流设施，服务效率低下。[①]

一方面，物流仓储需求大且增长迅速，但供给不足。据前瞻产业研究院《2017—2022 年中国物流地产行业发展模式与投资前景分析报告》，2016 年，国内物流地产拥有约 14 亿平方米仓储设施，仓储业投资达 6808 亿元，2008—2016 年复合平均增速为 18.7%。据普华

---

① 资料来源于兴业证券。

永道报告，随着淘宝、京东商城、苏宁易购、蘑菇街等电商平台发展壮大，2017年我国网络购物交易额达到6万亿元人民币，同比增长约30%。国内网络购物渗透率提高，将进一步扩大物流仓储需求。物流仓储需求的快速增长，促使传统房地产企业在电商发货地并购仓储企业，以获得新的利润增长。

另一方面，"一带一路"等政策促进电商行业的全球化布局，也是房地产企业进行跨境并购、布局全球物流的时机。例如，2017年4月，海航旗下香港上市公司海航实业以13.99亿新加坡元（约合人民币68.72亿元）收购新加坡上市物流公司CWT全部股份。CWT是新加坡一家综合物流供应商及仓库和物流房地产资产最大业主及管理人，拥有1030万平方英尺自有及租赁仓储空间，包括约240万平方英尺的宏大综合物流中心。通过并购，海航集团扩大房地产投资范围，提升固定资产开发与管理服务能力，在全球范围实现物流仓储业务规模经济。CWT的成熟经验，也使海航集团除派驻管理监督人员外，无须增加其他人力管理成本。

再如，2017年7月，万科（最大股东，占股约21%）、厚朴投资、高瓴资本及中银集团投资有限公司等共同私有化新加坡上市公司、亚洲最大物流公司——普洛斯，支付对价116亿美元（折合人民币约790亿元）。普洛斯业务遍及全球117个重要城市，拥有并管理物流基础设施约5500万平方米，资产价值高达410亿美元。万科开发建设经验及地产资源丰富，普洛斯则拥有高效物流仓储网络和管理能力，此并购使万科与普洛斯实现资源互补。同时，它也使万科在物流市场的选址、开发建设、运营等方面获得比较优势，是其完善"全周期城市配套服务"的战略举措。此外，普洛斯还有一项重要业务——基金管理。据普洛斯年度财务报告，2012—2017年，基金平台帮助普洛斯提高资金运作效率，收入增长3%—5%。并购普洛斯或许能解决万科在房地产租赁市场面临的收益率与现金流问题。

物流行业需求大且增长快速，为房地产企业提供了新的利润增长点。企业标的并购是房地产企业进入物流行业的快速与妥善路径，有助于房地产企业发挥土地资源优势，并获取行业经验。但要注意，物流地产占地多、纳税少，在一些经济环境好的区域，土地资源稀缺性强，政府更愿意将土地留给技术含量高的产业。此外，物流地产用地批复难度较大，并购方须谨慎选择地域。

案例6-7 "房地产+文化"
——万达并购美国AMC影院

文化旅游产业在我国具有得天独厚的资源优势，结合房地产企业土地资源优势，有助于发挥协同效应，实现产业融合。文化娱乐设施及旅游城等基础设施建设项目，是较为低端的产业地产标的，产业融合度较低。企业并购则为"房地产+文化/旅游"提供深度合作方式，有助于并购方打造完整产业板块，提高整合效率。

例如，万达集团自2006年起加快向第三产业转型，以文化产业为目标深化发展。2012年，万达以现金31亿美元（其中26亿美元为并购费用，5亿美元为营运资金）协议收购美国AMC影院100%股权，并承担其债务。此项并购帮助AMC解决了短期资金流问题，也使万达在全球电影院线产业市场份额占比达到约10%，成为全球最大电影院运营商。企业并购使万达获得经营资源，包括优质电影放映设备与基础设施、有经验管理层与员工、独立制作和发行电影渠道等（见表6-19），节省经营成本并拓展商业模式。经济层面，受并购后美国经济复苏而 AMC 股价高升影响，万达院线 IPO 上市，收获经济效益。

表6-19　　　　　　　AMC 影院和万达院线资源对比

企业	AMC	万达院线
成立时间	1920 年	2005 年
地区排名	美国第二	亚洲第一
拥有影院数量	346 家	86 家
拥有银幕数量	5028 块	730 块
票房收入	约 25 亿美元	约 17.8 亿元人民币
其他	拥有者是一个投资集团，包括 Apollo 投资基金、摩根大通合伙人、贝恩资本和凯雷	占中国票房份额约 15%

资料来源：网易财经。

案例6-8　"房地产+金融"
——恒大多次并购取得金融行业多项营业牌照

"房地产+金融"模式在融资紧缩情况下能为房地产企业提供资金支持，加之我国房地产具有部分金融属性，二者经营文化相似。但是金融行业受国家管控，进入的行政壁垒高。比如，金融业特许经营牌照需一年以上规模经营资质，申请周期长，通过率低，而诸如第三方支付等已暂停发放。并购已取得牌照资质企业，是房地产企业进入金融业的捷径。

例如，恒大集团 2015 年 11 月支付对价 39.4 亿元收购中新大东方人寿保险（后更名"恒大人寿"）50% 股权并获得保险业营业牌照，2016 年 2 月收购盛京银行股份并获得银行及消费金融营业牌照，2016 年 9 月支付对价 5.7 亿元并购广西集付通并获得支付牌照。此外，如绿地、花样年旗下彩付宝等也通过并购持牌企业获取信托、第三方支付、网络小额贷款、典当等特种经营许可证而进入金融业。

案例6-9 "房地产+战略性新兴产业"
——恒大并购广汇新能源、雅乐居并购中滔环保

战略性新兴产业是以重大技术突破和重大发展需求为基础，对经济社会全局和长远发展具有重大引领带动作用，知识技术密集、物质资源消耗少、成长潜力大、综合效益好的产业，包括新一代信息技术产业、高端装备制造产业、新材料产业、生物产业、新能源汽车产业、新能源产业、节能环保产业、数字创意产业、相关服务业9个领域[1]，是大型房企出于经济动因并购的主要方向之一。

例如，恒大截至2018年年底累计注资新能源汽车制造及销售领域逾200亿元人民币。其中，2018年，先后并购法拉第未来及广汇集团（第二大股东，占股40.96%）。前者意在新能源汽车研发与制造，后者意在产品渠道、销售与服务。恒大通过并购仅耗时1年即完成新能源汽车行业全方位产业链布局，标的企业成熟研发团队使企业免于面临技术开发初期失败问题，周期短且成本低。

又如，雅居乐自2015年起陆续收购龙岗东江、邵武绿益新环保产业开发有限公司、唐山茂辰环境科技有限公司、吉安创成等多家危废处理企业，在环保产业开拓利润新增长点，并树立社会责任形象与品牌形象。其中，雅乐居生态2018年9月协议并购中滔环保6家全资附属子公司各50%股权。此并购缓解了中滔环保的经营困境与债务

---

[1] 国家统计局：《战略性新兴产业分类（2018）》（国家统计局令第23号）。

压力①，拓展了雅居乐产业链。通过并购，雅居乐截至 2018 年年末危废处理资质逾 230 万吨/年，安全填埋场库容逾 1200 万立方米，迅速成为国内第二大固废处理企业。

无论是新能源汽车、环保产业还是其他战略性新兴产业，房地产企业均存在较大行业差异且经验不足。"注册资本—组建管理团队—生产—经营—扩大再生产"模式，对房地产企业来说周期长，预期不确定性水平高，机会成本大。通过并购，可降低房地产企业进入新兴产业的门槛，成为其业务多元化发展的优选路径。

案例 6-10 "房地产+养老"——新城地产并购金东方颐养园、远洋并购美国 Meridian Senior Living

随着人口老龄化加剧及养老政策出台，我国养老市场需求持续扩大。据统计，千亿元资产规模房地产企业中，有 28 家布局养老产业。② 但由于现有养老项目土地属于居住、商业和医疗用地，土地成本高，且购入康复修护等医疗设备的资金投入大，中小房地产企业面临进入壁垒，并购与合作成为房地产企业进入养老市场的重要形式。

例如，江苏新城地产 2015 年增资控股金东方颐养园（占股 70%）。此并购使并购双方实现资源互补，降低新城地产前期成本投入。

又如，远洋以增资方式协议并购美国 MeriStar 集团旗下养老运营

---

① 据中滔环保年度财务报告，中滔环保 2018 年上半年营业收入约 9.84 亿元港币，同比下降 1.6%；净利润约 3.02 亿元港币，同比下降 20.9%；流动负债由 2017 年年底账面价值 3.32 亿元港币增长至约 9.71 亿元港币。

② 资料来源于搜狐新闻。

商 Meridian Senior Living 约 40% 股权。双方在美合资成立投资平台，共同发展在美养老不动产业务，而在中国深度合作养老业务运营管理、服务支持、失智照护等。此并购合作有助于远洋集团战略投资海外养老业务，打造全球范围的养老产业链，并将养老产业国际经验引入中国。

现阶段，我国养老产业盈利不确定性强，如何获取低成本土地资源是养老地产行业面临的重要问题。传统房地产企业可利用自有土地资源与养老企业形成资源互补。在融资方面，若保险企业介入，则因其资金规模大、回报要求低、周期长等性质，可以降低融资风险。可见，房地产、养老、保险结合大有所为。

案例 6-11　"房地产+商业"——万科并购印力

商业是传统房地产企业进入较多的行业，竞争相对激烈。通过企业并购，并购方可以获得除土地资源以外的其他经营性资产，包括管理团队等人力资源、固定客户群体等市场资源等，有助于提升企业竞争力。

例如，2016 年，万科等组成的联合收购平台收购印力 96.55% 股权，原控制方黑石集团房地产基金保留少量股权。印力深耕零售业务逾 13 年，人力资源及商业资源丰富且质量高，与沃尔玛、凯德置地、摩根士丹利、凯雷等皆有合作伙伴关系，而万科则资本资源丰富。并购使双方产生资源协同效应，在增强对商户的议价能力、丰富目标客户大数据、加速管理输出业务、优化财务成本等方面协同空间大。万科继续以"城市配套服务商"为定位推进转型，印力继续致力于打造中国零售领先企业。

万科并购印力也说明企业并购一方面要选择有经验的领域作为开发方向，减少未知领域学习成本；另一方面要选择与有经验的标的方合作，减少初创期盲目或过度投资。

◇ 第五节 房地产企业并购模式选择

一次成功的并购中，标的方的选择是关键，而并购模式的选择则决定了并购是"事倍功半"还是"事半功倍"。并购动因不同，并购模式也会有不同选择。

一 按交易方式选择

（一）吸收与新设合并：战略动因选择

吸收合并与新设合并并购后，标的方独立法人资格均丧失，或归于并购方，或归于新设立企业。并购方或新设立企业经并购持有标的所有权及经营权，属于战略动因，其风险大于经济动因。

吸收合并有下列优势：（1）从市场层面看，减少竞争者数量，较新设合并可以有效降低竞争摩擦成本，克服企业负外部性，较控股合并可以减少关联方交易的转移定价行为，减少信息不对称，提高竞争公平性，但在一定区域范围内可能形成垄断，由于规模经济提高行业壁垒。（2）从企业财务层面看，为并购方提供融资新渠道，例如，绿地集团2015年借壳上市公司金丰投资实现整体上市，市值逾3000亿元，但要注意并购后资金存量、流动性与周转效率之间的平衡，资本市场向下不确定性可能引致股价崩盘。（3）从企业经营层面看，有利于并购资源整合。并购方可获得优质资源、规模优势及协同效应等。例如，招商局蛇口吸收合并招商地产，实现招商蛇口土地资源与招商地产开发能力协同效应的发挥。招商蛇口前海自贸区由招商地产开发，自此招商地产重返房地产业第一梯队，而招商自贸区建设板块资源在集团内部实现重新整合和优化配置。

新设合并常见于大型房地产企业合作开发项目，如融创与绿城项目公司通过并购成立新合营公司，以协议、协商等方式后续合作，避免并购控制权纠纷，但也增加了沟通与决策成本。

（二）控股合并：经济动因选择

较吸收与新设合并，控股合并后，并购双方独立法人资格均保留，资产与权益归于原企业，经营环境不发生本质变化。此并购模式由于并购方仅持有标的方股权而无须吸收整合标的方资产，并购双方灵活度较高。并购方尽管拥有控制权，但仍可仅通过并购股份获得权益收益，无须介入经营管理，可减少标的方未来不确定性为并购方引致的经营与整合风险。出于经济动因的并购，主要选择此类并购模式。

二 按标的性质选择

并购交易按标的性质分为资产并购、股权并购与企业并购。

（一）资产并购：资源整合与有效配置

资产并购中，并购方仅获取标的方部分或全部资产。资产包括现金及现金等价物、固定资产、存货等有形资产，也包括专利技术、经营许可、商标、商业信息等无形资产，但不包括股权与负债。

资产并购风险与收益均来自资产性质，由资产价值决定而受市场价格影响，包括流动性、变现能力、生产能力等。权益与债务风险不影响资产并购绩效。

房地产企业资产并购标的主要为房地产开发项目资产，即土地资源。除融创与阳光城案例外，美的置业2018年财务报告显示，其2018年新增项目土地储备1662万平方米，其中合营与联营公司收购的权益土地储备面积58万平方米，占比3.49%。

房地产企业项目资产并购目的为获取土地资源，因此须关注房地产政策与市场发展。若地区房地产市场存量空间大且政策宽松，则资产并购机会多，可通过住房市场评估地块价值进而有所选择。若地区房地产市场存量空间小且政策紧缩，则缺陷资产也具投资价值，可在有限市场扩大土地储备。例如，融创与绿城合作开发天津全运村项目，建筑面积约70万平方米，位于天津中心南部河西核心，地理位置优越且获得天津市较大的政策支持，项目利润率高，具有开发与投资价值。

房地产企业并购非土地资源资产，则可能存在其他战略意图。例如，并购物流企业仓储与物流基础设施及设备等，并购电影院线影院资产等，其实质仍为资源有效配置之战略动因。

(二) 股权并购：经济效益最大化

股权并购中，并购方经协议或强行要约取得标的方股份。并购后，标的方成为并购方的关联方，股权结构与控制权变化，经营目标、经营管理结构和人员、经营方式、经营理念均可能受并购方影响。并购方则从标的方处获取股权收益，包括分红与资本利得。

股权并购是纵向并购与非相关多元化并购的主要模式。它有助于并购方快速进入目标行业，降低直接经营风险。例如，佳兆业并购振兴生化股份有限公司，而振兴生化主要从事血液制品的生产和销售，并购后标的方的血液制品销售收入为佳兆业带来可持续回报。

股权并购风险包括股权纠纷与标的方经营表现。股权纠纷造成直接损失，股权分红或资本利得则与标的方经营投资同向变动。股权并购失败，除造成直接并购资金损失外，也有损企业留存收益与现金流。审慎尽职调查，可通过流程控制降低风险。

（三）企业并购：战略联盟或转型

企业并购中，标的方企业整体为并购标的，包括资产、负债与所有者权益。较百分之百股权并购，企业并购后，标的方独立法人资格灭失，并购方须对标的方整体负责。

企业并购风险包括标的方债务风险（包括现实与或有负债风险），也包括标的方未来经营与财务不确定性。横向并购中，小规模或经营不善房地产企业丧失竞争力而成为标的，有时在部分集团标的的并购中结合部分优质地块资产组成"并购包"作为并购标的。此类并购的标的，往往存在一定的经营管理问题，或面临资不抵债的风险，因此需要并购方具有更强的吸收和整合能力，在并购前实施更严格的流程控制，谨防风险。

例如，天津融创并购昆明星耀80%的股权。天津融创通过并购获取昆明星耀位于天津市津南区的星耀五洲项目，总占地面积263万平方米，计容建筑面积300万平方米，容积率为1.1，已售面积67万平方米，未售面积233万平方米。尽管市场认为星耀五洲项目是天津市著名的"烂尾楼"，但根据融创的并购公告，此次并购将有助于进一步增加融创在天津的土地储备。考虑到融创较强的资产吸收能力和综合产销能力，此次并购实现土地资源和企业品牌的有机融合，有助于提升星耀五洲产品形象，促进项目销售。

三　按并购范围选择

（一）完全并购：风险与收益并存之战略动因选择

完全并购较多发生于大型房地产企业并购小型房地产企业中，是房地产行业资源再配置的主要方式。在房地产市场容量和产业成长空间收缩的背景下，房地产市场集中度日趋提高。同时，银行、信托、私募、保险等金融监管机构对房地产业务的限制政策频发，造成房地产企业融资约束。房地产行业日渐成为大型房企的斗兽场，并购中小企业获得土地储备，进一步扩大经营规模，而中小企业只能忍痛割爱转让项目或是通过并购加入大型房企集团，以解决融资困难，同时享受大型房企的品牌效应"去库存"。例如，2014年，信达地产全资子公司广州信达置业投资有限公司支付对价22.57亿元人民币并购嘉粤集团[①]下属5家房地产公司100%股权并承接其债务，使信达地产获得6宗土地资产（4宗湛江，2宗广州）。但由于完全并购将同时获取标的方的100%风险，标的方及标的物的实际状况和未来不确定性将影响并购的实际效果。在信达地产并购过程中，其获得的2宗位于广州的地块均开发缓慢，主要原因是这些地块均为不良资产，涉及多方利益关系，情况复杂。

当然，对地区市场理解深刻、在地区拥有较多资源且战略更为灵

---

① 2012年，广东湛江最大民企嘉粤集团因经营不善和资产不良申请破产。

活的中小型房企被并购，对被并企业发展来说也不乏是一种好的策略，其角色只是从"台前"转向"幕后"，且可以通过更大的平台实现扩容。例如，四川雄州实业所持有的简阳荣盛均益投资开发有限公司和简阳嘉欣瑞恒投资开发有限公司在西南联合产权交易被京汉置业收购全部股权，出让了简阳市的3宗商业用地，共计161亩。雄州实业作为国有企业凭借与地方政府的良好关系，可以在地方参与土地整理和开发，但因开发能力不足、资金匮乏等问题，无法在获取土地以后进行二级开发。京汉置业的介入，有利于企业参与二级市场的竞争，而不至于流失地块价值。

完全并购也适用于纵向并购和非相关多元化并购。房地产企业若完全并购一个非房地产企业，二者在财务与经营、公司治理、企业文化等方面都具有差异性，并购后的资源整合至关重要。并购股权但不深度干预经营，是此类多元化方向完全并购的主要特征。大型房企可通过并购股权推行多元化发展战略，获得股权收益，积累学习经验，为主营业务提供支持。标的方则通过并购获取资源支持，进一步在本领域深耕，为并购方开拓市场，培养顾客群体，形成新的利润增长点。例如，万科通过收购印力100%股权扩大商业地产布局，获得印力带来的源源不断的商业红利，而印力则在获得万科注资后继续在零售商业领域深耕。2018年，联合万科企业股份和Triwater共同收购凯德集团在中国的20家购物中心项目，进一步扩大在零售商业领域的市场优势。试图转型的中小型房企受资金限制和融资约束，实行多元化方向完全并购的可能性较小。

（二）部分并购：获取收益而规避风险之经济动因选择

部分并购中，标的方不会丧失对自身的全部控制权。部分并购是部分存在短期经营困难或财务困境的房地产企业更愿意选择的并购方式，它也是部分大型房地产企业合作开发的一种常见方式。例如，融创与绿城均为我国房地产行业的龙头企业，因此很难出现一方完全并购另一方的情况。根据历史数据，二者经常通过新设合营或联营企业或以一方项目公司为基础邀约另一方注入资金的方式，对超过任意一方资金实力的项目进行合作开发，并购完成后由双方共同开发或由一方完全持有。

部分并购还可以通过保留标的方部分控制权，而保持目标公司原有关系网络。房地产行业具有强烈的地域性，地方关系网络是房地产企业在地方发展的重要资源。例如，万科与中冶、金隅、首开等央企和国企合作开发项目，保留原项目公司部分比例持股的情况下，快速扩大在北京的市场份额。又如，中洲控股收购惠州市银泰达实业有限公司90%股权，获取惠州一宗大体量项目，剩余10%股权仍由原始股东持有。

此外，部分并购中，并购方按并购比例有限承担来自标的方的风险，较完全收购风险水平较低，对并购方要求较低，给中小规模房地产企业提供了机会。

部分并购的低成本、低风险性以及灵活性，使之可能成为未来房地产市场频繁发生的一种并购模式。

四　按支付方式选择

并购交易按出资方式分为现金并购、股权置换与债务承接。

（一）现金并购：实现快速并购

现金并购既可以是以企业自有资金出资，也可以通过并购贷款等债务融资出资。

以企业自有资金出资，需要企业有充足的剩余资金，同时并购规模受内部融资约束影响，较为保守，无杠杆风险，可能存在现金流风险。

通过并购贷款出资，企业可以根据对并购项目的评估分析，计算融资缺口，选择资本成本相对较低的债务融资补充并购所需的资金缺口。并购贷款可用于支付并购交易价款，而其原有的剩余资金则可作为营运资金以保证原有项目的正常经营。但杠杆融资存在固有风险，债务偿还成本可能影响企业未来整体战略，在经济形势严峻时可能造成资不抵债而导致破产。采取加速土地储备扩张战略的房企，或者规模在千亿元上下浮动的相对激进的房企，较多使用并购贷这种融资手段。但是随着"去杠杆"政策的持续推进，房地产企业被限制通过并购贷实现前端拿地融资。风险控制措施提出，如果尚未足额缴付土地出让金，房企必须开立一个监管账户，先将足额土地出让金存进账户，以证明土地出让金是通过自有资金支付的。另外，对房地产行业全口径贷款的额度也受到政策约束。管控的加强增加了并购贷款成本，约束了贷款总量，进一步加大对自有资金匮乏房地产企业的融资约束。从标的方来看，横向并购中，中小企业的融合对资金敏感性最强，近年来数量明显减少，大型房企由于自有资金充足，其所受约束并不显著，纵向并购和非相关多元化并购则较少甚至不受影响，教育、医疗、高新技术等新兴领域受政策支持而部分抵消了贷款限制的影响。由此可见，政策的资本导向逐步转向内涵式发展。

（二）股权置换：实现战略协作

股权置换中，并购双方以直接交换股票的方式，使得两个原本不存在权益关系的企业以相互持股的方式达到联合或合并。

股权并购限制条件较少，成本较低，不涉及融资约束，财务风险小于债务融资和债务承接。但由于相互持股，并购双方不存在控制关系，各自基本上仍保留原有管理架构和机制。

(三) 债务承接：其他战略或经济动因的附属品

并购方通过承接标的方未偿债务间接支付交易价款，并购后标的方权益归于并购方。较现金并购，债务承接不涉及短期融资约束，较股权置换，并购方无须出让自身股权。在税收方面，并购方还可通过支付所承接债务的利息而转化为财务费用，进行税前列支，或享受税收优惠政策，从而间接增加未来现金流入，提高项目折现价值。但此类并购交易导致并购方资产负债率上升，威胁企业偿债能力，同时由于固定利息支出增加，未来收益总效应被部分吸收，降低企业快速反应能力。未披露负债及或有负债，则可能引致较高的财务风险和法律风险。

债务承接式并购策略应注意减少信息不对称，管控财务与法律风险，且须评估标的方资产价值收益能否抵偿风险成本。

五 按融资方式选择

(一) 杠杆并购：债务成本与现金机会成本的权衡

我国房地产企业并购以债权融资为主，股权与混合工具为辅（具体融资工具及分类详见表10-1）。杠杆并购意指债权融资并购。

房地产企业并购债权融资包括并购贷款、并购债券等。就融资规模及难度而言，并购贷款①在过去十余年稳定快速发展，是目前满足房地产企业并购融资至关重要的融资工具。但在供给侧改革及"脱虚向实"背景下，房地产企业杠杆并购受到日趋严格的政策监管，并购贷款融资困难。房地产并购专项融资渠道中，并购债券具有良好发展前景，并购基金更灵活宽松，其他一般融资工具如中期票据与短期融资券、外债、其他信贷资金等作用日趋增大。

（二）非杠杆并购：扩大融资规模、加快融资速度与降低债务风险

非杠杆并购融资方式主要为留存收益与股权融资，而不增加债务比重。

与杠杆并购相比，非杠杆并购的优势表现为融资灵活度高，有助于扩大融资规模，加快融资速度，降低债务风险等。但其劣势在于，留存收益再投资可能使企业错失其他更好的投资机会，如资本市场繁荣期的权益投资等。此外，股权融资还受政策限制。2010年，国务院发布《国务院关于坚决遏制部分城市房价过快上涨的通知》，此后仅三家房地产企业通过 IPO 方式登陆 A 股，借壳上市数量也锐减。

---

① 并购贷款为针对境内并购方通过受让现有股权、认购新增股权或收购资产、承接债务等方式，以实现合并或实际控制已设立并持续经营的标的企业或资产交易行为的银行贷款。

第七章

房地产企业并购流程及关键环节

在土地招拍挂市场竞争日益激烈的现状下，以市场化的收购方式扩大企业市场规模，成为房地产开发企业行之有效的拓展方式。企业并购是一项较为复杂的市场行为，不仅涉及大量经济问题，还会涉及政策问题和法律问题。同时并购过程中还存在各种不确定因素，并购风险贯穿整个并购活动。如何快速获知、分析、锁定、匹配并购目标，了解和掌握房地产行业并购全过程中的实操要点，防范和控制企业并购过程中的多种风险，是房地产开发企业的迫切需求。本章将梳理房地产企业并购流程，为其开展并购活动提供一定的参考和借鉴。

如图 7-1 所示，并购业务流程分为四个阶段，包括并购决策、并购实施、并购重组和并购评价。并购决策流程是指从并购战略制定到签署并购协议的整个过程的决策活动，主要涉及并购战略制定、目标搜寻及筛选、并购尽职调查、并购交易谈判四个环节。并购实施流程是并购行为发生的主要环节，是对并购决策流程中达成的各项协议的执行阶段。并购重组流程时间跨度较大，是并购后企业进行经营的持续性过程。并购评价流程是企业对整个并购过程的综合评估，即对并购决策、并购实施、并购重组和并购评价的内部控制过程，控制结果进行的综合性评价。①

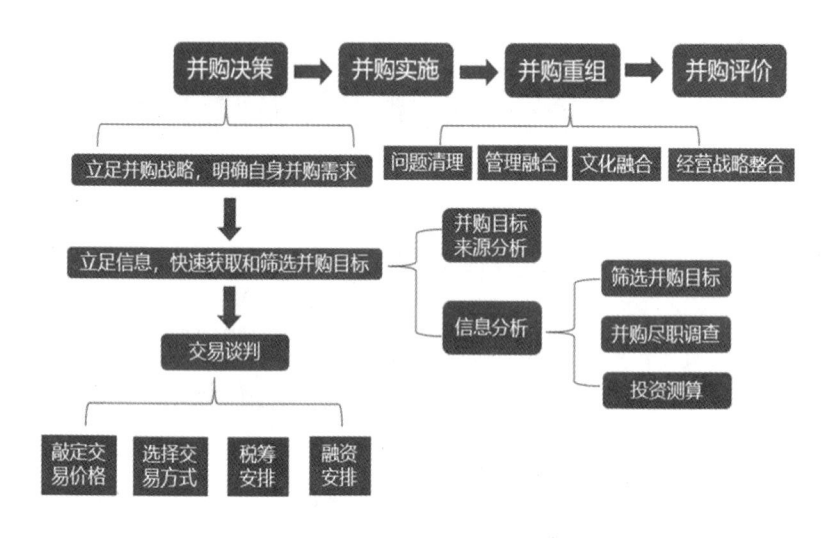

图 7-1 并购流程

并购谈判是正式达成并购协议的关键环节，在充分信息披露的基础上，抓住核心问题，解决焦点问题，不断协商和沟通，以实现交易双方的共赢。谈判的焦点主要集中在交易价格、交易方式、税筹安排和融资来源四个方面，敲定并购协议主要条款。房地产并购是一项牵涉面非常广的业务，流程复杂，房地产开发企业需要对并购流程的关键环节施加更多的关注。

并购已经成为中国房地产获取土地资源、快速提升市场份额、多元化布局等的重要途径。房地产开发企业在实施并购活动过程中，首先要立足并购战略，明确自身并购需求；接着立足信息，快速获取和

---

① 崔永梅、余璇：《基于流程的战略性并购内部控制评价研究》，《会计研究》2011 年第 6 期，第 57—62 页。

筛选并购目标，快速获知并分析并购目标的来源，进行充分的尽职调查，做好详细的投资测算和可行性分析；进而推敲细节，协商确定交易价格、交易方式、税筹安排、融资安排等并购协议的重要内容；最后实现"惊险的一跃"，完成并购后的整合。

◇ 第一节　研判趋势：明确需求，制定战略

企业战略是并购活动的基石。忽略自身发展战略而受市场风向或舆论宣传影响盲目冲动进行并购，不仅会直接造成企业的损失，而且是对企业资源的浪费。企业并购战略应与企业使命、长期发展战略以及企业风险容量相一致。并购战略的制定，需要结合宏观环境、行业及企业自身情况进行综合分析。

对房地产企业来说，并购战略主要分为三个层面：以地产业务扩张为目的的项目并购、以发挥主业协同作用为目的的相关多元化企业并购、以谋求新行业增长空间为目的的无关多元化企业并购。随着土地"招拍挂"市场竞争日益激烈，通过"招拍挂"方式获得大宗土地的难度大幅增加，通过市场化的房地产项目并购方式获得土地资源、进行项目开发已经成为房地产企业的常规操作。项目并购可以帮助房地产开发企业扩大地产业务规模，尽快进入某区域市场或细分市场。同时，项目并购对企业资金要求较为宽松，资金安排更为灵活，减少房地产企业并购的资金成本。结合土地市场供需和企业自身现金流、品牌溢价等情况，合理安排项目并购获得的土地储备在整个地产业务中的占比是房地产开发企业需要重点考虑的问题。

除项目并购外，房地产企业的并购战略主要从两个角度考虑：发

挥主业协同作用的横向或纵向相关多元化并购和谋求新行业增长空间的无关多元化并购。2012年，万科董事会主席郁亮判断房地产行业由"黄金时代"进入"白银时代"，大量房企为谋求自身的长远发展，开始积极探索新的行业发展空间。以发挥主业协同作用为目的的房地产开发企业一般考虑商业、物流、物业、长租公寓等细分行业，围绕人的生活场景提供住房建设与生活服务。以谋求新行业增长空间为目的的房地产开发企业则聚焦新兴行业，在对新兴行业发展进行深入了解的基础上，选择行业增长空间较大、发展前景良好的朝阳产业，如健康、科技、体育等行业，进行无关多元化并购，为企业日后转型发展夯实基础。

◇ 第二节　立足信息：快速获取和筛选并购目标

快速获取和筛选并购目标相关信息是开启房地产并购环节的首要关键点，也是房地产开发企业投资拓展部门决定如何推动并购活动的前提。主并企业和被并企业之间存在严重的信息不对称问题，给并购带来较多不确定性因素。企业作为一个多种生产要素、多种关系交织构成的综合系统，其复杂性给主并企业全面、真实地评估被并企业带来困难和挑战。被并企业可能从自身利益出发对主并企业隐瞒不利信息，主并企业可能因对被并企业的盈利状况、资产质量、或有事项等缺乏深入了解，从而因隐瞒的债务问题、诉讼纠纷、资产潜在问题等遭受较大损失。

一 多渠道寻求并购目标

（一）并购目标来源

在项目并购已经成为房地产企业获取土地资源重要途径的现状下，快速获取并购项目有利于房地产开发企业抢占先机，增加匹配到优质并购项目的可能性。目前，房地产并购项目主要来源途径包括：直接对接项目方获取项目转让信息、金融机构的项目转介信息、法院拍卖信息、产权交易所的股转交易信息、第三方居间人（如律所、土地居间人等）项目推荐等。

1. 直接对接项目方获取项目转让信息

在房地产调控政策收紧的背景下，中小型房地产开发企业因资金短缺、流动性紧张等问题，为解决自身困境可能会考虑将自持的土地资源或在建项目进行转让。或者部分房企因战略转型，主动将旗下项目转让给其他房地产开发企业。从操作可行性和交易周期角度考虑，产权清晰的未开发土地转让更受收购方的欢迎。一方面，尚未开发的土地在规划、开发报建、投资测算、税务筹划、资产清算、债权债务关系等方面更易把控，处理起来更加清晰快捷；另一方面可避开在建工程转让政策的限制，缩短收购的时间和开发周期。

项目方直接转让项目的原因大致有三种：获取品牌效应；升级转型或业务调整；资金断裂。

第一，获取品牌效应。地方中小型房地产企业表现出"杂、散、小"的特点，部分企业存在资信水平较低、开发能力不足或产品质量较差的问题，导致企业在融资、生产、销售及回款等环节困难重重。因此，地方中小型房地产企业为了获得品牌效应，产生了被并购需求。

第二，升级转型或业务调整。随着社会经济的发展、技术的进步、产业的迭代，很多产能落后的项目逐渐被社会淘汰，大量企业面临着转型发展的问题。在转型过程中，很多企业选择处置原有的土地和厂房以换取继续发展的储备资金，进而产生大量的被并购需求。因早期拿地成本非常低而经常出现"土地发票"不足的问题，需要着重考虑解决税筹难题。同时，由于房地产调控政策收紧和行业增长空间受限，一些房地产企业根据自身情况进行战略或者业务调整，企业发展重点从地产行业转向其他产业而对地产业务进行剥离；或者调整地区布局，发展重心向其他区域转移。这些调整均会引发项目的转让，扩大房地产行业并购市场的容量。因涉及资产剥离或企业分立，须更加关注财税操作细节，提前做好可行性方案设计和沟通准备工作。

第三，项目资金断裂。从2017年年初开始的《证券期货经营机构私募资产管理计划备案管理规范第4号——私募资产管理计划投资房地产开发企业、项目》规范到现今房地产行业整体融资环境的收紧，大量资质较差的中小型房地产开发企业陷入资金链断裂、融资举步维艰的窘况，最终只能选择转让项目，由此也推高了2017年房地产行业并购的浪潮。

2. 金融机构的项目转介信息

金融机构如银行、信托、券商及基金公司等中介机构，往往会发动自身的机构资源优势，为房地产开发企业挖掘推荐地产项目。金融机构为房地产企业提供信息，一方面可增加客户黏性，为后续服务房地产企业并购业务寻求机会；另一方面，可以分享房地产并购浪潮中的利益，作为中间介绍方收取介绍费和佣金，也可以购入部分股权参与融资，获取较高的项目并购收益。除市场来源外，关注金融机构持有的小型房企存量项目也不失为一个不错的选择。

3. 法院拍卖等方式获取不良资产拍卖信息

无论是法院拍卖，还是银行、四大资产管理公司出售的不良资产包，经常涉及大量的土地和在建工程项目，但因涉及复杂的法律关系和烦琐的法律流程，很多风控能力相对较弱的收购方望而却步。但此类项目往往出售价格较低，对操作能力强、风控能力强的大型房地产开发企业而言也是值得关注和投资的。比如，银行不良资产包经常以6—7折的价格出让，甚至有低于5折的情况。但因收购后产生的过户税费大大增加了并购成本，收购方在操作时需要增加关注，认真测算。

4. 产权交易所的股转交易信息

国企或央企性质的房地产开发企业转让房地产项目对应的股权时，一般会通过一线城市的产权交易所挂牌转让，如北京产权交易所、上海联合产权交易所、深圳联交所等。根据交易所的规定，意向收购方要委托产权经纪机构作为收购方代理进场交易，因此收购方可以留意、挖掘和建立与产权经纪机构的信息互动，从而扩大项目收并购的信息来源。

5. 第三方居间人（如律所、土地居间人等）项目推荐

房地产的土地居间市场较为活跃，特别是一线城市，很多机构或个人会延伸发展为土地居间的角色。收购方在对接这些机构或个人时要着重把握以下三方面内容：一是项目方的可控性，即是否为一手信息，能否提供齐备的项目资料供收购方进行投资测算；二是前期初步的项目研判，即对收购方的需求能充分了解和把握，能对项目进行前期初步研判，提高收购方的项目需求匹配度；三是在收并购过程中所发挥的作用，如能否准确协调转让方和收购方的关系，解决双方需求，能否解决收购中的一些专业问题，提供专业建议等。

（二）企业并购目标来源

在当下房地产调控政策收紧的环境下，部分三四线城市中小房企开始退出房地产行业，使房地产行业并购的机会增加。目前，房地产企业并购来源主要包括经营不善或融资困难的房地产企业、寻求战略合作或转型的房地产企业、与主并企业战略相关行业的潜力股企业。

1. 经营不善或融资困难的房地产企业

目前，行业利润率下行成为主流趋势，加之拿地成本趋高，部分三四线城市中小房企库存压力较大，面临生存危机，销售去化无门，在资金困境中挣扎，面临破产危机，急于甩掉地产"包袱"。此部分房地产企业是并购市场的主要组成部分，但要合理甄别不良企业，寻找并购活动的利润空间。

2. 寻求战略合作或转型的房地产企业

随着房地产行业增长空间进一步缩小，部分房地产企业主动进行业务调整，退出房地产行业，进入新业务市场，进行战略转型。随着市场竞争的不断加剧，越来越多的小型开发商意识到与品牌开发商合作重组，有利于自己利益的实现，通过自身资源优势和引进的开发公司品牌与资金实力的有效融合，才能实现利益的最大化。部分房地产企业为增强自身竞争力，决定与大型房企进行合作，以在不断加剧的行业竞争浪潮中得以存活。此部分良性退出的房地产企业是主并企业的不错选择。及时关注相关信息，快速获取并购目标，有利于主并企业抢占先机。

3. 与主并企业战略相关行业的潜力股企业

目前，大量房地产企业为谋求自身的长远发展，除传统房地产开发业务以外，进行多元化布局。结合发挥主业协同作用的战略需求，主并企业可以重点关注商业、物流、物业等行业中表现较佳的企业，拓展房地产业务。结合探索新的行业发展空间的战略需求，主并企业可以重点关注健康、科技、体育、教育等发展前景良好行业中的潜力较大的企业，为企业日后转型打下基础。

二 全方位进行信息分析

（一）通过基本信息筛选并购目标

搜寻信息的过程中，主并企业需要注重对目标企业信息的全面搜索，包括并购目标的产业环境信息（产业发展阶段、产业结构等）、财务状况信息（资本结构、盈利能力、现金流水平等）、高级管理层信息（管理层能力、品质等）、生产经营、管理水平、组织结构、企业文化、市场价值链等多层次且全方面信息，尽量降低收购方面临的信息不对称风险。

根据搜寻到的信息，主并企业应依据一定的选择标准进行筛选，并购目标的选择标准应立足企业战略性资源和优势的互补与兼容。通过并购活动，企业现有的核心竞争力应当能够得以补充与强化，并购双方拥有的优势和资源能够得以融合与扩张。

对于房地产项目并购来讲，主并企业主要关注项目区位、业态、项目规模、土地规划要求、资金面情况、被并企业诉求等指标，其中项目区位和业态指标尤为重要。房地产开发企业一般将区位和业态作为主要筛选因素之一，位于一线城市和核心二线城市的地产项目被视为并购风险较小，而位于三四线城市的项目则会被更加谨慎考虑。商品住宅业态被视为并购风险较小，商业办公业态整体供大于求，须根据当地商办市场供求情况而定，投资回报周期较长，一般风险相对较大，估值较低。部分并购标的是以综合体的形式出现，既有住宅，又有商业、办公等其他物业。多数情况下，住宅占比较高的综合体项目将会获得更高的评估价值。部分房地产开发企业将财务指标作为筛选标准，选择内部回报率高于底线值的并购项目，一般底线值确定为12%—15%。

（二）通过尽职调查确定并购决策

基于并购过程中可能出现的财产权属、财务报告、或有债务等风险，主并企业尽职调查的范围包括主体资格、治理结构、产品服务、财务状况、法务状况等内容，以真实全面地了解企业的经营成果、市场地位、商业模式、发展潜力等信息。通过尽职调查，主并企业尽可能掌握并购目标情况，发现并购目标企业的潜在风险与机遇，包括并购目标的潜在亏损因素、未来发展前景、潜在协同效应、行业管制、人员状况、未决诉讼、担保、历史遗留债务、整合难易程度等。企业并购中，主要关注点为债权债务问题和整体现金流风险，目标企业是否存在隐性债务，是否存在或有事项，包括未决诉讼或仲裁、对外担保、产品质量保证、承诺、义务性合同、环境污染整治等。

房地产项目并购流程最关键的风险因素是对并购项目市场判断的正确与否，包含土地性质、项目规划、财务性风险。房地产企业对并购项目的市场判断基于获取到的并购项目的相关资料，结合对项目所在地地产市场的分析、地产项目的投资取向、风险承担偏好、项目操盘能力以及投资收益等进行综合考虑。

在并购尽职调查中，资料是否全面、清晰、真实、可靠是房地产开发企业投资拓展部门的首要关注内容。为避免资料失真，投资拓展部门可通过规土委或国土局系统查询、现场勘查、卫星搜索等方式核实项目的真实性和现状。

在考虑土地性质的过程中，投资拓展部门应重点关注土地权属和目标土地基本信息，厘清土地的权属性质和结构，以便结合相应的交易政策进行考虑。目标土地基本信息直接影响项目的后续开发和售卖，为防范土地相关风险，须重点关注土地历史手续是否完备（有无被收回风险）、土地取得程序是否合法、土地使用权期限、土地表面情况（是否存在违建、高压线塔、未拆迁户）、土地是否适合房地产开发、是否存在特殊因素影响或限制交易（是否处于查封、抵押、租赁状态）、土地规划是否受限（有无闲置风险、规划条件是否过期）、三规合一是否信息匹配（国民经济和社会发展规划、城市总体规划、土地利用总体规划）等因素。此外，房地产和土地政策的分析也很关键，如深圳城市更新政策决定了是否对某个项目实施并购，政府规划的调整可能导致并购项目的完全失败。在某地产公司杭州的一个项目并购中，因缺失规划指标进而出现无法进行开发销售的情况，这是尽职调查过程信息收集不充分直接导致的。

在考虑项目规划的过程中，投资拓展部门应重点关注规划设计、报建施工情况、手续是否完备、项目所处阶段、是否存在报建报批的难点和疑点、是否存在历史遗留问题等因素。此外，项目收购成本、开发成本、合同价款支付情况等财务信息，直接影响并购项目的投资测算结果。

在对财务性风险进行评估的过程中，房地产行业并购的债权债务是最常见的风险问题，也是主并企业主要关注的风险点。债务风险主要包括负债、欠税、对外担保、合同违约、诉讼案件、行政处罚等。民间借贷、担保等隐性债务问题，会直接影响并购的损益，投资拓展部门须分析债权债务问题对收购成本和开发成本的影响程度，从而进一步做出是否继续推进并购活动的判断。

常规情况下，主并企业尽职调查环节所需的资料清单大致如表7-1所示。

表7-1　　　　　　　　主并企业尽职调查资料清单

资料类别	资料内容	分析要点
工商资料	成立时间、所在地、法定代表人及实际控制人基本情况、股权结构、主营业务、资质证照、主要关联方等	1. 企业是否合法设立并存续； 2. 开发资质和营业范围是否符合项目开发要求； 3. 股权架构：股东出资情况（是否存在隐性股东或者出资不到位的情况）、股东代持情况、股东间的特殊约定（是否存在固定回报、对赌等事项）； 4. 项目公司注册资本，从而判断后续是否需要拆分股权转让款
法律资料	目标企业及其所有附属机构、合作方的董事和经营管理者名单，与上述单位、人员签署的书面协议、备忘录、保证书，以及重大合同等	1. 与目标企业相关的法律诉讼、现有及潜在违约事件； 2. 重大合同的有效期限、合同项下企业的责任和义务、重要的违约行为、违约责任、合同的履约情况、合同的终止条件； 3. 债权效力、担保效力、是否存在不良贷款记录等
财务资料	近年来的财务报表、土地历史成本、项目成本等	1. 债权债务问题，分析偿债能力，判断是否存在隐性债务； 2. 大笔应收账款和应付账款，较大金额的其他应付款是否因正常生产经营发生； 3. 或有事项，包括未决诉讼或仲裁、对外担保、产品质量保证、承诺、义务性合同、环境污染整治等； 4. 地价款及税费缴纳情况、项目收购成本和开发成本、项目合同价款支付情况（付款节点及支付情况、是否可能产生工程款优先受偿权）、项目开发进度与合同约定是否一致等； 5. 相关现金流可否用于后期税务筹划等

续表

资料类别	资料内容	分析要点
土地资料	土地使用权证、建设用地规划许可证、公司与有关政府部门或其授权单位签署的投资协议书及与取得土地使用权有关的文件、与公司土地和基础建设有关的区级与镇级或其他政府部门编制的土地利用总体规划图及相关证明文件、区（县）与镇级城市总体规划和控制性详细规划的图纸文件及政府审批文件、规划部门出具的规划设计条件及用地规划意见、土地使用权出让合同、土地使用权出让金、土地使用税和契税及房产税的缴纳凭证等	1. 土地历史手续是否完备，土地取得程序是否合法； 2. 土地使用权期限、是否存在特殊因素影响或限制交易、土地规划是否受限； 3. 土地历史成本，成本较低时需要同时关注税筹解决方案； 4. 土地或项目所处阶段，是否存在报建报批的难点和疑点
项目资料	建设工程规划许可证、建筑工程施工许可证、商品房预售许可证、项目建议书、立项申请及批复、可行性研究报告及批复、选址意见书及批复、建筑设计方案总平面图及批复、建设工程规划设计方案和审核意见及批复、竣工验收备案证书、地块位置图、卫星图、现状照片等	1. 在建工程的手续是否完备； 2. 在建工程所处阶段； 3. 项目所处土地现状及是否存在待拆迁物业； 4. 是否存在地块区位优势或不利影响因素； 5. 历史遗留问题是否存在等

通过尽职调查，可对并购目标做出前期粗略预判，进而确定是否有初步意向，能否进行进一步接洽和深入研判。在资料分析和各渠道信息核实的基础上，确定并购活动基本可行之后进行投资测算，以便预判投资收益情况。

（三）通过投资测算预判并购收益

获取投资收益是房地产企业进行并购活动的最终目标，投资测算是决定并购活动是否可行的关键依据。因此，需要对并购活动深入研判，进一步做出详细的投资分析和测算。

项目并购会形成一系列投资测算，涉及拆赔方案和拆迁成本、开发方案和成本、销售收入、增值税和土地增值税、财务费用、利润等。通过测算，房地产企业可基本了解整个项目的开发进度、投入、销售、收益等情况。

投资测算需要营销、设计、成本、运营、财务等横向部门配合，营销部门出具市场意见及营销方案，设计部门出具设计方案及规划指标的输出，成本部门检查各类已建工程部分成本是否合理并输出目标成本测算表，财务部门梳理标的企业债务风险并出具财务意见。各部门通力合作，形成并购目标的详细投资测算结果。

投资测算也是直接影响和决定交易能否进行的关键因素。房地产开发企业会根据投资测算结果做出如下可能的选择：（1）按原条件继续推动并购；（2）放弃并购；（3）设定可以接受的交易条件，和被并购方磋商、谈判；（4）联合其他主体，增加可调剂的利润空间等。

在并购交易谈判和合同签订之前的双方前期接触阶段，信息分析是直接影响并购投资收益的关键。并购双方存在天然的信息不对称，尽可能获取充分信息和关键信息有利于房地产开发企业做出准确的判断。

◇ 第三节　确定价格：谋求双方共赢

价格是并购交易谈判的核心内容，直接关系到交易双方的利益。如何在两方立场间谋求平衡是交易谈判的主要挑战，也是谈判过程中需要解决的主要问题。

投资测算为交易价格的确定提供直接的参考。基于尽职调查流程中获取的第一手资料，主并企业首先对并购目标实施资产评估，分析确定资产的账面价值与实际价值的差异以及资产名义价值与实际效能的差异，以准确反映资产价值量的变动，从而根据资产评估结果形成资产交易的底价。尽职调查的资料，不仅有助于估算并购目标的预期价值，还可作为谈判的依据。例如，在尽职调查中发现并购目标存在或有负债和不良资产，并购方对其进行评估后，可作为与目标企业就并购价格进行谈判的依据，在并购协议中加入有关限制性条款等。

交易谈判是相互博弈的过程。在保障双方最根本诉求的基础上，交易谈判是在不同维度上实现条件交换，最终达成有进有退的综合利益平衡。并购中的某些条款对于双方的利害影响不同。比如，对于并购交易中的非上市公司交易方，并购交易的发股数和锁定期非常重要，直接决定其最核心的商业利益。但相同条款对于买方而言是比例摊薄及影响流通盘，远不如对方对这一条款内容敏感。在交易出现分歧时，要巧妙运用不同维度的条件交换，以避免交易谈判陷入僵局。

在各种条件的交叉协商与利益交换中，进行不同维度的让步可以达成基于并购的综合利益平衡下的有效博弈，敲定交易价格、付款条件、付款方式、付款周期安排等具体交易细节，实现并购交易双方的共赢。

◇ 第四节 选择方式：缩短周期控制成本

一 股权转让是项目并购的主流交易方式

为实现最终快速去化、降低成本、增加收益的目标，房地产开发企业在选择并购交易方式时便开始谋划。房地产并购主要分为股权并购与资产并购。在房地产行业项目并购中，目前，股权转让仍是主流的交易方式。一方面，出于税筹考虑，股权转让无须缴纳土地增值税，同时可以通过搭建税收优惠地的 SPV 实现所得税的税筹；另一方面，对比其他交易方式（如资产转让、企业分立、不动产出资入股等），股权转让方式更加快捷，股权变更登记手续更加简化，周期更短，可以降低主并企业在整个项目中的周期，实现资金的快速回流。

除资产并购和直接股权并购外，其他常见的房地产并购交易结构包括间接股权并购、增资扩股后股权转让、作价出资后股权转让、公司分立后股权转让、AB 股等。

二 交易结构设计必须考虑的因素

交易结构设计过程中，需要综合考虑多方面因素，主要包括交易双方的商业意图、是否满足资产转让的要求、是否涉及划拨土地的特殊要求、是否涉及国有或集体资产的公开交易要求、税务限制、项目进入及退出限制、交易成本以及能否通过特定担保方式降低风险等。

(一) 交易双方的商业意图

设计交易结构时，首要考虑因素是交易双方的商业意图。并购双方须根据不同的交易意图，按照不同的侧重点考虑交易结构设计的相关因素，选择在法律及实践操作允许范围内最可能达成双方交易意图的交易结构。

(二) 是否满足资产转让的要求

根据《城市房地产管理法》第38条的有关规定，按照出让合同约定进行投资开发，属于房屋建设工程的，转让房地产时须完成开发投资总额的25%以上；属于成片开发土地的，须形成工业用地或者其他建设用地条件。其中，土地使用权作价出资也被视为上述规定中的房地产"转让"，受限于上述规定。因此，进行具体交易结构设计时，须考虑项目是否满足投资总额要求，考虑当地操作实践方面的政策要求，如部分地区（深圳等）在建工程转让存在障碍。

(三) 是否涉及划拨土地的特殊要求

并购交易如果涉及转让划拨土地，转让方应向土地行政主管部门提出申请，报有批准权的人民政府批准。准予转让的，由受让方缴纳出让金。如果涉及有关划拨土地改为经营性用途的，一般需要由国土部门收储后通过招拍挂方式公开出让，不得协议出让。

（四）是否涉及国有或集体资产的公开交易要求

涉及国有企业、集体企业名下土地使用权转让的（含以土地使用权为条件进行的合作建房），必须在公开交易平台进行，否则无法办理产权变更登记或者其他项权利登记手续。如深圳市2016年6月4日印发的《关于建立健全股份合作公司综合监管系统的通知》要求，深圳各区将股份合作公司集体资产交易纳入市、区公共资源交易平台统一实施和监管，将集体用地合作开发建设、集体用地使用权转让和城市更新等资源交易项目纳入集中交易范围。

（五）税务限制

根据相关文件要求，若标的项目公司主要资产为土地使用权、地上建筑物及附着物，或者股权转让金额为房地产评估值的，其股权转让则存在被征收土地增值税的可能；非居民企业通过实施不具有合理商业目的的安排，间接转让中国居民企业股权等财产，规避企业所得税纳税义务的，主管税务机关可对该股权转让交易重新定性，将交易确认为直接转让中国居民企业股权等财产，即非居民企业间接转让居民企业股权也可能被征收所得税。因此，房地产企业在进行并购交易设计时，应对相关税务限制加以考虑。

（六）项目进入及退出限制

关于项目进入及退出限制，须重点考虑以下因素：一是考虑是否可能存在受让方因主体资格或经营产业不符合要求（如非特定产业企业或集团地区总部等）而无法受让项目的情况；二是市场主体取得城市更新项目开发权益后，可能受到股权转让限制，如广州市旧村合作改造类项目；三是项目阶段也会对交易结构选择产生限制，如果项目已经取得预售许可证并开始预售，则可能难以通过资产并购完成交易。

（七）交易成本

不同交易结构成本相差较大，包括税务成本、履行交易过程中的尽职调查成本、交割成本、公司融合成本等，主并企业在交易结构设计与选择过程中应进行综合考量。

（八）能否通过特定担保方式降低风险

一般来说，如果尽职调查发现项目存在特定风险，或签署交易文件后需要转让方配合履行特定义务（如协助土地变性、修改项目规划或完善集体资产交易程序等），则受让方在支付交易价款前，应要求转让方提供相应的担保增信。常见的增信措施包括：项目资产抵押、项目公司股权质押、实际控制人/股东提供其他资产或项目权益担保、实际控制人/股东保证担保、阶段性保函等。在设计交易结构时，须考虑相关担保措施的可操作性，并将该等担保措施与交易价款支付步骤挂钩，以保障受让方的交易安全。

◇ 第五节　税筹安排：易被忽略的并购成本

由于税收特别是土地增值税为隐性成本，容易被并购企业忽略而造成严重的决策失误。有效合理的税筹安排，则有助于获得更大的并购收益，规避并购风险。特别是在房地产行业的项目并购过程中，土地历史成本低是普遍存在的现象。项目并购导致转让方缴纳大额税款，而实际交易过程中，转让方会向收购方据实收取相关转让款。片面关注土地成本而忽略其带来的高额税收成本，将造成房地产开发企业严重低估并购成本。税务筹划是房地产开发企业在并购协商过程中应重点关注的环节之一。

一 主要交易模式的税负安排

选择不同的并购交易方式，会产生不同的税筹考虑。主要交易模式下的税负安排如表7-2所示。

表7-2 主要交易模式税负安排

交易方式	企业所得税	土地增值税	增值税	契税	印花税
股权转让	征收 转让方承担可视情况适用特殊性税务处理	不征收（存在例外）	不征收	不征收	征收 转让方、受让方均承担
增资+股权转让	不征收	不征收	不征收	不征收	征收 出资方、被增资方均承担
资产转让	征收 转让方承担可视情况适用特殊性税务处理	征收 转让方承担	征收 转让方承担（如关联债权、债务、劳动力一并转让，则不征收）	征收 转让方承担	征收 转让方、受让方均承担

续表

交易方式	企业所得税	土地增值税	增值税	契税	印花税
资产划转	征收 划出方承担可视情况适用特殊性税务处理	划出方、接收方任一方为房地产开发企业，则征收	征收 划出方承担（如关联债权、债务、劳动力一并转让，则不征收）	同一控制下全资注入，则不征收	征收 划出方、接收方均承担
作价出资+股权转让	征收 出资方承担可视情况适用特殊性税务处理	征收（任一方为房地产开发企业），出资方承担	征收 出资方承担（如关联债权、债务、劳动力一并转让，则不征收）	征收 被出资方承担	征收 出资方、被出资方均承担
分立+股权转让	征收 被分立企业及其股东承担可视情况适用特殊性税务处理	征收（任一方为房地产开发企业）	征收 被分立企业及其股东承担（如关联债权、债务、劳动力一并转让，则不征收）	不征收	征收 被分立企业、分立企业均承担
合并	征收 被合并企业及其股东承担可视情况适用特殊性税务处理	征收（任一方为房地产开发企业），被合并企业及其股东承担	征收 被合并企业及其股东承担（如关联债权、债务、劳动力一并转让，则不征收）	不征收	征收 被合并企业、合并企业均承担

注：组合模式（如增资+股权转让）仅列出前一环节的税费，股权转让环节的税费参考股权转让模式的税费。

二 并购税收优惠及避税手段

为合理降低并购成本,实现交易效益最大化,可采取以下税收优惠及避税手段。

(一)选择交易方式和支付手段

股权转让可规避高昂土地增值税:开发商获取项目时,税负最重的一般是土地增值税。股权转让无须缴纳土地增值税,同时可以通过搭建税收优惠地的 SPV 实现所得税的税筹,但需要以承担整个资产债务为代价。

关联债权、债务和劳动力一并转让可规避增值税:企业转让资产时一并转让与之相关的债权、债务和劳动力,可以规避转让企业的增值税,但收购方再次转让则须缴纳被转嫁的增值税。

(二)税务处理

争取满足具备合理商业目的:特殊性税务处理规定对交易中股权支付暂不确认有关资产的转让所得或损失,暂时不用缴纳此部分税款。满足以下条件可申请特殊性税务处理:具有合理的商业目的,且不以减少、免除或者推迟缴纳税款为主要目的;被收购、合并或分立部分的资产或股权比例不低于50%;企业重组后的连续12个月内不改变重组资产原来的实质性经营活动;重组交易对价中涉及股权支付金额不低于85%;企业重组中取得股权支付的原主要股东,在重组后连续12个月内,不得转让所取得的股权。

一般来说,特殊性税务处理的适用条件中,较难满足的是"具有合理的商业目的",税务主管部门一般会从分立的具体形式、交易背景、交易时间、在交易之前和之后的运作方式、有关的商业常规、给交易各方税务状况带来的可能变化等方面进行考量和判断是否适用。

(三) 合理利用行业、地区性优惠政策

选择税收优惠行业或地区：公司注册行业可选择税收优惠行业，如国家对重点扶持高科技企业征收 15% 所得税，企业可以通过购买知识产权来注册高科技企业，还可以利用进行资本运作的壳选择在特区或偏远地区如新疆地区注册，对"老少边穷"地区的新设立企业可以减征或免征所得税 3 年，西部地区和民族自治地区具有很大的税收优惠力度。

(四) 未分配利润、盈余公积的处理

股权转让前先分配股东留存收益：根据国家税务总局《关于落实企业所得税法若干税收问题的通知》（国税函〔2010〕79 号）第 3 条"关于股权转让所得确认和计算问题"规定，转让股权收入扣除为取得该股权所发生的成本后，为股权转让所得。企业在计算股权转让所得时，不得扣除被投资企业未分配利润等股东留存收益中按该项股权所可能分配的金额。同时，根据《国家税务总局关于企业所得税若干问题的公告》（国家税务总局公告 2011 年第 34 号）第 5 条规定，投资企业从被投资企业撤回或减少投资，其取得的资产中，相当于被投资企业累计未分配利润和累计盈余公积按减少实收资本比例计算的部分，应确认为股息所得。股息所得为"免税收入"，因此，在股权转让前，可先分配股东留存收益。

(五) 减少所得税缴纳层级

减少层级公司：公司在资本运作时给腾挪资本制造便利，从而在"前线公司"与"幕后实际控制人"之间设立多个层级公司，VIE 结构是典型结构之一。然而，多一层公司就会多缴纳一层所得税。考虑收益时，应该思考是否可以减少企业层级，从避税的角度来说，"层级越少越好"。考虑到企业性质，自从出现合伙企业法，一个崭新少纳税主体便出现在经济活动中。虽然合伙企业与公司制法人之间在责任承担以及运作方面有许多区别，但在某些合伙企业可以实现运作目的的情况下，企业可选择、可设立合伙企业。例如，许多 PE 选择合伙企业形式。

税收作为并购成本的重要组成部分，主并企业应增加对税筹安排的关注，合理利用税收优惠，关注税筹方案的合理性、可行性、逻辑性，进而降低并购成本，增加并购收益。

三 项目并购税收筹划案例

某地住宅项目占地面积 11 万平方米（折合 165 亩），容积率为 1.64，总计容建筑面积 18 万平方米。原始土地成本为 44008 万元，折合 2442 元/平方米（下称"有票楼板价"）。合作方对外的报价是 78433 万元，折合 4357 元/平方米（下称"并购名义楼板价"），溢价 34425 万元。周边近期可比招拍挂成交楼板价是 4500—4700 元/平方米（容积率为 2.5）、5300—5600 元/平方米（容积率为 2.0），且均为熔断摇号。

对此项目进行粗判，楼板价仅为 4357 元/平方米，作为一个容积率仅 1.64 的项目，楼板价比公开市场招拍挂容积率 2.5 的更优惠，项目初步印象较好。然而，一旦对项目进行详细测算，情况将产生巨大反差。按照联排别墅 23000 元/平方米、洋房 15000 元/平方米、精装小高层 14000 元/平方米的激进报价来测算，净利润只有 3 亿元，净利率为 10.4%。其中，增值税及附加 1.8 亿元，土地增值税 3.2 亿元，所得税 2.2 亿元，净利润基本被各种税收抹平。如果按照 11.5 亿元，折合 6381 元/平方米（下称"可比招拍挂楼板价"），即通过招拍挂市场获得此项目，净利润也可达到 3 亿元。

对于上述这种高溢价项目，看起来便宜，但税收这些隐性成本易被忽视，把增值税、土地增值税、所得税这些因为没有土地票据而导致税收大幅上升的成本摊入土地成本后，基本和市场拍地没有差别，看起来具有巨大利润空间的项目在考虑相关税收之后丧失其优势。

高溢价项目的现金流较好，结合税筹安排，上述项目有其可做性。一般而言，招拍挂项目的土地款付款时间比较紧，一个月内付清是常态，而此项目的并购名义楼板价低于周边可比案例，且可出于风控的理由做到分期付款。高溢价项目的分期付款在谈判过程中比较容易实现，转让方一般在获得支付其成本及利息的第一笔资金后，会同意溢价部分分期支付，比如融资或者开盘之后支付溢价，甚至可能一两年之后付清。对于转让方而言，收回成本及利息之后，利润对其重要性降低。

对此并购项目和通过招拍挂方式获得进行税费对比，见表 7-3。本案例存在 4.4 亿有票成本、3.4 亿溢价，与 11.5 亿元全有票进行税费的比较。

表7-3　　　　　　　项目并购与招拍挂拿地税费对比　　　（单位：亿元）

税费	并购方式	招拍挂方式	差额
税费	4.4+3.4	11.5	
增值税及附加	1.8	1.1	0.7
土地增值税	3.2	0.6	2.6
所得税	2.2	1	1.2
总计	7.2	2.7	4.5

在此项目方案中，销售物业过程中产生的增值税、土地增值税、所得税高达7.2亿元，但税费清算时间较晚，可使用现金流。7.2亿元税费中扣掉即期发生的预征，估计剩余6亿元左右。这笔资金在公司账面可以视为一大笔无息贷款，如果按照年化8%的利率对外放贷，一年可以获得接近5千万元的收入。

高溢价项目的有票成本少，填票的意义就很大，如果能填到土地增值税回档，就可以大幅降低土地增值税。如果填到5.8亿的有票成本、2亿溢价，税费对比如表7-4所示。

表7-4　　　　　　　项目并购税筹安排前后税费对比　　　（单位：亿元）

	税筹前	税筹后	差额
税费	4.4+3.4	5.8+2	差额
增值税及附加	1.8	1.7	0.1
土地增值税	3.2	2.5	0.7
所得税	2.2	2.1	0.1
总计	7.2	6.3	0.9

有票成本增加1.4亿之后，可以节税0.9亿元。此项目切入成本低，税费清算时间晚，通过并购获得相较于招拍挂市场具有现金流的

优势，再结合合理有效的税筹，其优势更为明显。

房地产行业的并购活动中，经常会遇到土地成本非常低，但要价非常高的土地项目，主要是因为巨额的土地增值税、增值税和所得税。忽略项目相关税收将对项目产生严重误判，合理的税筹安排则有利于降低并购成本。

第六节 融资来源：并购贷款是重要渠道

虽然企业使用自身现金流作为主要资金来源有助于降低运营风险，但是并购活动需要大量资金支持，房地产企业很难完全利用自有资金完成并购过程，加之金融政策收紧，增大了企业的融资难度。因此，选择合适的融资方式，降低融资成本，减少企业资金风险，对并购活动进行合理的融资安排，在整个并购过程中将起到重要作用。

总体来讲，设计企业并购融资方案时，通常需要考虑以下五个因素：政策可行、融资规模、融资成本、融资结构、时间要求。房地产行业主要并购融资方式包括并购贷款、并购基金、并购债、IPO 融资及再融资、股权置换、境外并购融资、资产证券化、资管计划等，详见第十章。其中，并购贷款是指银行向并购方或其子公司发放的，用于支付并购交易价款的贷款，比结构化融资的成本更低，操作较为简单，是专项服务于企业并购的贷款形式，在房地产企业并购融资中至关重要。根据相关政策要求，银行针对某一并购项目所发放的并购贷款之和不超过并购交易所需资金的 60%；人民币并购贷款期限一般不超过 7 年，且应执行分期还款；离岸并购贷款期限一般为一年，最长不超过两年，银团贷款可适当延长贷款期限。

并购贷款是现阶段最常规、最高效的并购融资方式。一方面，随着金融政策收紧，并购融资受到更加严格的监管和更多的限制；另一方面，银行对并购贷款的风险认识更加清晰，已经发展成为成熟业务，批准速度较快，操作效率和操作成功率均较高，满足了房地产企业对时间的要求，有助于降低时间成本。目前，绝大部分房地产企业的并购活动融资都是通过并购贷款完成的。以较低的融资成本、较为宽松的限制条件完成融资目标，是主并企业首要考虑的融资方式。

◇ 第七节 "惊险的一跃"：并购后整合

并购后的整合直接关系到整个并购活动能否成功。并购作为一项复杂的经济活动，在其 1+1 过程中，涉及两个企业战略、业务、制度、组织、文化等方面的整合，整合成功才能发挥并购的协同效应。主并企业应妥善处理并购后的问题，对经济资源采取有效的重新配置，加强人事和企业文化的整合，做好并购后整合这项关键性工作。

一 问题清理：解决历史遗留问题

如果获得的是不良资产包或者收购的是运营困难的项目或公司，主并企业应首先着手处理历史遗留问题，盘活不良资产，这是并购后整合的第一步。对于因资金链断裂而难以为继的地产项目或公司，主并企业可依托自身充足的资金和融资能力为其注入流动资金，重新启动项目或公司运营。对于能力不足的项目或企业，主并企业可利用自身的品牌、产品、运营以及资源获取优势对项目进行改造，降低开发融资成本，提高房屋品质和物业管理水平。对于不良资产或公司的债权债务或法律诉讼问题，主并企业可依托自身较为强大的综合实力和风险应对能力，通过法务协商等途径解决其原始困境。主并企业还须处理被并企业遗留的重大合同，正在进行的仲裁、调解、谈判等事务。

二 管理融合：留住人才

由于并购冲击，人力资源整体面临混乱和人才流失的风险。关键技术人员和管理层可能离职，基础员工可能由于对未来的不确定忧虑出现工作效率低下，被并企业管理层可能存在变现动机。如何有效整合并购后企业的管理制度和人员，是主并企业亟须关注和解决的问题。

企业并购重组中，人力资源应当合理整合、有效管理，客观评价被并企业原有的管理制度，建立起新的资源管理系统，推出适当的激励机制，建立健全人才梯队。首先，选派合适的整合主管。选派具有专业管理才能、诚实可靠的人担任目标企业的整合主管，以确保充分地发挥整合效果。整合主管必须具有较强的感召力、诚实和正直的个人品质，这对于留住人才是极其重要的。其次，重视并购后员工的教育和培训。人力资源发展有诸多途径和相应计划，培训是应用最为广泛的一个途径，也是吸引、激励和留住人才的有效方法。最后，建立科学的考核和激励机制。在激励方式上，强调个人激励、团队激励和组织激励有效结合；在激励报酬机制设计上，从价值创造、价值评价、价值分配的事前、事中、事后三个环节出发设计奖酬机制；就报酬本身而言，除了薪酬以外，还包括机会、职位、信息分享、股票、股权和荣誉等诸多方面。

此外，企业可以采取双渠道管理的方式规避管理风险。一方面，派遣自身企业代理人保持对并购后企业的控制；另一方面，合理利用被并企业内外部人才，尽力留住原有人才，同时在被并企业行业内挖掘人才，培养管理骨干力量，以谋求并购后的高效管理和融合。

三　经营战略整合：优化资源配置

经营战略的整合要从并购后企业内部的变化入手。首先，针对房企并购的不同目标，分析规模经济、降低交易费用等因素给企业带来的新优势，以及与竞争对手相比自身仍然存在的不足，采取扬长避短或扬长补短的战略方针，寻找内部潜力。其次，并购完成后，要分析企业是否通过并购提升了自身销售规模和市场份额。比如，房企可能由于追随者壮大成为具有挑战力量的挑战者，也可能通过提升市场份额跻身龙头房企行列，这就要求房企根据市场地位的变化，适时调整发展战略。最后，对公司总体战略转移的思考。受宏观经济、新技术出现以及行业竞争环境变化等因素影响，部分房企可能会考虑通过混合并购逐渐退出一个行业，转向另一个新行业。在这种情况下，并购后企业的发展战略重点在于逐步转移资源。

四　文化融合：艺术性的操作

企业并购中，普遍存在主并企业和被并企业的经营理念、团队精神、工作风格等无法融合的风险，尤其是跨行业的并购，差异更加明显。为避免企业文化差异对并购后企业的发展产生巨大的碰撞与冲击，企业可适当放松对被并企业在文化上的控制，不对其进行强制干预，使其具有一定的自主权。同时，在并购双方的文化之间找到兼容的切入点，通过渗透式的融合，形成共生、共享、共融的公司文化。

本章梳理了房地产企业的并购流程，可为房地产企业开展并购活动提供一定的参考和借鉴。掌握房地产行业并购流程中的各项要点，重点关注关键环节，可在一定程度上防范和控制并购风险，有助于房地产开发企业降本增效。

第八章

房地产企业并购风险及防范

房地产企业并购风险，广义上是指房地产企业并购收益的波动性，狭义上是指并购的实际收益低于预期收益的可能性。如图8-1所示，房地产企业并购风险主要来自两方面：一是行业发展风险，指房地产企业对行业发展的把控和判断出现失误的风险，具体包括政策把控失准的风险和市场判断失误的风险；二是并购流程中引发的风险，如尽职调查不够详尽引发的估值风险、或有风险，以及项目并购后的人员融合等风险。

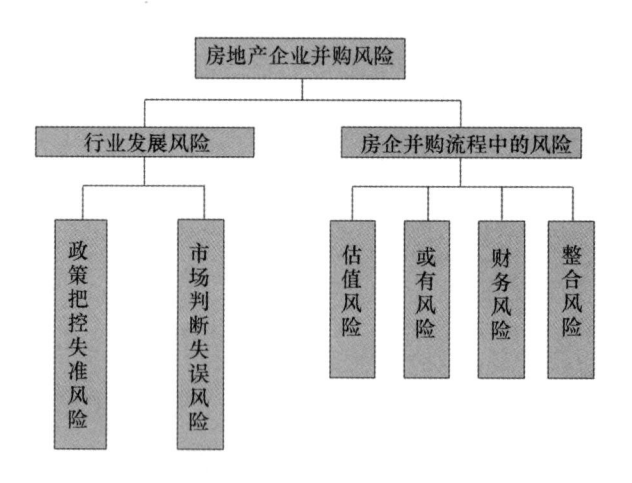

图8-1 房地产企业并购风险概况

❖ 第一节　房地产企业并购风险分析

一　行业发展风险

房地产行业具有两大重要特征：一是行业发展受政策调控的影响程度高，二是房地产市场具有显著的周期性和地域性。这两大特征导致房地产企业实施并购时存在政策研判失准和市场判断失误的风险。

(一) 政策研判失准风险

现阶段，对房地产政策的把控重点在于以下四个方面：一是充分理解"房住不炒"的政策基调；二是准确把握"防范化解系统性金融风险"的政策导向；三是准确把握"高质量发展"的政策引导；四是充分理解"一城一策"的政策内涵。

1. 充分理解"房住不炒"的政策基调

坚持"房住不炒"的定位是房地产调控政策的主基调。从中央的多次发文和表态来看，"房住不炒"将贯穿房地产拿地、开发建设、融资、销售等全链条，并且成为行业长期发展的中心思想。2016年年底的中央经济工作会议首次提出"房子是用来住的，不是用来炒的"，随后党的十九大报告中明确指出，要坚持"房住不炒"定位，为中央调控房地产市场奠定政策基调。各地政府积极响应中央号召，深化房地产调控政策，落实房地产长效管理机制。社科院《中国住房发展报告（2018—2019）》显示，2018年以来，房地产调控政策不断加码，全国房地产调控次数高达405次，比2017年同期上涨近80%。

近年来，一方面，调控政策的覆盖范围不断扩大。以限购政策为例，实施限购政策的城市从直辖市、省会城市向周边的三四线城市扩展，如保定、承德等地从2017年起开始实施限购。另一方面，各地调控政策不断升级，从多个维度落实"房住不炒"。以"限购、限售、限价、限贷、限商住"等政策为例，各地政府从限购对象、限购区域、限购数量、限购范围、限售时长、首付比例、贷款期限等方面升级原有政策，使得政府监管更加精准。例如，天津市2017年4月1日新增对拥有1套及以上住房的成年单身（包括未婚和离异）人士的限购政策。此外，二套房的首付比例从40%提高至60%，同时暂停发放贷款期限25年以上的商业性个人住房贷款。在"房住不炒"的政策基调下，各项调控政策都以"稳地价、稳房价、稳预期"为目标，促进房地产市场平稳健康发展。房地产企业要充分理解"房住不炒"这一指导思想的内涵和外延，避免盲目并购，能够有效降低风险。

坚持"房住不炒"的定位是长期政策而非短期政策。在政策表述上，"房住不炒"将是长期的住房制度安排。2018年年末，《人民日报》发表评论："作为长期的住房制度安排，'房住不炒'早就写入十九大报告，不可能朝令夕改，投机客注定打错算盘。"为让这一定位更好地坚持下去，中央和一些地方还出台了多项配套措施。以建立健全这一长效政策，包括进行多主体供给、多渠道保障、租购并举的住房制度改革等。例如，至2035年，深圳拟筹集建设各类住房170万套，其中商品房只占40%，人才住房、安居型商品房和公共租赁住房各占住房供应的20%。2019年4月，深圳市政府公布《深圳市人才住房建设和管理办法》等三大深化住房制度改革办法，将在未来逐步落实。准确把控"房住不炒"政策的长期性，避免投机型并购，有助于降低并购风险。

"不将房地产作为短期刺激经济的手段",明确了未来房地产行业既不会"托底"宏观经济,也不会"拖累"宏观经济。2019年7月30日,中央政治局会议提出"不将房地产作为短期刺激经济的手段",这是新旧划断式的一次表述,具有重要意义。过去十多年,房地产对于拉动经济增长起到重要作用,不仅土地出让收入成为多个地方政府财政收入的重要来源,而且房地产与上下游几十个行业密切关联。根据过往的经验,每当经济发展遇到问题或者增速快速下滑的时候,政府会通过房地产行业来拉动经济,刺激经济回稳。在目前我国宏观经济增长压力明显加大的背景下,部分市场主体猜测政府是否会再次启用房地产来拉动经济,此次表态非常明确地提出短期内不会将房地产作为刺激经济的手段。未来,房地产将以稳为主,平稳发展,既不会"托底"宏观经济,也不会"拖累"宏观经济。

2. 准确把握"防范化解系统性金融风险"的政策导向

防范和化解系统性金融风险,是金融政策的重点。为有效防范和化解债务风险,进行供给侧结构性改革,2016年10月,国务院下发《关于积极稳妥降低企业杠杆率的意见》,提出"推进企业兼并重组、完善现代企业制度强化自我约束、盘活企业存量资产、优化企业债务结构、市场化银行债权转股权、实施企业破产、发展股权融资"七大举措。2017年,全国金融工作会议将防范化解系统性风险作为核心目标;2018年,中共中央办公厅、国务院办公厅联合印发《关于加强国有企业资产负债约束的指导意见》,要求"国有企业平均资产负债率到2020年年末比2017年年末降低2个百分点左右"。

防范房地产金融风险是防范系统性金融风险的重中之重。房地产企业的杠杆率水平始终处于高位。如图8-2所示,中国上市公司中,房地产企业的平均资产负债率超过60%,远高于上市公司平均水平。

根据 CSMAR 数据库披露的数据，万科等大型房地产企业的资产负债率超过 80%，杠杆率高。为严控房地产金融风险，近年来监管部门对房地产企业的金融监管不断收紧，企业融资渠道收窄，融资成本上升。以上海为例，上海银监局于 2018 年 1 月下发《上海银监局关于规范开展并购贷款业务的通知》，进一步规范房地产企业的并购贷款业务，严控贷款资金用途。2019 年 2 月，银保监会、央行先后发声，要"继续紧盯房地产金融风险，继续实行审慎的风险管理标准"。2019 年 5 月 10 日，央行金融市场司副司长在媒体吹风会上表示，房地产调控和房地产金融政策的取向没有改变，2019 年人民银行将继续严格遵循"房子是用来住的，不是用来炒的"的定位，坚持房地产金融政策的连续性、稳定性。企业要把控"去杠杆"的政策导向，避免并购中的过度负债，有助于降低并购风险。

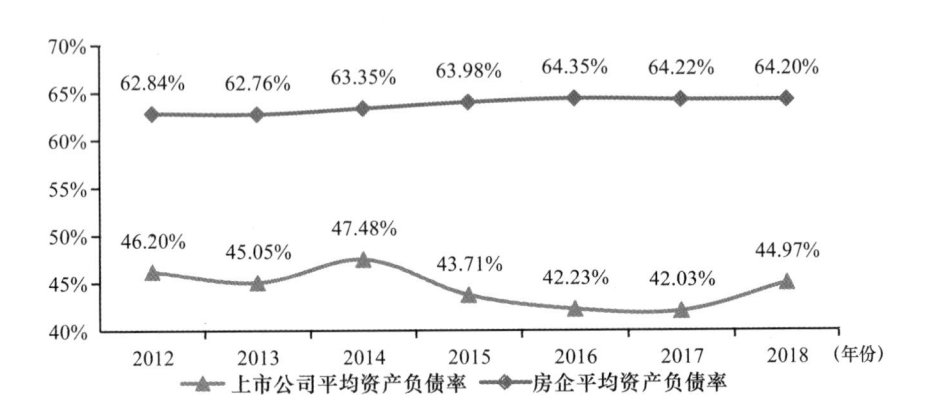

图 8-2　2012—2018 年中国沪深两市上市公司中房地产企业平均资产负债率趋势

资料来源：CSMAR 数据库。

3. 准确把握"高质量发展"的政策引导

中国房地产市场已从扩张式高增长发展阶段进入注重高质量发展

的阶段。当前政策也在要求、引导和支持房地产企业提供高品质的产品和服务。

以"城市更新"政策为例,近年来,城市更新项目持续受到国家及地方利好政策的加持。在国家层面,鼓励地方盘活闲置土地,严管耕地保护红线,控制新增土地的供应,是主要发展趋势。2013年12月,中央城镇化工作会议提出,"三大城市群地区要以盘活存量为主,不能再无节制扩大建设用地"。2014年2月,国土资源部出台《关于强化管控落实最严格耕地保护制度的通知》,要求原则上不再安排人口500万以上特大城市中心城区新增建设用地面积。在地方层面,2010年,深圳市率先提出空间发展模式由"增量扩张"向"存量优化"的重大转变和创新。北京、上海、广州、天津等地均出台相关政策支持城市更新。2019年11月,中共中央办公厅、国务院办公厅印发了《关于在国土空间规划中统筹划定落实三条控制线的指导意见》,要求落实最严格的生态环境保护制度、耕地保护制度和节约用地制度,将三条控制线作为调整经济结构、规划产业发展、推进城镇化不可逾越的红线,夯实中华民族永续发展基础。未来,城市土地供应进一步收紧,通过城市更新来提高土地使用效率、改善城市环境、提升城市形象将成为城市建设的普遍途径。利好的城市更新政策给房地产企业提供了新的机会。一方面,企业可以通过收并购城市更新项目参与其中;另一方面,也可以选择运营城市更新项目获得长期收益,如图8-3所示。

4. 充分理解"一城一策"的政策内涵

"一城一策、因城施策"是当前房地产调控的重要思路。2018年年末,中央经济工作会议提出房地产调控应"因城施策、分类指导"。2019年4月19日,中共中央政治局会议再次强调,要"落实好一城

房地产行业整合与并购策略

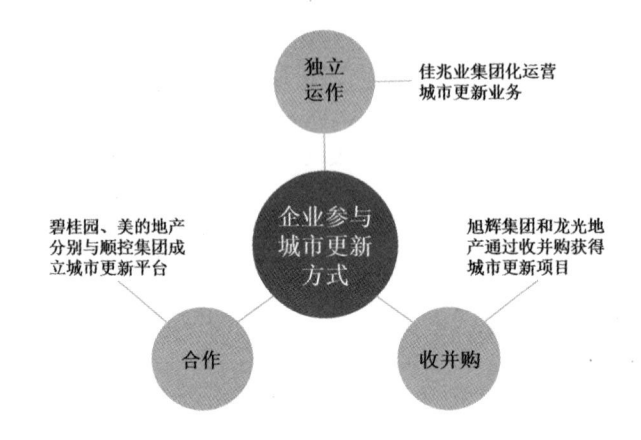

```
         独立          佳兆业集团化运营
         运作          城市更新业务

碧桂园、美的地产                    旭辉集团和龙光地
分别与顺控集团成    企业参与          产通过收并购获得
立城市更新平台      城市更新          城市更新项目
                    方式

         合作          收并购
```

图 8-3　房地产企业参与城市更新项目的多种途径

资料来源：城市更新 4.0 时代房企未来十年如何成为博弈的赢家，https://new.qq.com/rain/a/20180821A07ULE。

一策、因城施策、城市政府主体责任的长效调控机制"。进入 2019 年，福建省、河南省、安徽省等地区明确提出实施"一城一策"。充分理解"一城一策"的政策内涵，重点在于：首先，"一城一策、因城施策"给予地方更多灵活出台政策的自主权。各地在政策细则上有不同之处，有助于根据当地楼市的实际情况进行更精准的监管。其次，"一城一策、因城施策"凸显地方政府主体责任，将调控的主体责任明确夯实到地方政府。同时，中央政府也会对重点区域和城市的房地产市场运行状况进行监测。若市场运行偏离度提升，中央会通过预警提示、约谈、指导等多种途径对各地调控政策进行纠偏，以保障房地产市场平稳健康发展。房企可通过深耕某些区域和城市，充分理解当地市场实际运行状况，并结合自身战略决策开展并购业务，降低并购风险。

(二) 市场判断失误风险

市场判断失误风险主要包含两方面：对房地产市场周期的判断失误；对房地产市场地域的判断失误。

1. 对房地产市场周期的判断失误

宏观经济和任何行业都存在周期性波动，房地产行业也不例外。房地产发展周期是房地产市场在运行过程中，随着时间变化而出现的扩展和收缩交替反复运动的过程，是一种有规律的波动。国内外房地产业的发展历史证明，房地产业的发展受宏观经济发展、人口、土地、城镇化、政策取向等多种因素的影响，以及房地产业本身运动规律的制约，在发展过程中会表现出周期性的波动，出现房地产经济发展的高峰期和低谷期。

根据 Hodrick 和 Prescott 提出的 HP 滤波方法，房价可分解为趋势项和波动项：$y_t = g_t + c_t$。[①] 式中 y_t 表示房价；g_t 表示房价的趋势项，代表房价随基本面因素变化的总体趋势；c_t 表示房价的波动项，代表房价在短期的波动。g_t 可通过求解下述最优问题得到式 8-1：

$$\text{Min}\left\{\sum_{t=1}^{T}(y_t-g_t)^2 + \lambda\sum_{t=1}^{T}[(g_t-g_{t-1})(g_t-g_{t-2})]\right\} \quad (8-1)$$

以住宅市场为例。如图 8-4 所示，对 1998—2017 年中国住宅商品房平均销售价格进行 HP 滤波分解，从房价趋势项上看，自 1998 年住房制度改革以来，随着经济发展、人口增长、城镇化推进、住房需求增长，房价在过去 20 年呈显著的上涨趋势，年平均增长率在 8.7% 左右。从房价波动项来看，过去 20 年间房价波动明显，存在周期性。

[①] Robert J. Hodrick and Edward C. Prescott, "Postwar US Business Cycles: an Empirical Investigation", *Journal of Money, Credit, and Banking*, Vol. 29, No. 1, 1997, pp. 1–16.

2008年受全球金融危机的影响,房价出现大幅向下波动。2014年,中国房地产市场进入调整期,房价出现明显的向下波动。同时,房地产市场的周期长度也存在差异,既有3年左右的短周期,也有更长时间跨度的长周期。对房地产市场周期长度的判断失误,也会引发风险。

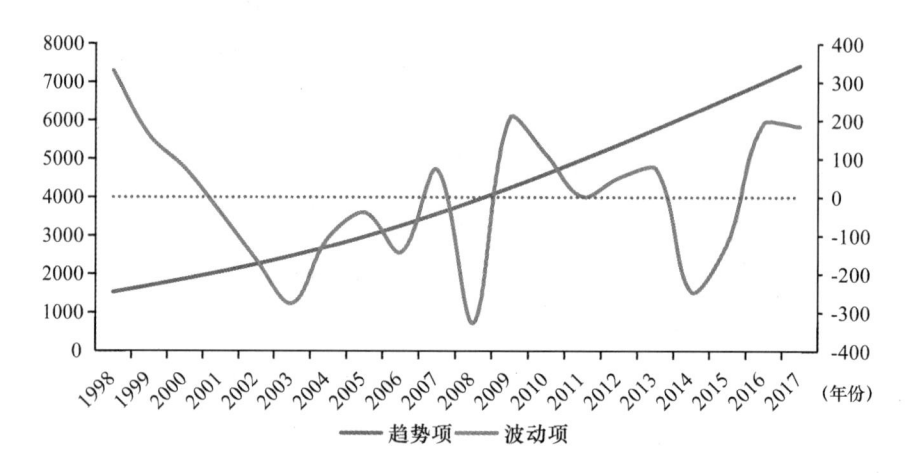

图8-4 1998—2017年中国住宅商品房平均销售价格HP滤波分解图(元/平方米)

资料来源:国家统计局。

2. 对房地产市场地域的判断失误

房地产市场存在鲜明的地域性。对房地产市场地域的判断,可以从需求端和供给端来分析。需求端的主要考量指标包括:人口基数、人口净流入情况、城镇化率、城市规划、产业发展、人均居住面积、人均可支配收入水平等;供应端的主要考量指标包括:土地供应规模、土地供应结构、土地供应节奏以及城市规划等因素。在人口基数大、人口净流入、人均可支配收入水平高的地域,房地产市场的需求更为旺盛。如图8-5所示,东部省份的常住人口基数远高于中、西部地区，常住人口增长率也远高于其他地区，人口吸附能力强劲。对房地产市场地域的判断着重于两个要素：一是地区目前的房地产市场规模，主要包括地区当前的人口规模、市场饱和度等；二是地区未来房地产市场的发展前景，包括地区的人口净流入量及趋势、人口结构变化趋势、经济增长情况、周边城市的辐射、是否位于新兴城市群内、城市发展战略及规划、国家给予的政策支持等因素。对地域的准确判断，能够有效降低并购风险。

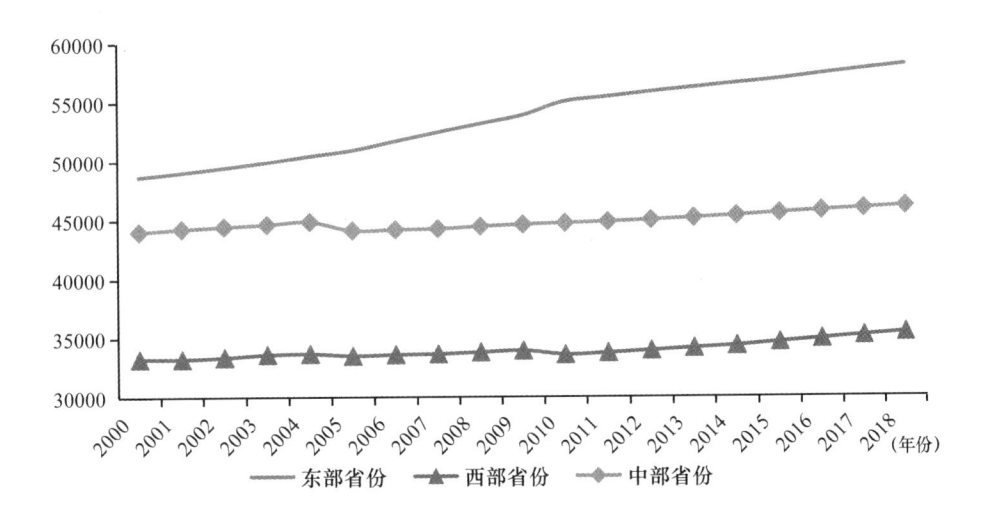

图 8-5 2000—2018 年中国东、中、西部省份年末常住人口数及增长情况（万人）

资料来源：国家统计局。

二 并购流程中的风险

（一）估值风险

在并购中，主并方通常存在高估标的资产的风险。近年来，企业对于并购估值趋于谨慎。如图 8-6 所示，根据上交所公布的数据，沪市 A 股上市公司平均并购溢价率自 2016 年以来逐渐降低。从并购类型来看，跨界并购的溢价率远高于产业整合型并购，存在更高的估值风险。虽然房地产企业的平均并购溢价率在所有上市公司中处于中低水平，但仍存在高估标的资产的风险。根据CSMAR数据库披露的并购数据，如图8-7所示，沪深两市上市公司中房地产企业的平均并购溢价率在2015—2017年同样呈下降的趋势，但从并购溢价率的分布来看，部分并购案例的溢价率远超平均水平，存在较高的估值风险（见图8-8）。

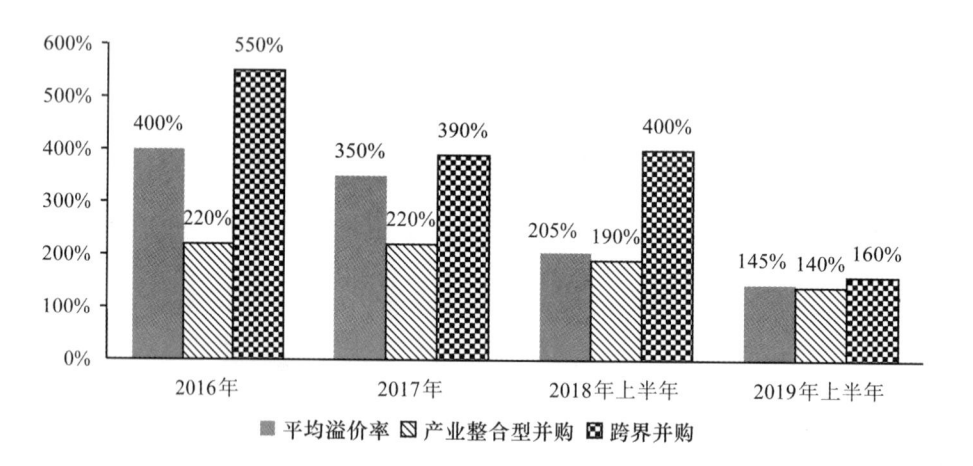

图8-6　2016—2019年上半年沪市A股上市公司平均并购溢价率

资料来源：上交所公告。

信息不对称是估值风险产生的根本原因。由于并购双方存在信息不对称，主并方不能完全掌握标的资产的全部信息，对标的资产估值过高。通常而言，被并购方在遭遇财务困境、出现问题资产后才会寻求出售资产，因此其有动机隐藏出售企业或项目潜在的问题，利用信息优势获取高额回报。对此，主并方应采取谨慎性估值，避免过度乐观和非理性报价，以降低估值风险。

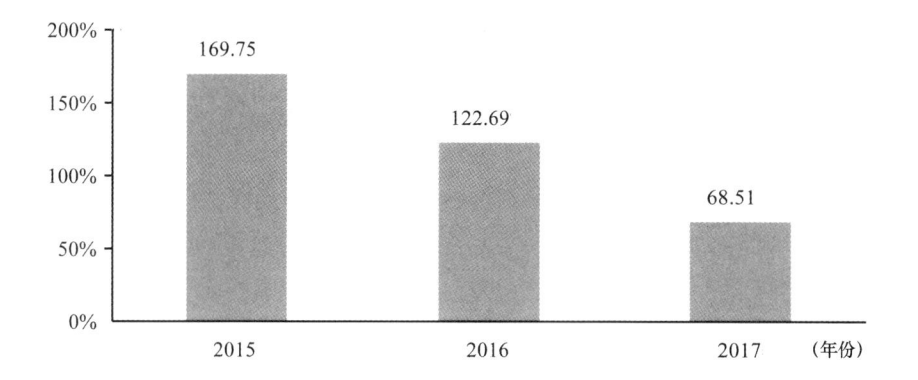

图 8-7　2015—2017 年沪深两市 A 股上市公司中房地产企业平均并购溢价率

资料来源：CSMAR 数据库，课题组整理计算得到。

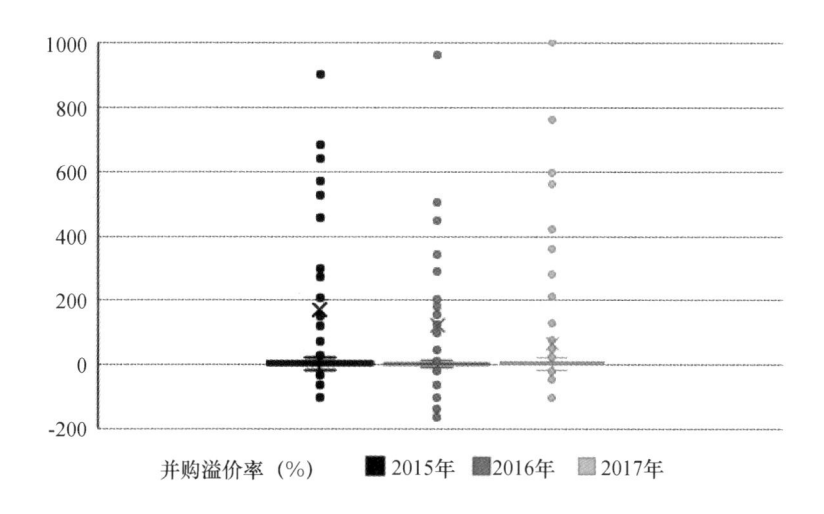

图 8-8　2015—2017 年沪深两市 A 股上市公司中房地产企业并购溢价率箱式图

资料来源：CSMAR 数据库，课题组整理计算得到。

（二）或有风险

1. 标的资产的债权债务关系未披露，引发或有风险

被并方在出售标的项目和企业时，通常已陷入财务困境，可能会

留有尚未偿还的债务。被并企业未披露的复杂债权债务关系，会导致主并方无法及时接手项目进行开发，推迟项目进度，引发风险。房地产行业是资金密集型行业，时间对于项目的开发、销售至关重要。复杂的债权债务关系直接导致项目停工或者无法对外销售，导致房企资金沉淀，从而影响整体并购收益。主并方应高度关注标的资产可能存在的未清偿债务，尤其是未披露的民间借贷和拖欠的工程款。

案例8-1　被并企业未清偿工程款案例[①]

广州某投资公司（以下简称 A 公司）拟收购广州地区尚未竣工验收的某房地产项目（以下简称 B 项目）。因 B 项目拖欠施工方工程款，工程停建，尚未竣工验收。施工方除向人民法院起诉主张工程款外，还以留置方式占用了 B 项目的1—5层，出租给一家物业管理公司，再由该物业管理公司办理临时建筑证对外统一招租，分租给几百个小租户做小电器市场。在 A 公司拟进行收购过程中，因被并购方失去对 B 项目的实际控制权，项目并购出现多重障碍。最终，A 公司选择放弃该项目，以规避风险。[②]

案例8-1中，根据相关法律规定，B 项目因拖欠工程款而停工，工地管理权由施工单位享有。施工单位为未竣工项目办理临时建筑许可证具备合法性，小租户的承租权受到法律保护。由于 B 项目存在租赁关系，主并方对项目的控制权受到限制，最终致无法及时推进项目

[①] 邹阳：《房地产项目并购中几种法律风险防范——基于经办案例分析》，《仲裁研究》2012年第2期，第98—102页。

[②] 邹阳：《房地产项目并购中几种法律风险防范——基于经办案例分析》，《仲裁研究》2012年第2期。

开发进度，并购失败。

2. 用地规划条件变更不合规，引发或有风险

房地产企业进行项目并购时，原项目可能存在用地规划条件的变更。根据《城市房地产管理法》第 18 条规定："土地使用者需要改变土地使用权出让合同约定的土地用途的，必须取得出让方和市、县人民政府城市规划行政主管部门的同意，签订土地使用权出让合同变更协议或者重新签订土地使用权出让合同，相应调整土地使用权出让金。"但在实际操作中，原开发商在用地规划条件变更的程序上可能存在诸多不合法之处。房地产企业收购该项目后，项目遗留的法律问题转移至主并方，造成经济损失。

案例 8-2　房地产企业并购中用地规划条件变更不合规案例[①]

佛山顺德某房地产公司（以下简称 C 公司）于 2000 年 9 月通过公开招投标取得 D 项目土地进行开发。次年 8 月，为配合佛山市总体土地规划，应当地政府要求，D 项目调高了土地容积率、提高了建筑高度，获佛山市规划部门批准，并取得当地政府非正式机构"新区管委会"的批准，获得免补地价的回复文件。2005 年 6 月，某大型房地产公司（以下简称 E 公司）收购 C 公司的股权。2008 年 1 月，C 公司收到政府《关于补缴土地出让金的通知》，被要求补缴高额土地出让金，这使 E 公司陷入被动。D 项目在补缴地价的谈判过程中，无法正常获取新一期的《施工许可证》，停工长达一年，带来巨大损失。

在案例 8-2 中，虽然 D 项目土地容积率的调高获得当地规划部

[①] 邹阳：《房地产项目并购中几种法律风险防范——基于经办案例分析》，《仲裁研究》2012 年第 2 期，第 98—102 页。

门的批准，但受让方与市、县人民政府城市规划行政主管部门并未就容积率调高签订变更协议或重新签订土地使用权出让合同，在程序上不符合法律规定。案例中，D项目土地容积率调高得到的是当地政府非正式机构"新区管委会"的批准，该机构几年后被撤并，因此其免补地价的回复文件为非正式文件，并无法律效力。

（三）财务风险

1. 并购后房地产企业杠杆率上升，偿债风险增大

房地产企业的自有资金通常难以满足并购的资金需求，需要进行股权融资或债权融资。目前，房地产企业并购融资的渠道较为单一，并购贷款是使用最广泛的融资方式。采用债权融资会使企业并购后面临更高的偿债压力。如图8-9所示，2009—2017年房地产企业在并购完成后当年的资产负债率均有显著上升。企业财务杠杆率的上升，导致企业还本付息的偿债压力增大，破产风险也随之上升。

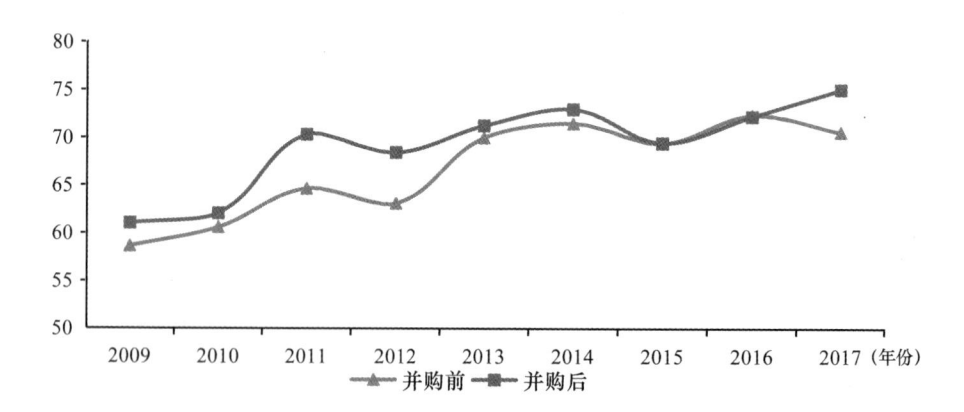

图8-9 2009—2017年房地产企业并购前后平均资产负债率变化情况（%）

资料来源：Wind数据库。

2. 并购后现金流无法及时回收的流动性风险

2008—2018年，房地产企业并购后一年经营活动净现金流入平均为3.64亿元，高于并购前一年经营活动净现金流入，因此平均而言，并购后房企的现金流风险降低。

但若房地产企业并购项目无法快速、稳定地为主并方提供现金流，仍可能引发企业的流动性风险。一方面，房地产企业收并购后需要持续投入资金进行项目开发，导致企业净现金流入减少；另一方面，并购项目存在无法快速销售的风险，导致企业的现金流回收无法达到预期，进一步加剧流动性风险。

案例8-3 并购项目销售停滞导致现金流无法及时回收的案例

广州市某地产公司F于2010年年底收购G项目进行开发。G项目规划为低密度别墅项目，占地面积66.7万平方米，建筑面积36.7万平方米。收购G项目时，待开发土地建筑面积为34.4万平方米。G项目在并购后的销售情况不佳，2011—2017年的销售金额分别为0.91亿元、0.78亿元、0.42亿元、0.14亿元、0元、0.07亿元、0.22亿元。收购发生后的7年内，G项目累计销售金额仅2.54亿元，处于滞销状态，项目现金流无法及时回收。受此影响，G项目的开发进度也非常缓慢。截至2017年年末，G项目累计开发建筑面积仅9万平方米。

案例8-3中，项目滞销导致项目现金流无法迅速回收，引发流动性风险。项目开发进度缓慢，一方面，源于资金无法及时回笼，再次投入项目开发；另一方面，公司对该项目的销售失去信心，减少相应的开发投入。

（四）整合风险

并购双方企业的规模、组织结构、管理方式、企业文化等都可能存在显著差异，并购后还可能面临整合不当、无法发挥协同效应的整合风险。首先，从企业资源配置和角度来看，并购双方对彼此的资源配置不熟悉，导致资源整合不当，无法实现资源优化配置，提升企业竞争力。其次，从企业文化角度来看，并购双方的管理方式、企业文化可能存在不同，造成原有企业人员需要重新适应新的组织结构、管理体系，具有较高的磨合成本，导致企业整合困难。最后，从外部因素来看，并购后的整合计划受到多重外部因素的干扰，存在无法实现的风险。

◇ 第二节　房地产企业并购风险防范

房地产企业并购主要分为项目并购与企业并购，两者的风险防范各有侧重。项目并购的风险防范主要有：（1）选择住房需求空间较大的一二线城市作为并购业务的重点区域；（2）以企业所长选择并购项目；（3）选择能快速现金回流的项目；（4）尽职调查要重点关注项目的债权债务关系和用地规划变更。企业并购的风险防范主要是：（1）明确企业并购动机；（2）建立企业并购导则；（3）合理使用对赌协议，降低并购风险；（4）企业资源整合与文化整合并重。

一 项目并购的风险防范

(一) 选择需求空间较大的城市作为并购业务的重点区域

实施项目并购,应选择住房需求空间较大的一二线城市作为并购业务的重点区域。市场规模大、市场潜力高的地域,通常人口基数大,人口增长率高,有一定的住房需求空间。选择地域的同时,也应关注项目区位。项目区位反映项目的基本面,具体包括项目的利用现状、城市规划、交通便捷程度、基础设施条件、公共服务情况、自然特性及环境条件等因素。此类因素可以影响项目的销售周期、销售溢价等。在人口密集、收入水平高、交通便捷、基础设施与公共服务完善、住房需求高但供给相对紧缺的区域,房地产开发商具备更强的议价能力,项目并购风险更低。

如图8-10所示,中国一二线城市的人均可支配收入、人口数的平均水平和增长率均显著高于三线城市,基本面因素更具优势。从发展趋势看,未来一二线城市的人口、收入水平的增长速度仍高于三线城市。因此,房地产企业选择市场规模大、潜力高的地域进行并购,有助于降低项目并购风险。

(二) 以企业所长选择并购项目

房地产企业各有所长,在不同的细分行业和区域具有独特的优势,以企业所长选择并购项目能够有效降低项目并购风险。如华侨城在旅游地产行业具备独特优势,万达在商业地产上具备强力的竞争优势,佳兆业则在城市更新项目上具有丰富经验和优势资源。以房地产企业所长选择并购项目,为并购双方都能带来收益,降低风

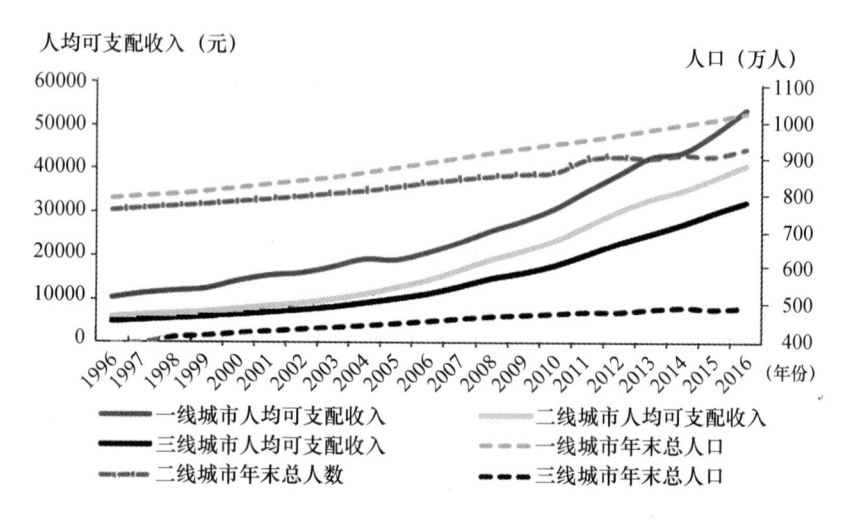

**图 8-10　1996—2016 年中国 35 个大中城市中
一二三线城市人均可支配收入、年末总人口**

资料来源：《中国城市统计年鉴》。

险。房地产企业在熟悉的行业市场进行收并购，具备信息、资源、能力等多重优势，能够最大化发挥企业优势，提高并购项目的收益。被并购方在寻找买方时，优先考虑在细分市场中具有领先优势的企业，因此，优质的并购机会也会更集中于细分市场中的龙头企业。以融创为例，融创中国 2018 年业绩发布会上，孙宏斌表示融创新增土地储备中并购占比将近 70%，并购成功案例有 200 个。一方面，融创大量的收并购与企业自身的战略决策相关，通过收并购能够快速获取大量的土地储备，而且与招拍挂市场拿地相比，通过并购获取的土地和项目资源价格更低；另一方面，中小开发商信任融创丰富的收并购经验和运营操盘能力，也为融创提供了大量潜在的收并购机会。

案例 8-4 印力联合万科和 Triwater 收购凯德商用商业地产案例

2018年1月5日，印力联合其控股公司万科以及 Triwater 三方联合收购凯德集团旗下全资子公司凯德商用在中国的20家购物中心项目公司的100%股权并承接相应的负债，交易对价为83.65亿元人民币。此次收购涉及20家购物中心，总建筑面积约为95万平方米，分布在中国华北、华东、华南和中西部区域的19个城市。收购完成后，上述购物中心将全部交由印力运营管理，计划按照"印象"系列的品牌定位及标准进行提升。

印力专注于购物中心投资、开发和运营管理，在商业地产领域具备成熟的运营经验。案例中，三方联合收购后的购物中心全部交由印力进行运营管理，也充分发挥了印力在运营管理购物中心的优势，有效降低项目并购风险。

(三) 选择能快速现金回流的项目

项目并购的主要目的是获取土地，优势在于土地成本降低，开发周期缩短，因此对于项目并购而言，房地产企业应更重视其现金流回收情况。选择能快速入市销售、实现现金回流的项目，有助于降低流动性风险。

以恒大为例。在项目并购中，恒大更偏向能快速实现销售回款的项目。2016年4月，恒大并购人和集团在哈尔滨的4个项目，其中有3个项目均为在售的准成熟项目（见图8-11）。恒大在并购后即对四个项目进行更名，通过恒大的品牌效应，提升项目在市场中的影响力。同时，四个项目经过快速整合后，并购当月即开盘，当年销售额超过30亿元。恒大利用自己的市场营销能力和运营能力实现项目的快速销售流转。此外,恒大还偏好配套成熟或特色鲜明的优质地块,加快周转速度,尽早推向市场。

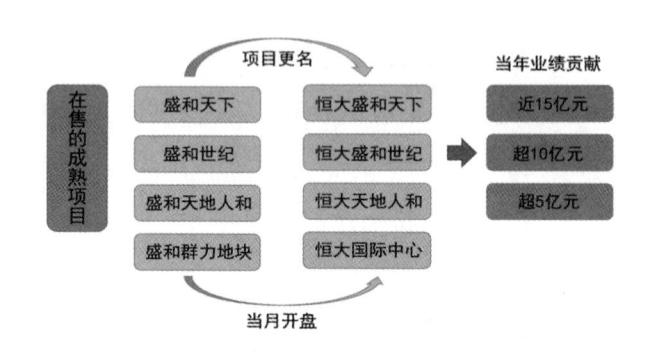

图8-11 恒大并购人和集团哈尔滨项目概况

2016年7月,恒大并购瑞升集团旗下2400亩新都地块,项目概况见图8-12。该地块位于白鹤岛生态区,属于成都地区独有的自然景观资源。恒大凭借强劲的高周转能力,收购半年左右就实现开盘销售。从项目销售情况来看,开盘后一年内该项目的销售金额超过7.5亿元,实现现金流的快速回收,销售情况见图8-13。

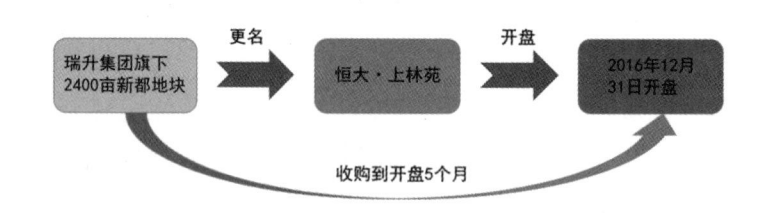

图8-12 恒大收购瑞升集团旗下2400亩新都地块概况

资料来源:中指研究院。

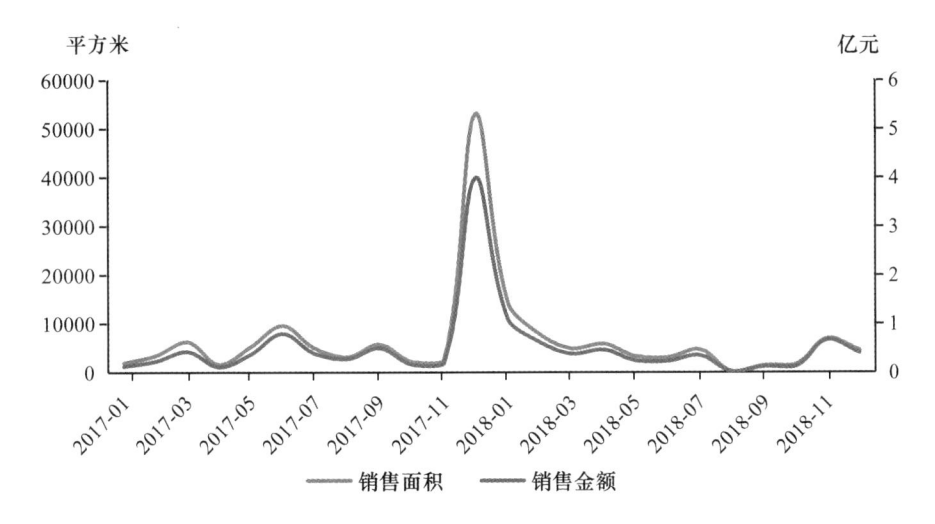

图 8-13　恒大并购瑞升集团旗下新都地块销售情况

资料来源：中指研究院。

融创则是以现金流为导向。以融创收购成都本地房地产企业天合房产旗下三个在售项目凯旋公馆、凯旋东岸和麓湖之春的全部股权为例，凯旋公馆项目收购当月即开盘，截至2016年年末，该项目业绩贡献将近3亿元，项目概况见图8-14。融创于2016年2月以10.9亿元收购德尔集团位于苏州的德尔太湖湾项目，收购9个月后即开盘，当年业绩贡献值超过7个亿。同年2月，融创收购美盛天境项目70%股份，项目名称迅速变更为融创美盛象湖壹号，并于当年6月开盘，截至年末销售额达到18.5亿元。融创利用其强劲的运营能力，快速入手成熟度高、周转速度快的项目，实现项目快速变现。

（四）尽职调查重点关注项目权益及规划

尽职调查应重点关注项目的债权债务关系和用地规划变更。详尽的尽职调查有助于降低并购双方的信息不对称程度，降低估值风险和或有风险发生的概率。尽职调查小组既要聘请有经验的会计事务所、

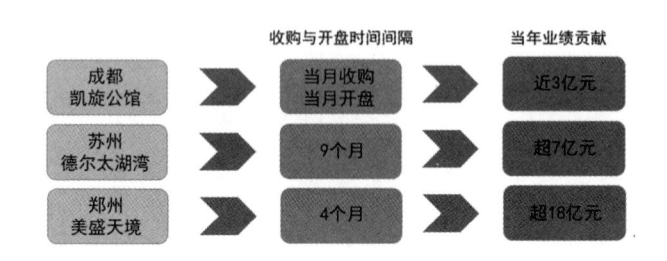

项目	收购与开盘时间间隔	当年业绩贡献
成都凯旋公馆	当月收购当月开盘	近3亿元
苏州德尔太湖湾	9个月	超7亿元
郑州美盛天境	4个月	超18亿元

图 8-14　融创并购相关项目概况

资料来源：中指研究院。

资产评估公司、律师事务所等中介机构对标的资产的财务、税务、法律信息进行核实和核查，也要抽调主并方公司的骨干成员对项目发展前景、当地房地产市场情况进行充分翔实的调查和分析。对项目并购而言，应特别关注项目历史遗留的债权债务关系以及用地规划变更情况，防范这两个关键风险点。

如案例 8-1 中，由于被并购项目拖欠工程款，项目进度无法推进，并购出现多重障碍。若尽职调查阶段能尽早发现历史遗留的债权债务关系，可以降低主并方的沉没成本，快速放弃项目，以规避风险。案例 8-2 中，由于并购项目存在用地规划变更，且变更程序不合规，引发了并购风险。若尽职调查能够关注到用地规划问题，及时与相关政府部门进行核实确认，则可以避免风险发生。

二　企业并购的风险防范

（一）明确企业并购目的

准确定位企业并购行为的目的和动机，能够减少盲目并购，降低并购风险。房地产企业进行并购的动机包括：获得土地储备，扩大市场份额，获取规模优势发展新业务，培育新的利润增长点，拓宽融资渠道等。明确企业并购动机之后，主并方应对并购动机的实现进行全面分析和评估：目标企业的并购能否满足企业的并购动机；市场上是否存在其他更优质的标的资产，实现企业的并购动机；企业能否通过其他方式而非并购实现这一动机；企业能够支付并购标的多高的价格等。

并购动机本质上体现企业的战略决策，应选择符合企业发展战略的标的公司进行并购。企业并购应建立在对自身所处外部环境和内部条件、企业优势和劣势的分析基础上，结合企业发展战略做出决策。房地产企业并购不能受舆论宣传的影响，或是因看到竞争对手或其他房地产企业的并购决策产生盲目并购的冲动。避免非理性的盲目并购，有助于降低并购风险。

（二）建立企业并购导则

企业应建立符合自身的并购导则，以指导企业并购决策。并购导则是对标的企业进行初步筛选的准则，一般包括以下方面：（1）财务指标：包括预计并购的内含报酬率（IRR）、毛利率、净利率等；（2）被并企业特征：如被并企业的资产负债情况、行业地位、核心竞争力、运营能力等，被并购项目的区位、业态、原始拿地成本、各项规划要求等；（3）潜在风险判断：如是否存在复杂的债权债务关系、是否存在法律诉讼风险、是否存在相关税务风险等。当标的企业满足并购导则中规定的多数指标，才进入企业并购的备选方案，进行深入考察。针对不符合并购导则的项目，企业应放弃该标的，以避免盲目并购，防范并购风险。

(三)合理使用对赌协议,降低并购风险

对赌协议是企业并购交易中重要的风险管理工具,能够降低企业并购风险。对赌协议具有期权性质。并购双方通常在协议中达成业绩承诺,只有当被并购方的业绩指标符合约定条件时,主并方才以约定价格支付剩余的并购对价。对赌协议能够从以下两个方面降低并购风险。第一,由于并购双方存在信息不对称,双方对并购标的的估值可能存在较大差异,利用对赌协议能够促成双方达成交易,降低企业并购的估值风险。第二,对赌协议能够激励被并购方的管理团队努力完成协议商定的业绩承诺,更好地发挥协同作用,降低委托代理成本和并购整合风险。

另外,对赌协议也会给企业并购带来风险,房地产企业须合理使用这一工具。对赌协议中的相关业绩指标设定应合理,过高的业绩承诺会导致被并购方管理层的短视行为。按照惯例,对赌协议中的业绩承诺通常为1—3年,这导致被并购方为达到短期的对赌标准而进行揠苗助长等短视行为,在满足短期目标的同时损害企业的中长期发展,为企业并购带来更高的风险。

(四)企业资源整合与文化整合并重

降低企业的整合风险需要从两方面入手:一是对企业资源进行整合,通过优化资源配置,发挥企业的协同效应,达到"1+1>2"的作用;二是对企业文化进行整合,创造良好融洽的企业文化,培养企业内部员工的认同感和向心力。

1. 整合资源配置,发挥协同效应

企业并购后,对被并购方企业进行资源整合和资源配置至关重

要。并购后的资源整合要切实发挥各方优势，促进对人才、管理方式、资金实力、政策优势等各种资源的整合优化，识别关键资源，构建内在核心竞争力，发挥并购后的规模优势、资金优势、管理优势等，实现企业竞争力的提升。

2. 发挥企业文化融合作用

首先，从管理文化入手，推进目标认同，实施管理层上推下行及多方管理层级融合，促进收购后主体内部的文化建设，从而提高凝聚力和向心力。其次，从管理方式上改进，过渡时期把握好改革节奏，循序渐进，密切关注原有员工心理和行为的变化，减少人员敌对和管理摩擦。最后，结合被并企业原有情况和企业未来发展战略，在被并企业中培养和创造良好融洽的企业文化，增强员工的认同感，实现企业文化融合。

第九章

房地产企业并购的相关政策

房地产并购市场的发展离不开相关政策的支持与约束,既受国家宏观经济政策影响,也与行业调控政策、金融监管制度密切相关。

调控政策对房地产企业并购的影响分为三个阶段:(1)鼓励并购。2008年全球金融危机后,国家采取"稳增长、惠民生"等一系列扩大内需举措,通过一系列激励政策推进房地产并购市场的迅速扩张,实现房地产行业集中度提升、资源配置优化。[①](2)规范并购。2016年后,为遏制企业盲目并购重组,政府加强监管,以规范市场环境和企业行为,也使房地产并购占比开始下降。(3)引导并购。2018年后,为进一步提振并购市场,房地产企业并购政策趋于宽松。

◇ 第一节 鼓励并购的政策

鼓励企业并购是应对金融危机、稳定经济增长的重要举措。2008年下半年,美国的次贷危机引发全球经济危机。受金融危机蔓延影

---

① 王璇:《房地产行业政府宏观调控政策绩效研究》,硕士学位论文,南昌大学,2014年。

响，我国经济增长趋缓。特别是 10 月中旬以后，由美国次贷危机引发的国际金融危机对我国经济影响的严重程度远远超出预期，我国经济下行压力日益加大。因此，"扩大内需、稳定增长"便成为当时我国应对经济危机的重要举措，其中鼓励并购以保持经济稳定也是重要手段之一。

一 发挥资本市场在资源配置中的功能

为应对国际金融危机的冲击，贯彻落实党中央、国务院关于进一步扩大内需、促进经济增长的十项措施，执行积极的财政政策和适度宽松的货币政策，加大金融支持力度，促进经济平稳较快发展，2008 年国务院办公厅印发《国务院办公厅关于当前金融促进经济发展的若干意见》（以下简称《若干意见》），指出要采取有效措施，稳定股票市场运行，发挥资源配置功能；支持有条件的企业利用资本市场开展兼并重组，促进上市公司行业整合和产业升级，减少审批环节，提升市场效率，不断提高上市公司竞争力。

二 创新融资方式并拓宽企业融资渠道

并购交易中，并购融资工具的来源直接关系到并购成本的高低和交易的成败。我国企业并购中，以股份支付为主。2008 年 12 月，政府出台《商业银行并购风险管理指引》，对并购融资工具进行创新，允许符合条件的商业银行开办并购贷款业务。

为加快调整与优化产业结构，促进企业兼并重组，《若干意见》中提出"允许商业银行对境内外企业发放并购贷款；研究完善企业并购税收政策,积极推动企业兼并重组;发挥债券市场避险功能,稳步推进债券市场交易工具和相关金融产品创新"。

三 消除企业兼并重组的制度障碍

为深入贯彻落实科学发展观,切实加快经济发展方式转变和结构调整,提高发展质量和效益,进一步加快调整优化产业结构,促进企业兼并重组,提高产业集中度,2010年国务院印发了《国务院关于促进企业兼并重组的意见》(以下简称《重组意见》)。

《重组意见》从清理限制跨地区兼并重组的规定、理顺地区间利益分配关系、放宽民营资本的市场准入三个方面消除企业兼并重组的制度障碍。比如,"要认真清理废止各种不利于企业兼并重组和妨碍公平竞争的规定,尤其要坚决取消各地区自行出台的限制外地企业对本地企业实施兼并重组的规定";"地区间可根据企业资产规模和盈利能力,签订企业兼并重组后的财税利益分成协议,妥善解决企业兼并重组后工业增加值等统计数据的归属问题,实现企业兼并重组成果共享";"切实向民营资本开放法律法规未禁入的行业和领域,并放宽在股权比例等方面的限制。加快垄断行业改革,鼓励民营资本通过兼并重组等方式进入垄断行业的竞争性业务领域,支持民营资本进入基础设施、公共事业、金融服务和社会事业相关领域"。

四 加强对企业兼并重组的引导和政策扶持

《重组意见》提出,要通过落实税收优惠政策、加强财政资金投入、加大金融支持力度、支持企业自主创新和技术进步、充分发挥资本市场推动企业重组的作用、完善相关土地管理政策、妥善解决债权债务和职工安置问题、深化企业体制改革和管理创新，加强对企业兼并重组的引导和政策扶持。《重组意见》的出台，成为资产重组加速的催化剂，推动优势企业实施强强联合、跨地区兼并重组，提高产业集中度，形成规范有序的市场格局。

财税支持上，《重组意见》提出，"研究完善支持企业兼并重组的财税政策，对企业兼并重组涉及的资产评估增值、债务重组收益、土地房屋权属转移等给予税收优惠"。金融支持上，《重组意见》提出，"商业银行要积极稳妥开展并购贷款业务，扩大贷款规模，合理确定贷款期限。鼓励商业银行对兼并重组后的企业实行综合授信，鼓励证券公司、资产管理公司、股权投资基金以及产业投资基金等参与企业兼并重组，并向企业提供直接投资、委托贷款、过桥贷款等融资支持。积极探索设立专门的并购基金等兼并重组融资新模式，完善股权投资退出机制，吸引社会资金参与企业兼并重组"。

为解决企业在兼并重组过程中面临的审批多、融资难、负担重、服务体系不健全、体制机制不完善、跨地区跨所有制等问题，2014年，国务院印发《关于进一步优化企业兼并重组市场环境的意见》，从加快推进审批制度改革、改善金融服务、落实和完善财税政策等七个方面的政策措施，为解决突出矛盾和问题提供了政策保障。

五 完善银行并购贷款业务

为完善企业兼并重组金融服务，银监会对2008年出台的《商业银行并购贷款风险管理指引》（《旧指引》）进行了修订，并于2015年2月10日正式出台修订后的《商业银行并购贷款风险管理指引》

(《新指引》)。《新指引》从放宽贷款人的主体限制、延长并购贷款期限、提高并购贷款比例、调整并购贷款担保要求四个方面对并购贷款条件进行修订。它的出台有助于贷款人与并购方达成更多并购贷款交易,实现并购融资工具的创新,进而极大推动并购市场发展。

◈ 第二节 规范并购的政策

在政策激励和企业规模扩张诉求加大的双重刺激下,我国房地产企业的并购规模飞速扩张,商业银行投向房地产业务及土地项目的并购贷款随之快速增长,导致房地产相关并购贷款占比过高。这与我国审慎发展并购贷款、支持优化产业结构的政策导向不符。因此,为拨正政策导向,对并购重组降温,政府出台一系列政策加强对并购重组的监管。

一 遏制上市公司盲目并购重组

2016年6月,证监会公布了几项有关并购重组的重磅举措,分别为修改了《上市公司重大资产重组管理办法》,发布了《关于上市公司业绩补偿承诺的相关问题与解答》和《关于上市公司发行股份购买资产同时募集配套资金的相关问题与解答》。加之随后发布的《关于上市公司重大资产重组前发生业绩"变脸"或本次重组存在拟置出资产情形的相关问题与解答》,四项政策的出台迅速为并购重组市场奠定严监管的基调。"借壳"上市作为并购重组的典型方式,具有成本低、上市进程短、上市手续简便等优点,从而成为许多房地产企业青睐的融资途径。2016年9月，取消借壳上市配套融资，并在2017年扩大限制范围，上市公司并购重组进入政策收缩期。同时，为遏制上市公司盲目并购重组，证监会针对重组设定了总资产、净资产、营业收入、净利润等多项指标要求。上市公司并购重组进入政策收缩期。

2017年2月17日，证监会对《上市公司非公开发行股票实施细则》部分条件进行修订，同时发布《发行监管问答——关于引导规范上市公司融资行为的监管要求》，首次提出18个月的再融资间隔期要求。证监会发布《证券期货经营机构私募资产管理计划备案管理规范第4号》，禁止私募产品进驻16个房价上涨的过快区域，《发行监管问答——关于引导规范上市公司融资行为的监管要求》更是以定增20%的限制和18个月融资间隔击中房地产企业融资的"七寸"。期望通过"借壳上市"大规模融资，以及在"资产荒"背景下加码地产投资的企业并购行为受到政策限制。

二 严格监管并购重组市场

为提高并购重组效率，打击限制"忽悠式""跟风式"重组，增加交易的确定性和透明度，规范重组上市，2017年9月22日，证监会公布《公开发行证券的公司信息披露内容与格式准则第26号——上市公司重大资产重组（2017年修订）》。此次修订主要包含四个内容：一是简化重组预案披露内容，缩短停牌时间；二是限制、打击"忽悠式""跟风式"重组；三是明确"穿透"披露标准，提高交易透明度；四是配合《上市公司重大资产重组管理办法》修改，规范重组上市信息披露。本次修订有助于切实保护投资者合法权益，防止控股股东发布重组预案，抬高股价，趁机高位减持获利后再终止重组。为防范"杠杆融资"可能引发的相关风险，本次修订还对合伙企业等作为交易双方时的信息披露做了进一步细化。

三　规范银信类业务发展

为促进银信类业务健康发展，防范金融风险，2017年12月23日，银监会发布《关于规范银信类业务的通知》（银监发〔2017〕55号），对银信类业务进行规范，以应对近年来银信类业务增长较快、通道业务占比较高、局部风险积聚的现状。它共有10条，分别从商业银行和信托公司双方规范银信类业务，并提出加强银信类业务监管的要求。

《关于规范银信类业务的通知》的实施，有利于规范银信类业务，引导商业银行主动减少银信通道业务、信托公司回归信托本源。新政前，大部分信托公司的地产业务是通道型的债权资本。新政后，通道业务明显收缩，各大机构纷纷布局主动管理业务，有些信托机构开始搭建自身的财富端。银信类业务监管持续收紧，商业银行此类业务面临一定的调整压力。银信类业务约束力度增加，也使房地产资金趋紧。

第三节　引导并购的政策

随着宏观调控政策、信贷政策的持续收紧，房地产销售量价增速趋于稳定，市场和区域分化进一步显著。为进一步促进房地产业的结构优化，提升行业集中度，缩短管理半径，提升监管效率，化解不良资产，并购政策开始趋于宽松（见表9-1）。

表9-1 并购政策一览表

发布时间	发布部门	政策文件	政策内容
2008年	国务院	《国务院办公厅关于当前金融促进经济发展的若干意见》	支持有条件的企业利用资本市场开展兼并重组，促进上市公司行业整合和产业升级，减少审批环节，提升市场效率，不断提高上市公司竞争力；允许商业银行对境内外企业发放并购贷款，研究完善企业并购税收政策，积极推动企业兼并重组；开展房地产信托投资基金试点，拓宽房地产企业融资渠道。发挥债券市场避险功能，稳步推进债券市场交易工具和相关金融产品创新，开展项目收益债券试点
2008年	银监会	《商业银行并购贷款风险管理指引》	对并购融资工具进行创新，允许符合条件的商业银行开办并购贷款业务
2010年	国务院	《国务院关于促进企业兼并重组的意见》	要求清理限制跨地区兼并重组的规定，理顺地区间利益分配关系，放宽民营资本的市场准入，以消除企业兼并重组的制度障碍；通过落实税收优惠政策、加强财政资金投入、加大金融支持力度、支持企业自主创新和技术进步、充分发挥资本市场推动企业重组的作用、完善相关土地管理政策、妥善解决债权债务和职工安置问题、深化企业体制改革和管理创新，加强对企业兼并重组的引导和政策扶持

续表

发布时间	发布部门	政策文件	政策内容
2014 年	国务院	《关于进一步优化企业兼并重组市场环境的意见》	针对企业兼并重组面临的突出矛盾和问题，提出 7 个解决措施：一是加快推进审批制度改革。系统梳理相关审批事项，缩小审批范围，取消下放部分审批事项，优化企业兼并重组审批流程，简化相关证照变更手续。二是改善金融服务。优化信贷融资服务，丰富企业兼并重组融资渠道和支付方式，完善资本市场，发挥资本市场作用。三是落实和完善财税政策。完善企业所得税、土地增值税政策，扩大特殊性税务处理政策的适用范围，落实增值税、营业税等优惠政策，加大财政资金投入。四是完善土地管理和职工安置政策。完善土地使用优惠政策，加快办理相关土地转让、变更等手续。做好兼并重组企业职工安置工作，对有效稳定职工队伍的企业给予稳定岗位补贴。五是加强产业政策引导。发挥产业政策作用，促进强强联合，鼓励跨国并购，加强重组整合。六是进一步加强服务和管理。推进服务体系建设，建立统计监测制度，规范企业兼并重组行为。七是健全企业兼并重组的体制机制。充分发挥市场机制作用，消除跨地区兼并重组障碍，放宽民营资本市场准入，深化国有企业改革

续表

发布时间	发布部门	政策文件	政策内容
2015年	银监会	《商业银行并购贷款风险管理指引》	对并购贷款条件进行修订：放宽贷款人的主体限制、延长并购贷款期限、提高并购贷款比例、调整并购贷款担保要求 对并购贷款风险防控进行修订：增加限额控制体系的报告义务、加强防控财务杠杆风险、加强防范虚假并购行为、加强完善并购贷款统计制度
2016年	证监会	《上市公司重大资产重组管理办法》	明确首次累计原则的累计期限为"上市公司自控制权发生变更之日起60个月内"；明确"上市公司控制权"的认定标准；增加对上市公司及原控股股东的合规性要求；取消重组上市的募集配套融资；延长股份锁定期；增加对规避重组上市的追责条款
2017年	证监会	《发行监管问答——关于引导规范上市公司融资行为的监管要求》	首次提出了18个月的再融资间隔期要求
2017年	证监会	《公开发行证券的公司信息披露内容与格式准则第26号——上市公司重大资产重组（2017年修订）》	一是简化重组预案披露内容，缩短停牌时间；二是限制、打击"忽悠式""跟风式"重组；三是明确"穿透"披露标准，提高交易透明度；四是配合《上市公司重大资产重组管理办法》修改，规范重组上市信息披露
2017年	银监会	《关于规范银信类业务的通知》	明确银信类业务及银信通道业务的定义，对银信类业务中商业银行的行为进行规范，同时规范银信类业务中信托公司的行为，加强银信类业务的监管

续表

发布时间	发布部门	政策文件	政策内容
2018年	上海银监局	《上海银监局关于规范开展并购贷款业务的通知》	要求开展并购贷款必须符合《新指引》规定的原则和条件,并购贷款用途应符合国家法律法规和相关政策,并购贷款投向房地产开发土地并购或房地产开发土地项目公司股权并购的,应按照穿透原则管理,严格遵守《中华人民共和国城市房地产管理法》等法律法规,拟并购土地项目应当完成在建工程开发投资总额的25%以上。对"四证不全"房地产项目不得发放任何形式的贷款,并购贷款不得投向未足额缴付土地出让金项目,不得用于变相置换土地出让金,防范关联企业借助虚假并购套取贷款资金,确保贷款资金不被挪用
2018年	证监会	《关于发行股份购买资产发行价格调整机制的相关问题与解答》	发行价格调整方案应当有利于保护股东权益,设置双向调整机制
2018年	证监会	《关于IPO被否企业作为标的资产参与上市公司重组交易的相关问题与解答》	放宽被否IPO企业借壳上市的周期,由3年缩短到6个月
2018年	证监会	《关于上市公司发行股份购买资产同时募集配套资金的相关问题与解答(2018年修订)》	放宽募集配套资金规模和用途限制,丰富上市公司控股股东、实际控制人及其一致行动人巩固控制权的手段,特别是《募集配套资金问答》中的第二、第三两个"但",实质上调整了"类借壳"的认定标准,为上市公司发行股份购买大体量资产留出更大的政策空间

续表

发布时间	发布部门	政策文件	政策内容
2018年	证监会	证监会公告	积极推进以定向可转债作为并购重组交易支付工具的试点，支持包括民营控股上市公司在内的各类企业通过并购重组做优做强
2018年	上交所和深交所	《停复牌业务指引（征求意见稿）》	上交所和深交所将仅允许以股份方式支付交易对价的重组申请停牌，且停牌时间不超过10个交易日
2019年	证监会	《上市公司重大资产重组管理办法（2019年修订)》	一是简化重组上市认定标准，取消"净利润"指标。二是将"累计首次原则"计算期间进一步缩短至36个月。三是允许符合国家战略的高新技术产业和战略性新兴产业相关资产在创业板重组上市，其他资产不得在创业板实施重组上市交易。创业板上市公司实施相关重大资产重组，应当符合《重组办法》第13条第2款第1项、第3项、第4项、第5项有关要求，所购买资产对应的经营实体应当是股份有限公司或者有限责任公司，且符合《首次公开发行股票并在创业板上市管理办法》规定的其他发行条件。四是恢复重组上市配套融资。五是丰富重大资产重组业绩补偿协议和承诺监管措施，加大问责力度。此外，明确科创板公司并购重组监管规则衔接安排，简化指定媒体披露要求

一 监管放宽

(一) 明确定价双向调整机制

为助力并购重组市场回暖，2018年9月，监管机构在《关于发行股份购买资产发行价格调整机制的相关问题与解答》中明确了定价双向调整机制。随后一个多月，证监会陆续发布7项问答或者政策文件修订，涉及内容从调价机制、经营性资产认定到小额快速审核和配套募集资金，甚至包括被否IPO企业借壳间隔期等。这一系列政策的发布，在一定程度上标志着并购重组市场将要重新迎来较为宽松的监管导向。

其中，数项文件放宽借壳和类借壳的监管。首先，《关于IPO被否企业作为标的资产参与上市公司重组交易的相关问题与解答》的政策中放宽被否IPO企业借壳上市的周期，由3年缩短至6个月。其次，在《关于上市公司发行股份购买资产同时募集配套资金的相关问题与解答（2018年修订）》中，证监会放宽类借壳的认定，进一步释放支持上市公司并购重组做优做强的积极信号，为上市公司发行股份购买大体量资产留出更大的政策空间。

此后，监管层在2018年10月连续出台四份"监管问答"：10月8日，推出小额快速审核机制，压缩符合条件的小额交易审核时间；10月12日，放宽对控制权变更的认定，加快不构成借壳的大额并购项目推进；10月19日，证监会进一步新增并购重组审核分道制豁免快速通道产业类型，涉及新一代信息技术、新材料、新能源等亟须加快整合、转型升级的产业并购事项，驶入高速道；10月20日，并购重组再迎利好，IPO被否企业筹划重组上市的间隔期从3年缩短为6

个月,并购重组政策持续松绑,借壳和大额并购开始升温。

(二)上市公司并购重组政策放松

为拓宽企业融资渠道,促进企业并购重组,2019年6月20日,证监会发布关于修订《上市公司重大资产重组管理办法》(以下简称《重组办法2019》)的征求意见,拟取消重组上市认定标准中的"净利润"指标、缩短"累计首次原则"计算期、解禁创业板上市公司重组上市以及恢复重组上市配套融资等。政策的落实,有助于部分房企收购上市平台(即"壳公司"),进而达到上市或者回归A股的目的,拓宽企业融资渠道,提高企业品牌影响力。

《重组办法2019》不仅取消了重组上市认定标准中的"净利润"指标,还缩短了借壳的时间限制,为需要融资的上市公司提供了融资渠道,也为促进并购市场升温提供保障。2019年10月18日,《关于修改〈上市公司重大资产重组管理办法〉的决定》正式发布。发布一周内,A股上市公司宣布211份并购重组案例,较前一周增长12.23%,合计交易金额818.91亿元,较前一周增长43.17%。上市公司并购重组正在升温。

二 融资松绑

(一)推进定向可转债作为并购重组交易支付工具

为丰富并购重组的支付方式,提振并购市场,2018年11月1日,证监会发布公告称,将结合企业具体情况,积极推进以定向可转债作为并购重组交易支付工具的试点,支持包括民营控股上市公司在内的各类企业通过并购重组做优做强。

上市公司在并购重组中定向发行可转换债券作为支付工具，有利于增加并购交易谈判弹性，有效缓解上市公司现金压力及大股东股权稀释风险，丰富并购重组融资渠道。

（二）上市公司并购重组再融资松绑

为拓宽上市公司融资渠道，2018年10月以来，证监会密集修订再融资规则，相继推出"小额快速"并购审核机制、一项并购重组"松绑"措施、两份关于再融资审核的财务知识问答文件，将IPO被否企业筹划重组上市的间隔期从3年缩短为6个月，并发布了修订后的《监管问答》，进一步放宽定增募资用途以及再融资时间间隔，对再融资松绑。

通过优化并购重组制度，破除重组上市障碍，降低制度交易成本，能够为资本市场"堰塞湖"提供有效的退出机制，并以常态化并购重组为优质资产打开上市通道，为上市公司提质增效提供资金，提升企业发展内生动力，充分发挥资本市场资源配置、缓释风险的作用，激发市场活力，提高投资者信心。

◇ 第四节 房地产企业并购政策需求

正如前文所述，我国房地产并购市场发展受相关政策影响较大。这对各级政府如何通过出台和修订以及完善房地产并购相关政策来鼓励、规范、引导房地产业并购整合提出更高要求。随着房地产企业并购市场的逐步扩张，政府应多视角、多维度地对房地产企业并购进行层层把关，充分运用市场化手段尤其是资本市场主导下的市场化企业并购，促进我国房地产市场并购的健康、有序发展。

一　完善房地产市场并购的审批制度

完善房地产市场并购的审批制度，主要包括并购前审批和并购中监管。并购前要对拟实施并购的企业进行多维度测评，考察其经营实力、盈利能力、资金状况、融资能力等，确保其有完成并购的规模和实力。并购过程中要保持严密监管，杜绝损害利益相关者合法权益现象的发生，防止出现各类违法违规交易，确保并购交易的公开透明。

二　进一步完善房地产企业并购相关的法律法规

企业并购属于产权交易，涉及的经济主体较多，相关法律、经济关系错综复杂。在并购过程中，与产权交易方式、并购支付方式有关的法律问题也非常专业和细致。我国关于企业并购的法律、法规虽较多，但尚未形成完整体系，且缺乏结合房地产行业特点的相关制度。在当前房地产市场并购越发频繁的大背景下，政府要为企业并购整合创造制度环境，如进一步完善企业经营管理体制，建立各类产权登记制度，在明细产权的基础上，保证并购主体的自主权和决策权，同时限制并购规模和恶意并购，防止投机行为的发生等。

三　明确政府在房地产企业并购中的定位和边界

近年来，随着房地产市场改革的持续深化，政府需要在房地产企业并购中明确自身定位，既要做好政策制定者，制定和完善合理有效的政策法规，提供坚实的法律基础设施建设，也要引导并落实市场化的理念，尽可能减少对房地产企业并购的行政干预，充分调动和发挥市场主体的积极性与创造性，以促进房地产市场以及房地产企业并购更加良好、有序地发展。

  政府规范和引导房地产企业并购活动，对于房地产行业整合具有重要意义，要着力培育市场环境，帮助行业整合顺利实现，并在方向出现偏误时及时纠偏。政府应建立市场经济秩序和专业市场，为行业整合提供信息、渠道和平台，培育和发展资本市场，积极促进产权流动，提高资产的流动性和变现能力，从而促进社会资源高效配置，优化市场结构。房地产并购政策是市场发展的助力和舵手，保证房地产并购市场朝着正确的方向前进，促进房地产市场稳定、健康、可持续发展。

第十章

房地产企业并购的金融支持

房地产行业是典型的资金密集型行业,开展收并购活动需要大量的资金投入。企业自有资金通常难以满足全部资金需求,外部融资成为房地产企业大规模战略性并购的主要依托。因此,金融支持对于房地产企业并购重组至关重要。

◇ 第一节 房地产企业并购的金融支持方式

房地产企业并购的金融支持方式以债权融资工具为主,股权融资工具及混合融资工具为辅。其中,并购贷款、并购债券及并购基金是直接服务于并购活动的专项融资工具。就融资规模及融资难度而言,并购贷款是目前满足房地产企业并购融资至关重要的融资工具,并购债券及并购基金也具有良好的发展前景。其他债权、股权或混合类一般融资工具也可通过"优化财务结构、补充流动资金"的方式实现企业整体融资,所得资金亦可用于并购活动。具体融资工具及其分类详见表10-1。

表10-1　　　　　　房地产企业并购融资工具分类

分类	细分	具体内容
并购融资工具	债权融资	并购贷款
		并购重组私募债券
	混合融资	并购基金
一般融资工具	债权融资	公司债券
		企业债券
		中期票据
		短期融资券
		企业资产支持证券
		海外债券
	股权融资	首次公开募股（IPO）
		股权再融资（SEO）
	混合融资	资产管理计划

土地资源是驱动房地产企业参与并购活动的首要因素。主并企业实施并购，旨在获得优质土地资源，迅速开拓区域市场或细分市场；标的企业或项目通常以盘活资产、获取品牌效应、获得土地开发融资为目的出售部分股权或资产。因而，并购活动资金最终大多流向房地产开发投资。

根据国家统计局公布的数据，近年来，外资在房地产开发投资资金来源中占比较小且呈下降趋势；定金及预收款、个人按揭贷款约占一半；自筹资金占比呈下降态势，2019年占比为32%，其中自筹资金由股权或混合融资工具提供；国内贷款总量基本在15%—16%，银行贷款占比降低，非银行金融机构贷款占比提升。在各类资金来源中，除自有资金、定金及预收款外，近六成房地产开发投资资金来源于资本市场（见图10-1）。

企业选择融资工具时须考虑融资规模、使用期限、资金成本及监

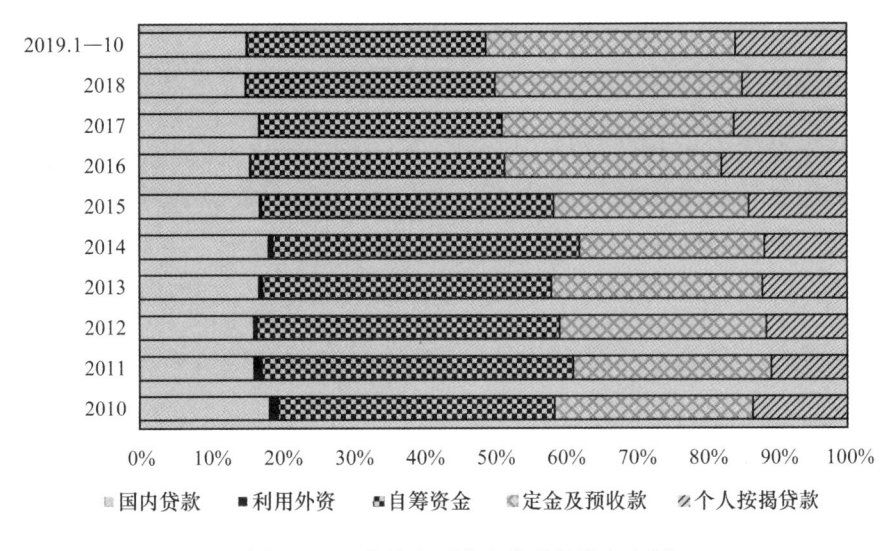

图 10-1　房地产开发企业到位资金来源

资料来源：Wind 数据库，课题组整理。

管限制等因素，债权融资及股权融资工具在上述因素中具有互补特性。贷款及债券是典型的金融债权融资工具，构成企业负债，其优势在于融资成本低、利息具有税盾作用、可避免企业控制权流失，但对企业融资能力、合规资质的审查及监管较为严格。融资导致企业杠杆率提升，限制条款约束增加，具有按期还本付息的压力。同时，金融机构作为债权人一般承担较低风险，不参与企业经营管理，对资金运用没有决策权，可实施定期监管。股权融资构成企业所有者权益，充足自有资本，增加偿债能力，资金具有长期性，不存在到期还本、定期付息的压力，但是它会导致原有股东股权稀释。在当前调控导向下，房地产企业公开募股难度较大，定向增发是主要的股权融资方式。金融机构作为股东，可依据权益份额对企业实施管理控制，并以红利形式分得企业利润。混合融资通过多种金融产品的结构化组合，以债权、股权或债股结合方式为企业提供资金，兼具两类融资方式的特征。目前，金融监管趋严，混合融资工具成为乱象整治的重点，融资规模受限。

近十年来，随着宏观调控、产业政策及金融监管不断变化，房地产企业融资经历了公开募股、混合融资、定增募股、债券融资及信贷融资为主导的五个阶段。2010年以来，在坚决遏制部分城市房价过快上涨的调控导向下，房地产企业融资难度持续增加，土地资源及金融资本逐渐向头部企业聚拢，随着房地产企业并购活动常态化，逐渐形成以债权工具为主、股权及混合工具为辅的并购融资格局。

一 并购融资工具

（一）并购贷款是房地产企业并购的重要融资工具

并购贷款是满足房地产企业并购融资最重要的金融工具之一。并购贷款针对的并购交易是指境内并购方企业通过受让现有股权、认购新增股权，或收购资产、承接债务等方式，以实现合并或实际控制已设立并持续经营的目标企业或资产的交易行为。并购可由并购方通过其专门设立的无其他业务经营活动的全资或控股子公司进行。符合开办并购贷款业务条件的商业银行，向并购方或其子公司发放的、用于支付并购交易价款和费用的本外币贷款即为并购贷款。并购贷款融资结构如图10-2所示。

过去十余年来，并购贷款得到稳定、快速的发展，在世界各国公司并购中持续发挥重要作用。当前，我国经济进入新常态，经济结构调整逐步深入，在供给侧改革及"脱虚向实"的大背景下，房地产企业并购重组日趋活跃。并购贷款为房地产企业并购活动提供大量融资支持，相关金融监管政策随即出台，监管力度日趋严格。表10-2中列示了主要的监管政策。

第十章 房地产企业并购的金融支持

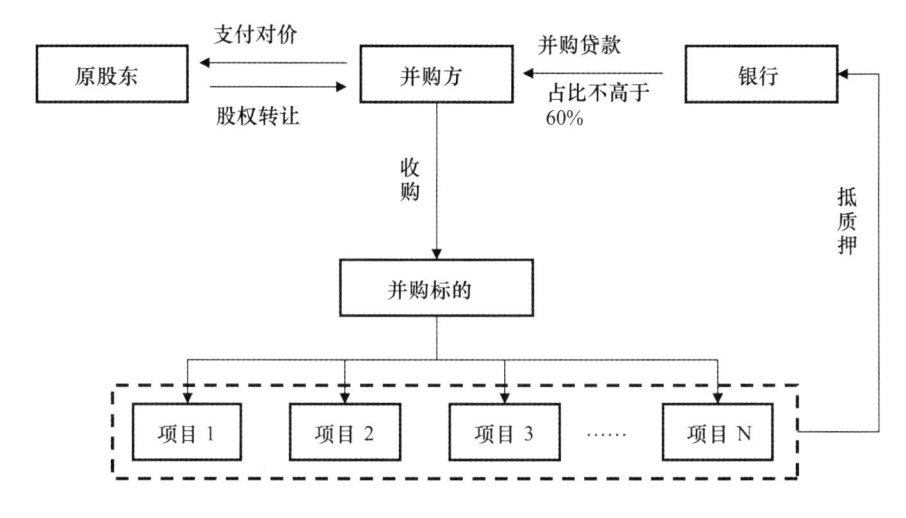

图 10 – 2　并购贷款融资结构

（图示：原股东 ←支付对价/股权转让→ 并购方 ←并购贷款（占比不高于60%）— 银行；并购方收购并购标的（项目1、项目2、项目3……项目N）；项目抵质押给银行）

表 10 – 2　　　　　　　　　并购贷款相关政策梳理

时间	文件	相关内容	政策方向
2002.8	《关于加强房地产市场宏观调控促进房地产市场健康发展的若干意见》（建住房〔2002〕217号）	对未取得土地使用权证书、建设用地规划许可证、建设工程规划许可证和施工许可证的项目，不得发放任何形式贷款	房地产抑制
2003.6	《中国人民银行关于进一步加强房地产信贷业务管理的通知》（银发〔2003〕121号）	房地产开发企业申请银行贷款，其自有资金应不低于开发项目总投资的30%	房地产抑制
2007.9	《关于加强商业性房地产信贷管理的通知》（银发〔2007〕359号）	商业银行不得对查实具有囤积土地、囤积房源行为的房地产开发企业发放贷款；对空置3年以上的商品房，商业银行不得接受其作为贷款的抵押物；商业银行对房地产开发企业发放的贷款只能通过房地产开发贷款科目发放，严禁以房地产开发流动资金贷款或其他贷款科目发放；商业银行不得向房地产开发企业发放专门用于缴交土地出让金的贷款	房地产抑制

续表

时间	文件	相关内容	政策方向
2008.12	《商业银行并购贷款风险管理指引》（银监发〔2008〕84号）	允许符合条件的商业银行开办并购贷款业务，规范商业银行并购贷款经营行为	规范并购贷款
2015.3	《商业银行并购贷款风险管理指引》（银监发〔2015〕5号）	适度延长并购贷款期限；提高并购贷款比例；调整并购贷款担保要求	全行业促进
2015.9	《关于调整和完善固定资产投资项目资本金制度的通知》（国发〔2015〕51号）	下调房地产开发项目最低资本金比例，保障性住房和普通商品住房项目维持20%不变，其他项目由30%调整为25%	房地产部分促进
2017.4	《中国银监会关于银行业风险防控工作的指导意见》（银监发〔2017〕6号）	分类实施房地产信贷调控；强化房地产风险管控；加强房地产押品管理；加强房地产业务合规性管理，严禁资金违规流入房地产领域	房地产抑制
2017.12	《关于规范银信类业务的通知》（银监发〔2017〕55号）	商业银行和信托公司开展银信类业务，应贯彻落实国家宏观调控政策，遵守相关法律法规，不得将信托资金违规投向房地产、地方政府融资平台、股票市场、产能过剩等限制或禁止领域	房地产抑制
2018.1	《关于进一步深化整治银行业市场乱象的通知》（银监发〔2018〕4号）	突出整治重点包括：违反房地产行业政策，直接或变相为房地产企业支付土地购置费用提供各类表内外融资，或以自身信用提供支持或通道；向"四证"不全、资本金未足额到位的商业性房地产开发项目提供融资	房地产抑制

续表

时间	文件	相关内容	政策方向
2018.1	《关于规范开展并购贷款业务的通知》(沪银监通〔2018〕4号)	并购贷款投向房地产开发土地并购或房地产开发土地项目公司股权并购的，应按照穿透原则管理，严格遵守《中华人民共和国城市房地产管理法》等法律法规，拟并购土地项目应当完成在建工程开发投资总额的25%以上；不得用于变相置换土地出让金，防范关联企业借助虚假并购套取贷款资金，确保贷款资金不被挪用；并购贷款也需要满足"四三二"条件	房地产抑制
2018.6	《关于印发银行业金融机构联合授信管理办法（试行）的通知》(银保监发〔2018〕24号)	对在3家以上银行业金融机构有融资余额，且融资余额合计在50亿元以上的企业，银行业金融机构应建立联合授信机制	全行业抑制
2019.5	《关于开展"巩固治乱象成果促进合规建设"工作的通知》(银保监发〔2019〕23号)	银行机构及其他非银行领域，需要满足房地产融资的"四三二"或"四二二"条件	房地产抑制

为贯彻落实《国务院关于进一步优化企业兼并重组市场环境的意见》（国发〔2014〕14号），以市场化方式促进我国经济结构调整、化解产能过剩，优化产业结构，为经济增长方式转变提供有力的金融支持，完善企业兼并重组金融服务，更好促进企业兼并重组，原中国银监会对《商业银行并购贷款风险管理指引》（银监发〔2008〕84号）进行修订，并于2015年3月12日发布《商业银行并购贷款风险

管理指引》（银监发〔2015〕5号）。这是指导金融机构开展并购贷款业务的重要制度，从金融机构、借款企业及贷款合同三个层面详细规定了并购贷款申请及发放要求，其中的重要细则详见表10-3。

表10-3　　　　　　　　商业银行并购贷款管理具体规定

类别		细则
商业银行层面	基本原则	1. 遵循依法合规、审慎经营、风险可控、商业可持续的原则； 2. 制定并购贷款业务发展策略时，充分考虑国家产业、土地、环保等相关政策，明确发展并购贷款业务的目标、客户范围、风险承受限额及其主要风险特征，合理满足企业兼并重组融资需求
	开办条件	1. 有健全的风险管理和有效的内控机制； 2. 资本充足率不低于10%； 3. 其他各项监管指标符合监管要求； 4. 有并购贷款尽职调查和风险评估的专业团队
	风险管理	1. 全部并购贷款余额占同期本行一级资本净额的比例不应超过50%； 2. 对单一借款人的并购贷款余额占同期本行一级资本净额的比例不应超过5%
申请企业层面	基本条件	1. 并购方依法合规经营，信用状况良好，没有信贷违约、逃废银行债务等不良记录； 2. 并购交易合法合规，涉及国家产业政策、行业准入、反垄断、国有资产转让等事项的，应按相关法律法规和政策要求，取得有关方面的批准和履行相关手续； 3. 并购方与目标企业之间具有较高的产业相关度或战略相关性，并购方通过并购能够获得目标企业的研发能力、关键技术与工艺、商标、特许权、供应或分销网络等战略性资源，以提高其核心竞争能力

续表

类别		细则
贷款层面	风险评估	1. 全面分析战略风险、法律与合规风险、整合风险、经营风险以及财务风险等与并购有关的各项风险； 2. 涉及跨境交易的，还应分析国别风险、汇率风险和资金过境风险等
	基本要求	1. 并购交易价款中，并购贷款所占比例不应高于60%； 2. 并购贷款期限一般不超过七年
	担保要求	1. 原则上应要求借款人提供充足的能够覆盖并购贷款风险的担保，包括但不限于资产抵押、股权质押、第三方保证，以及符合法律规定的其他形式的担保； 2. 以目标企业股权质押时，商业银行应采用更为审慎的方法评估其股权价值和确定质押率
	合同设计	1. 根据并购贷款风险评估结果，审慎确定借款合同中贷款金额、期限、利率、分期还款计划、担保方式等基本条款的内容； 2. 保护贷款人利益的关键条款，包括但不限于对借款人或并购后企业重要财务指标的约束性条款、对借款人特定情形下获得的额外现金流用于提前还款的强制性条款、对借款人或并购后企业的主要或专用账户的监控条款、确保贷款人对重大事项知情权或认可权的借款人承诺条款； 3. 提款条件应至少包括并购方自筹资金已足额到位和并购合规性条件已满足等内容

资料来源：整理自《商业银行并购贷款风险管理指引》（银监发〔2015〕5号）。

案例10-1 房地产行业首笔并购贷款

2009年3月，兴业银行北京分行、北京产权交易所及北京市华远置业有限公司三方签订"开发并购贷款合作框架协议"。兴业银行向北京置业提供第一笔6亿元并购贷款，北京置业将启用其中1亿元收购长沙项目公司股权。此笔并购贷款是自《商业银行并购贷款风险管理指引》（银监发〔2008〕84号）发布以来，商业银行首次向房地产企业并购项目发放的并购贷款。

对于房地产企业，其并购活动大多发生在房地产开发项目层面，或以土地作为核心标的资产。为了防止并购贷款成为房地产企业变相融资途径，原银监会及上海市银监局先后发布《关于规范银信类业务的通知》（银监发〔2017〕55号）、《关于规范开展并购贷款业务的通知》（沪银监通〔2018〕4号），强调商业银行和信托公司开展银信类业务不得将资金违规投向房地产等限制或禁止领域，并购贷款投向房地产开发土地并购或房地产开发土地项目公司股权并购的，应按照穿透原则，符合房地产融资"四三二"条件，同时满足《中华人民共和国城市房地产管理法》第39条规定："以出让方式取得土地使用权的，转让房地产时，应当符合下列条件：（一）按照出让合同约定已经支付全部土地使用权出让金，并取得土地使用权证书；（二）按照出让合同约定进行投资开发，属于房屋建设工程的，完成开发投资总额的百分之二十五以上，属于成片开发土地的，形成工业用地或者其他建设用地条件。转让房地产时房屋已经建成的，还应当持有房屋所有权证书。"

并购贷款是房地产企业开展并购活动的主要融资工具。据不完全统计，2018年，我国房地产企业并购总额为1576亿元，依照并购贷款占比不高于60%的限制，银行机构最高可为房地产企业并购提供945亿元并购贷款。然而，在"穿透监管"的环境下，银行机构发放并购贷款的合规要求与发放开发贷款要求趋同，主并融资企业资质及底层标的资产属性直接决定房地产企业并购项目能否获得贷款审批，中小房企通过并购贷款满足并购融资需求的难度远大于头部企业。

(二) 并购债券支持优质企业战略并购

并购债券是直接服务于企业并购活动的公司债券,既可公开发行,也可私募融资。它主要支持战略性并购,为有实力的大型企业集团进行兼并重组和行业整合提供资金,支持市场前景好、有效益、有助于形成规模经济、推动技术进步及增加产品附加值的兼并重组,重点支持并购方与目标企业之间具有较高产业相关度的并购及资产、债务重组。2014年以来,并购债券逐渐兴起,企业发行并购债券可明确服务于并购活动,房地产企业并购融资渠道拓宽。

由于企业并购活动通常涉及商业机密,并购债券多以私募债券的形式出现。并购重组私募债券是指在中国境内注册的公司制法人为开展并购重组活动,在中国境内发行和转让,约定在一定期限还本付息的公司债券,它具有融资成本低、对担保不做硬性要求、适用范围广等优势。中国证券业协会对并购重组私募债券在报价系统的发行、转让业务进行自律管理,中证资本市场发展监测中心有限责任公司负责日常管理。我国并购重组私募债券起步较晚,相关监管政策梳理见表10-4。

表10-4 并购重组私募债券相关政策梳理

时间	文件	相关内容	政策方向
2014.11	《并购重组私募债券试点办法》(中证协发〔2014〕197号)	对并购重组私募债券发行与备案、转让、投资者适当性管理、信息披露、投资者权益保护、管理措施等的基本规定	起始
2014.11	《关于开展并购重组私募债券业务试点有关事项的通知》(上证发〔2014〕67号、深证会〔2014〕124号)	上交所、深交所关于开展并购重组私募债券业务试点的相关规定	起始

续表

时间	文件	相关内容	政策方向
2015.5	《关于发布〈上海证券交易所非公开发行公司债券业务管理暂行办法〉的通知》（上证发〔2015〕50号）、《关于发布〈深圳证券交易所非公开发行公司债券业务管理暂行办法〉的通知》（深证上〔2015〕240号）	并购重组私募债券发行管理遵从《暂行办法》，交易所接受非公开发行公司债券的挂牌转让申请，并确认是否符合挂牌条件，不再进行发行前备案，上证发〔2014〕67号文件、深证会〔2014〕124号文件废止	全行业强化监管
2015.8	《报价系统非公开发行公司债券业务指引》（中证报价发〔2015〕18号）	并购重组私募债券发行管理遵从《业务指引》，中证报价接受非公开发行公司债券的挂牌转让申请，并确认是否符合挂牌条件，不再进行发行前备案，中证协发〔2014〕197号文件废止	全行业强化监管
2018.12	《关于发布〈上海证券交易所非公开发行公司债券挂牌转让规则〉的通知》（上证发〔2018〕110号）、《关于发布〈深圳证券交易所非公开发行公司债券挂牌转让规则〉的通知》（深证上〔2018〕611号）	申报即纳入监管，强化债券信息披露监管、中介机构主体责任及投资者权益保护机制安排。沪深交易所对上证发〔2015〕50号文件及深证上〔2015〕240号文件废止	全行业强化监管

2014年11月5日，中国证券业协会发布《并购重组私募债券试点办法》（中证协发〔2014〕197号）。同日，沪深证券交易所分别发布了《上海证券交易所关于开展并购重组私募债券业务试点有关事项

的通知》和《深圳证券交易所关于开展并购重组私募债券业务试点有关事项的通知》,标志着并购重组私募债券试点工作正式启动。依据相关规定,并购重组私募债券的发行人是中国境内注册的有限责任公司或股份有限公司,试点期间暂不包括沪深交易所上市公司;发行利率不得超过同期银行贷款基准利率的4倍;募集资金用于支持并购重组活动,包括但不限于支付并购重组款项、偿还并购重组贷款等。

2015年,沪深交易所及中国证券业协会先后发布通知,规范机构间私募产品报价与服务系统业务开展,将并购重组私募债券纳入非公开发行公司债券业务统一管理。2018年,上交所、深交所在《非公开发行公司债券业务管理暂行办法》的基础上进行了修订,发布《非公开发行公司债券挂牌转让规则》(上证发〔2018〕110号、深证上〔2018〕611号),落实"申报即纳入监管"的理念,强化债券准入端监管,规范债券市场全流程管理,同时加强债券信息披露监管、中介机构主体责任及投资者权益保护机制安排。

并购债券仍然处在发展早期,相关监管政策持续完善,未来可能成为直接支持房地产企业并购活动的主要融资工具之一。目前,发行并购债券首先须保证并购交易的合法合规,在房地产行业融资趋紧的大背景下,房地产企业发行并购债券同样需要满足穿透监管的要求。

(三)并购基金灵活提供股权、债权融资

并购基金是指以收购被投企业为核心投资策略的私募股权投资基金。在国际市场上,创业投资基金和并购投资基金是私募股权基金的两大主流模式,前者表现为"增量资本供给,支持企业创建",后者表现为"存量股权受让，支持企业重建"。并购基金以股权投资为主，也可通过购买债券灵活为企业提供资金。

钜派研究院的研究显示，2003年弘毅投资的成立标志着本土并购基金的诞生，2010—2017年间并购基金在中国市场完成了1222起并购投资，披露投资金额的797起案例中，投资总额达到689.34亿元。Wind数据显示，2012—2015年，私募股权和创业投资基金参与房地产业的并购案例数量分别为123件、135件、172件，呈现逐年上升的趋势。目前，由于并购基金在我国市场发展时间较短，相关机制设计、监管要求还有待强化。相关政策梳理见表10-5。

表10-5　　　　并购重组私募债券相关政策梳理

时间	文件	相关内容	政策方向
2014.3	《国务院关于进一步优化企业兼并重组市场环境的意见》（国发〔2014〕14号）	鼓励证券公司开展兼并重组融资业务，各类财务投资主体可以通过设立股权投资基金、创业投资基金、产业投资基金、并购基金等形式参与兼并重组	并购重组促进
2014.8	《私募投资基金监督管理暂行办法》（证监会令〔2014〕105号）	私募基金财产的投资包括买卖股票、股权、债券、期货、期权、基金份额及投资合同约定的其他投资标的	起始
2014.10	《上市公司重大资产重组管理办法》（证监会令〔2014〕109号）	鼓励依法设立的并购基金、股权投资基金、创业投资基金、产业投资基金等投资机构参与上市公司并购重组	并购重组促进

续表

时间	文件	相关内容	政策方向
2018.10	《关于对参与上市公司并购重组纾解股权质押问题的私募基金提供备案"绿色通道"相关安排的通知》（中国证券投资基金业协会）	针对参与上市公司并购重组交易的私募基金和资产管理计划的新增产品备案申请，中基协将在材料齐备后2个工作日内完成备案并对外公示；针对已备案私募基金、资产管理计划因参与上市公司并购重组交易申请变更相关投资策略、投资范围等基金合同（合伙协议或基金公司章程）内容所提交的产品重大事项变更申请，协会将在材料齐备后2个工作日内完成基金重大事项变更手续	并购重组促进

2014年起，国务院及证监会先后发布《国务院关于进一步优化企业兼并重组市场环境的意见》（国发〔2014〕14号）、《上市公司重大资产重组管理办法》（证监会令〔2014〕109号），鼓励金融机构依法设立并购基金，参与并购重组。2018年，中国证券投资基金业协会为支持私募基金管理人和证券期货经营机构（含证券公司私募基金子公司）募集设立的私募基金和资产管理计划参与市场化、法治化并购重组，纾解上市公司股权质押问题，对符合条件的私募基金和资产管理计划特别提供产品备案及重大事项变更的"绿色通道"服务。

目前，由于我国监管政策对并购投资基金提供大力支持，本土并购基金发展迅速，KKR、黑石等国际并购基金也逐渐进入中国市场。相比国际并购市场上的并购基金，当前中国并购基金主要承担融资角色，未来几年或可能成为房地产企业并购融资的重要方式之一。随着中国并购市场机制逐步完善，并购基金的主要功能也将从融资转向投资。

二 一般融资工具

（一）债券市场及其他信贷资金

债券市场融资及通过供应链关系吸收其他贷款是房地产企业的重要融资渠道，所募资金多用于偿还临期债务或补足流动资金，从而间接满足房地产企业并购项目资金需求。

在债券融资方面，大型房地产企业可登陆国内外债券市场发行公司债券、企业债券或中期票据等证券实现融资，如图10-3[①]和图10-4所示。2014年以来，房地产企业债券市场融资数量及规模快速提升，2016年房地产企业发行公司债券实行分类监管，政策趋严，导致一般公司债、私募债融资规模下降，随后年度私募债发展迅猛，债券市场融资总量提升，但仍未超过2016年的规模。

1. 公司债券与企业债券

公司债券、企业债券是房地产企业债券市场融资的主要工具。根据《中华人民共和国公司法》第七章相关规定，公司债券是指中国境内设立的有限责任公司和股份有限公司依照法定程序发行、约定在一定期限还本付息的有价证券。企业发行公司债券应当符合《中华人民共和国证券法》规定的发行条件。根据《企业债券管理条例》相关

---

① 图10-3统计截止日期为2019年11月7日。

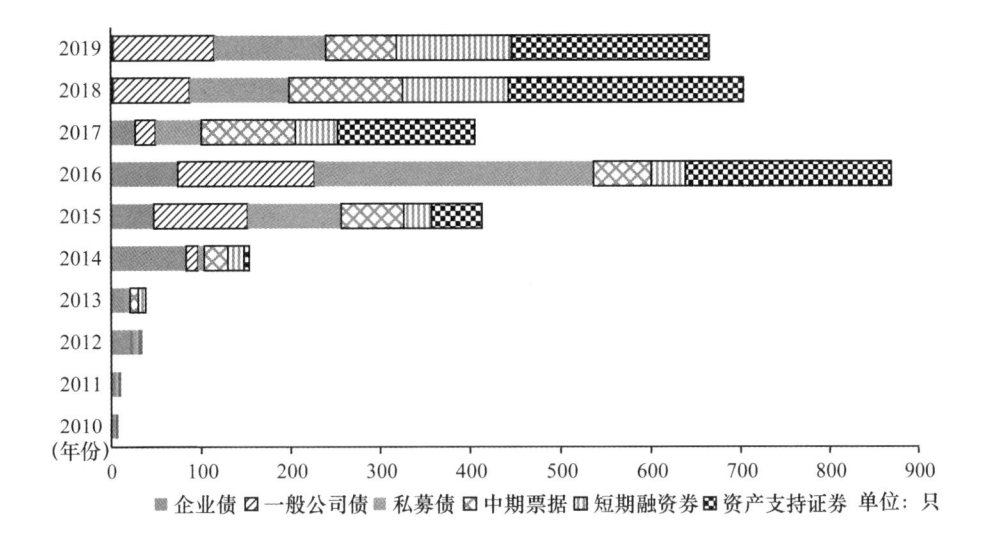

图 10-3 房地产企业债券市场融资数量

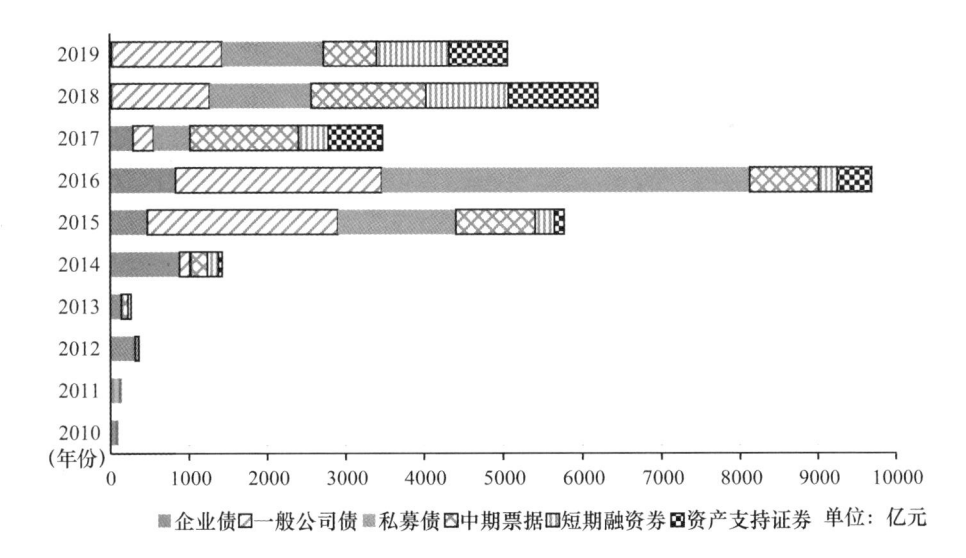

图 10-4 房地产企业债券市场融资规模

规定，中华人民共和国境内具有法人资格的企业在境内依照法定程序发行、约定在一定期限内还本付息的有价证券即为企业债券。企业债券的发行主体以中央政府部门所处机构、国有独资企业、国有控股企业为主。

公司债券与企业债券具有资本成本低、期限较长、发行额度较大的优势,可为房地产企业并购融资提供间接资金支持,但是债券审核及监管严格,对企业公司治理体系要求较高。近年来,债券发行的监管政策日益完善,房地产调控政策趋紧,房地产企业债券发行难度增加。重要政策梳理见表10-6。

表10-6 企业债、公司债相关政策梳理

时间	文件	相关内容	政策方向
2007.8	《公司债券发行试点办法》（证监令〔2015〕49号）	公司债券发行条件、发行程序、债券持有人权益保护及监督管理的试行办法	起始
2008.1	《关于推进企业债券市场发展、简化发行核准程序有关事项的通知》（发改财金〔2008〕7号）	企业公开发行企业债券应符合的条件及申请材料	全行业促进
2011.6	《关于利用债券融资支持保障性住房建设有关问题的通知》（发改办财金〔2011〕1388号）	地方政府投融资平台公司发行企业债券应优先用于保障性住房建设；支持符合条件的地方政府投融资平台公司和其他企业,通过发行企业债券进行保障性住房项目融资；企业债券募集资金用于保障性住房建设的,优先办理核准手续	房地产部分促进
2012.5	《上海证券交易所中小企业私募债券业务指引（试行）》（上证债字〔2012〕177号）	中小企业私募债发行人不属于房地产企业和金融企业	房地产抑制

续表

时间	文件	相关内容	政策方向
2013.4	《关于进一步改进企业债券发行审核工作的通知》（发改办财金〔2013〕957号）	对企业债券发行申请，按照"加快和简化审核类""从严审核类"以及"适当控制规模和节奏类"三种情况进行分类管理	全行业促进
2014.7	《关于进一步加强棚户区改造工作的通知》（国办发〔2014〕36号）	推进债券创新，支持承担棚户区改造项目的企业发行债券，优化棚户区改造债券品种方案设计，研究推出棚户区改造项目收益债券；与开发性金融政策相衔接，扩大"债贷组合"用于棚户区改造范围；适当放宽企业债券发行条件，支持国有大中型企业发债用于棚户区改造	房地产部分促进
2015.1	《公司债发行与交易管理办法》（证监令〔2015〕113号）	扩大发行主体范围，明确债券发行种类，丰富债券发行方式，增加债券交易场所，简化发行审核流程，加强债券市场监管，强化持有人权益保护	全行业强化监管
2016.10	《关于试行房地产、产能过剩行业公司债券分类监管的函》（上证函〔2016〕、深证函〔2016〕713号）	房地产企业公司债券发行审核采取"基础范围+综合指标评价"的分类监管标准	房地产抑制
2016.11	发改委《关于企业债券审核落实房地产调控政策的意见》	严格限制房地产开发企业发行企业债券融资，用于商业性房地产项目（用于保障性住房、棚户区改造、安置性住房项目除外）；继续支持各类企业发行企业债用于保障性住房和棚户区改造项目；对一般安置性住房建设项目，按照去库存、惠民生的总体原则，分类对待、因城施策	房地产总体抑制部分促进

续表

时间	文件	相关内容	政策方向
2018.2	《关于进一步增强企业债券服务实体经济能力 严格防范地方债务风险的通知》（发改办财金〔2018〕194号）	申报企业应当实现业务市场化、实体化运营，依法合规开展市场化融资，并充分论证、科学决策利用债券资金支持投资项目建设的必要性、可行性和经济性；严禁申报企业以各种名义要求或接受地方政府及其所属部门为其市场化融资行为提供担保或承担偿债责任	房地产抑制
2018.12	《关于支持优质企业直接融资 进一步增强企业债券服务实体经济能力的通知》（发改财金〔2018〕1806号）	"负面清单"中包括禁止将债券募集资金投向房地产领域	房地产抑制

国内市场债券发行方面，2012年之前，企业债券发行处于起步阶段，监管政策尚不完善，房地产企业发行企业债券的唯一用途是进行保障性住房项目融资。2013年起，企业债券发行审核程序逐步简化，发行主体范围逐步扩大，全国企业债券发行规模逐步提升。2014年7月，国务院办公厅发布《关于进一步加强棚户区改造工作的通知》（国办发〔2014〕36号），推进债券创新，扩大"债贷组合"，适当放宽企业债券发行条件，支持国有大中型企业发债用于棚户区改造，使得当年房地产企业债券发行规模快速提升。

2016年10月，上交所及深交所先后发布《关于试行房地产产能过剩行业公司债券分类监管的函》，对房地产企业发行公司债券实行"基础范围+综合指标评价"的分类监管标准，并规定房地产企业应合理审慎确定募集资金规模，明确募集资金用途及存续期披露安排。同时，监管函也明确了房地产企业的公司债券募集资金不得用于购置土地。随后，发改委发布《关于企业债券审核落实房地产调控政策的意见》，严格限制房地产开发企业发行企业债券，用于商业性房地产项目融资（用于保障性住房、棚户区改造、安置性住房项目除外）。2018 年 12 月，发改委发布《关于支持优质企业直接融资进一步增强企业债券服务实体经济能力的通知》（发改财金〔2018〕1806 号），房地产投资明确进入企业债券募集资金禁止投向的领域。

综上，2011—2016 年监管宽松，2016 年年末起政策趋紧，2017 年房地产企业债券融资规模急剧收缩，公司债券融资规模显著下降。在宏观调控及产业政策趋紧的环境下，房地产企业债券发行受到严格限制。目前，商业性房地产项目企业债券融资基本停滞，保障性住房和棚户区改造项目企业债券融资受到政策支持。未来，私募债将成为房地产企业债券融资的主流形式。

2. 中期票据与短期融资券

中期票据与短期融资券是重要的银行间债券市场非金融企业债务融资工具，是指具有法人资格的非金融企业在银行间债券市场发行的，约定在一定期限内还本付息的有价证券。根据《银行间债券市场非金融企业债务融资工具管理办法》（中国人民银行令〔2008〕第 1 号）、《银行间债券市场非金融企业短期融资券业务指引》（中国银行间市场交易商协会公告〔2008〕第 2 号）、《银行间债券市场非金融企业中期票据业务指引》（中国银行间市场交易商协会公告〔2008〕第 4 号）、《银行间债券市场非金融企业债务融资工具注册规则》（中国银行间市场交易商协会公告〔2016〕第 4 号）相关规定，企业发行短期融资券及中期票据须在中国银行间市场交易商协会进行注册。相比于公司债、企业债，短期融资券及中期票据具有发行周期短、规模小、频率高的共同特点，二者的主要差异在于债券期限：短期融资券期限在一年以内，中期票据期限多为3—5年。因而，后者与房地产企业生产周期更为匹配，前者投资于房地产具有更高的"短债长投"风险。

2014年以来，随着监管部门将银行间债券市场债务融资工具向房地产企业开闸，短期融资券及中期票据成为房地产企业债券市场融资的主要工具。2017年，由于监管部门收紧房地产企业发行企业债及公司债，作为替代性债务融资工具的短期融资券及中期票据发行规模迅速增加。目前，尚无针对房地产企业发行银行间债券市场债务融资工具的分类监管意见，但由于房地产并购融资多用于支持周期长、投资大的房地产开发项目，采用短期融资券及中期票据进行融资须重点关注因期限结构不匹配导致的流动性风险。

3. 资产支持证券

资产证券化是指以基础资产所产生的现金流为偿付支持，通过结构化等方式进行信用增级，在此基础上发行资产支持证券的业务活动。企业资产证券化的发起人包括所有企业，由中国证监会进行监管，在沪深交易所发行。企业资产支持证券主要依靠资产信用而非主体信用进行融资，要求资产权属清晰，可产生稳定的现金流，并被真实出售给特殊目的载体（SPV），与原始权益人破产隔离，同时可通过内部分层增信。近年来，资产支持证券快速发展，配套监管日益完善，相关政策梳理详见表10-7。

表10-7　　　　　　企业资产支持证券相关政策梳理

时间	文件	相关内容	政策方向
2013.3	《证券公司资产证券化业务管理规定》（证监会公告〔2013〕16号）	证券公司通过设立特殊目的载体（专项资产管理计划或者中国证监会认可的其他特殊目的载体）开展资产证券化业务的管理规定	起始

续表

时间	文件	相关内容	政策方向
2014.11	《证券公司及基金管理公司子公司资产证券化业务管理规定》（证监会公告〔2014〕49号）	统一以资产支持专项计划作为特殊目的载体开展资产证券化业务；将资产证券化业务管理人范围由证券公司扩展至基金管理公司子公司；取消事前行政审批，实行基金业协会事后备案和基础资产负面清单管理；强化重点环节监管，制定信息披露、尽职调查配套规则，强化对基础资产的真实性要求，以加强投资者保护	全行业监管强化
2014.11	《上海证券交易所资产证券化业务指引》（上证发〔2014〕80号）、《深圳证券交易所资产证券化业务指引》（深证会〔2014〕130号）	细化挂牌转让的原则性要求及申请流程，管理人应当在资产支持证券发行前依照指引要求确认是否符合挂牌转让条件，做好业务衔接；强化投资者适当性管理，明确合格投资者范围；明确资产支持证券发行和存续期间的信息披露要求，提高市场透明度；规范资产证券化各业务环节的风险控制措施及持续性义务，保护投资者合法权益；明确资产支持证券除可进行现货转让外，还可依据上交所相关规定进行质押式回购	全行业监管强化
2018.4	《关于推进住房租赁资产证券化相关工作的通知》（证监发〔2018〕30号）	明确住房租赁资产证券化业务的开展条件及其优先和重点支持领域；完善住房租赁资产证券化工作程序；加强住房租赁资产证券化监督管理；营造良好政策环境	房地产部分促进

2014年开始，企业资产证券化逐渐成为房地产企业债券市场融资的重要工具之一。随着房地产市场进入"存量房"时代，房地产企业运营模式将逐渐向"持有—运营"转变。2016年以来，发改委、住建部陆续出台政策鼓励住房租赁市场发展，党的十九大提出要加快建立多主体供给、多渠道保障、租购并举的住房制度，让全体人民住有所居。2018年，证监会及住建部联合发布《关于推进住房租赁资产证券化相关工作的通知》（证监发〔2018〕30号），支持专业化、机构化住房租赁企业发展，鼓励发行住房租赁资产证券化产品。

在我国，房地产资产证券化产品包括资产支持证券（ABS，如物业管理费ABS、购房尾款ABS、运营收益权ABS、供应链金融ABS）、住宅抵押贷款支持证券（RMBS）、商业房地产抵押贷款支持证券（CMBS）、房地产投资信托基金（类REITs，中国目前无REITs）和资产支持票据（ABN）等。根据CNABS统计数据，截至2019年第二季度末，房地产业在企业资产支持证券基础资产行业分类中位列第二，如表10-8所示。四类典型的房地产企业资产支持证券中，REITs及购房尾款ABS规模仍较小，存量CMBS规模在全部企业资产支持证券中占比超过10%，物业收入收益权ABS发行及存量最大，存量数量及金额占比均超过20%。此外，存量保险理财融资规模较大，占比为10.65%。

未来，在房地产企业公司债及企业债政策收紧、非标准结构化融资金融监管强化的背景下，标准化企业资产支持证券将规范化、规模化发展，对于房地产企业融资的重要性也将日益显著。

表10-8 房地产企业资产支持证券统计数据(截至2019年第二季度末)

产品分类	发行				存量			
	总单数		总金额		存续单数		存续金额	
	数量	占比(%)	金额(亿)	占比(%)	数量	占比(%)	金额(亿)	占比(%)
类REITs	51	2.19	1052.28	3.35	46	2.92	874.72	5.11
CMBS	71	3.05	1758.62	5.59	70	4.44	1724.63	10.08
购房尾款	67	2.88	937.69	2.98	54	3.42	719.6	4.21
物业收入收益权	448	19.24	4510.97	14.34	346	21.93	3546.91	20.73
保理融资	377	16.19	2752.35	8.75	276	17.49	1822.28	10.65

资料来源：CNABS，课题组整理。

4. 境外债

随着境内资本市场债券融资监管日趋严格，境外发债拓宽了房地产企业债券融资渠道，其重要性日益凸显。新加坡证券交易所及中国香港联交所是内地房企发行外债的主要市场，如图10-5所示。外债发行规模经历了2013—2014年及2017—2019年两个大幅增长阶段，与之对应的是2010年和2013年国务院两次对房地产市场进行调控、2013年出台《外债登记管理办法》及2016—2018年房地产企业国内债券发行政策收紧。

近年来，境内企业境外发债的监管政策逐步完善，相关政策梳理详见表10-9。2018年5月，发改委分析外债发行现状，指出境外发债主体结构有待进一步优化，地方城投公司评级整体较低，存在房地产企业境外发债规模增长较快等问题。基于此，《关于完善市场约束机制严格防范外债风险和地方债务风险的通知》(发改外资〔2018〕706号)出台，按照"控制总量、优化结构、服务实体、审慎推进、防范风险"的外债管理原则,健全本外币全口径外债和资本流动审慎管理框架体系,合理控制外债总量规模,优化外债结构,有效防范外债风险。引导规范房地产企业境外发债资金投向,房地产企业境外发债主要用于偿还到期债务,避免产生债务违约,限制房地产企业外债融资投资于境内外房地产项目、补充运营资金等,并要求企业提交资金用途承诺。内地房地产企业外债发行开始受限。

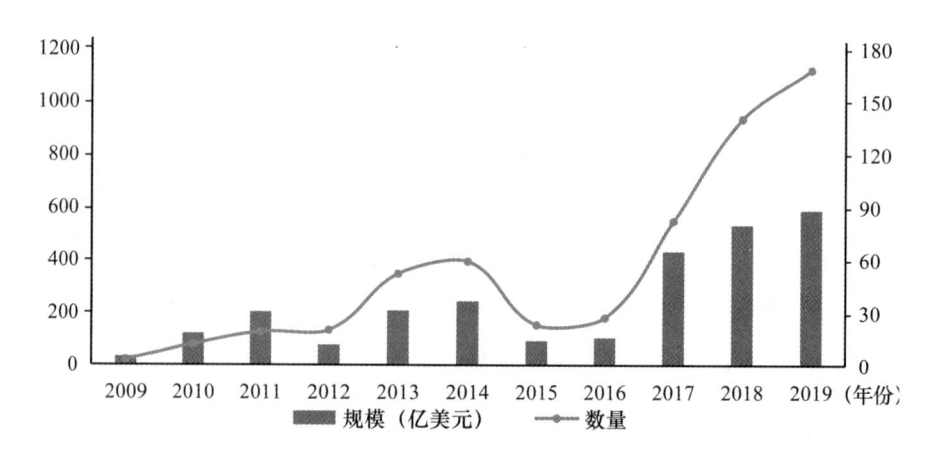

图 10-5　内地房地产企业海外债券发行

注:本图统计截止日期为 2019 年 11 月 6 日。

资料来源:Wind 数据库,课题组整理。

表 10-9　　　　　　　　　　外债相关政策梳理

时间	文件	相关内容	政策方向
2013.5	《外债登记管理办法》(汇发〔2013〕19号)	借用外债及办理外债登记的基本制度	起始
2015.9	《关于推进企业发行外债备案登记制管理改革的通知》(发改外资〔2015〕2044号)	取消企业发行外债的额度审批,改革创新外债管理方式,实行备案登记制管理	全行业促进

续表

时间	文件	相关内容	政策方向
2018.5	《关于完善市场约束机制严格防范外债风险和地方债务风险的通知》（发改外资〔2018〕706号）	紧密围绕推进供给侧结构性改革的方向，着力支持综合经济实力强、国际化经营水平高、风险防控机制健全的大型企业赴境外市场化融资，募集资金重点用于支持创新发展、绿色发展、战略性新兴产业、高端装备制造业以及"一带一路"建设和国际产能合作等	房地产抑制
2019.7	《关于对房地产企业发行外债申请备案登记有关要求的通知》（发改办外资〔2019〕778号）	房地产企业发行外债只能用于置换未来一年内到期的中长期境外债务	房地产抑制

2019年1月1日至7月9日，内地房地产企业发行外债数量117只，规模达431.75亿美元。7月9日，为了完善房地产企业发行外债备案登记管理，强化市场约束机制，防范房地产企业发行外债可能存在的风险，促进房地产市场平稳健康发展，国家发展改革委办公厅发布《关于对房地产企业发行外债申请备案登记有关要求的通知》（发改办外资〔2019〕778号），明确规定房地产企业发行外债只能用于置换未来一年内到期的中长期境外债务。7月10日至11月1日，内地房地产企业发行外债数量减少至51只，融资规模为157.10亿美元，融资成本出现较大幅度上升。未来，发行外债融资对房地产企业的资金支持受限。

5. 其他信贷资金

除了房地产开发贷款及并购贷款，房地产企业可通过与建筑企业、购房者形成业务关系间接实现信贷融资。根据国家统计局房地产开发资金来源的相关数据，近五年其他资金来源平均约占资金总量的45%，其中，定金及预收款、个人按揭贷款在其他资金来源中平均约占60%、30%。此外，各项应付款平均约占房地产开发资金来源总量的五分之一，供应链上下游为房地产企业提供了大量资金。近年来，相关信贷监管趋严，政策梳理详见表10-10。

表10-10　　　　　　　　其他信贷资金政策梳理

时间	文件	相关内容	政策方向
2016.11	《关于开展银行业金融机构房地产相关业务专项检查的紧急通知》（银监办便函〔2016〕1846号）	严格审查个人住房贷款及房地产开发贷款；加强个人消费贷款、个人经营性贷款、信用卡透支、房地产开发上下游企业贷款、理财资金、信托业务资金流向监控	房地产抑制
2017.3	《关于开展银行业"违法、违规、违章"行为专项治理的通知》（银监发办〔2017〕45号）	"三违反"突出领域治理，即信贷资金是否直接参与房地产炒作，是否在房地产开发贷款和按揭贷款中虚假、违规操作，包括：一是违规为房地产开发企业发放贷款用于支付土地出让金；二是违规为四证不全、资本金比例不到位项目发放房地产开发贷款；三是未严格实行房地产开发贷款封闭式管理规定导致贷款挪作他用；四是违规绕道、借道通过发放流动资金贷款、经营性物业贷款等为房地产开发企业提供融资；五是违规发放"首付贷"，违规融资给第三方用于支付首付贷、尾款，违规发放个人贷款用于购买住房；六是违规向未封顶楼盘发放个人住房按揭贷款，违规发放虚假个人住房按揭贷款，违规向"零首付"购房人发放住房按揭贷款。同业投资和理财投资非标资产是否严格比照自营贷款管理，对底层基础资产的投前调查是否尽职，投后管理是否到位，资金是否违规投向房地产以及国家法律、政策规定的限制性行业和领域	房地产抑制

续表

时间	文件	相关内容	政策方向
2017.3	《关于开展银行业"监管套利、空转套利、关联套利"专项治理的通知》（银监办发〔2017〕46号）	违反宏观调控政策套利检查范围包括：信贷资金是否借道建筑业或其他行业投向房地产和"两高一剩"行业领域；是否通过同业业务和理财业务或拆分为小额贷款等方式，向房地产和"两高一剩"等行业领域提供融资。违反或规避并表管理规定检查范围包括：是否存在利用境内外附属机构变相投资非上市企业股权、投资性房地产，或规避房地产、地方政府融资平台等限制性领域授信政策的情况；是否通过购买QDII产品等投资国内房地产企业在境外发行的债券	房地产抑制
2018.1	《关于进一步深化整治银行业市场乱象的通知》（银监发〔2018〕4号）	突出整治重点包括：违反房地产行业政策，直接或变相为房地产企业支付土地购置费用提供各类表内外融资，或以自身信用提供支持或通道；向"四证"不全、资本金未足额到位的商业性房地产开发项目提供融资；发放首付不合规的个人住房贷款；以充当筹资渠道或放款通道等方式，直接或间接为各类机构发放首付贷等行为提供便利；综合消费贷款、个人经营性贷款、信用卡透支等资金用于购房等	房地产抑制

受宏观调控的影响，未来几年将收紧信贷资金直接通过银行或借助信托等渠道进入房地产项目，收紧个人住房贷款条件、额度，提高

贷款利率，严控个人消费贷款、信用卡资金违规流入房地产市场，房地产企业通过供应链变相信贷融资监管持续增强。

（二）股权融资工具受调控政策限制

1. 首次公开募股（IPO）

首次公开募股（initial public offerings，IPO）即企业首次公开发行股票并上市，指依法设立且合法存续的股份有限公司根据《中华人民共和国公司法》《中华人民共和国证券法》《上市公司证券发行管理办法》及《首次公开发行股票并上市管理办法》相关规定，首次向社会公众公开招股的发行方式。

2010年和2013年，国务院先后发布《国务院关于坚决遏制部分城市房价过快上涨的通知》（国发〔2010〕10号）及《国务院办公厅关于继续做好房地产市场调控工作的通知》（国办发〔2013〕17号），要求证监部门暂停批准存在土地闲置及炒地行为的房地产开发企业上市、再融资和重大资产重组。房地产企业A股IPO基本停滞，具体政策内容详见表10-11。

表10-11　　　　房地产企业A股IPO相关政策梳理

时间	文件	相关内容	政策方向
2010.4	《国务院关于坚决遏制部分城市房价过快上涨的通知》（国发〔2010〕10号）	国土资源部门要加大专项整治和清理力度，严格依法查处土地闲置及炒地行为；对存在土地闲置及炒地行为的房地产开发企业，商业银行不得发放新开发项目贷款，证监部门暂停批准其上市、再融资和重大资产重组	房地产抑制

续表

时间	文件	相关内容	政策方向
2013.2	《国务院办公厅关于继续做好房地产市场调控工作的通知》（国办发〔2013〕17号）	对存在闲置土地和炒地、捂盘惜售、哄抬房价等违法违规行为的房地产开发企业，有关部门要建立联动机制，加大查处力度。国土资源部门要禁止其参加土地竞买，银行业金融机构不得发放新开发项目贷款，证券监管部门暂停批准其上市、再融资或重大资产重组，银行业监管部门要禁止其通过信托计划融资	房地产抑制

截至2019年，我国A股房地产上市公司共计124家，图10-6显示出其上市时间及上市方式。房地产企业A股IPO的数量在1993年达到峰值，当年全部A股上市的房地产企业均为首次公开募股，随后年度呈现下降趋势。2010年《国务院关于坚决遏制部分城市房价过快上涨的通知》（国发〔2010〕10号）发布后，仅有三家房地产企业通过IPO方式登陆A股。1998—2010年，通过借壳方式上市的房地产企业数量呈上升趋势，同样受到《国务院关于坚决遏制部分城市房价过快上涨的通知》（国发〔2010〕10号）的影响，2010年后借壳上市的房地产企业随之减少，但借壳上市仍然是房地产企业登陆A股的主要途径。

据金杜研究院统计，2000年至2019年3月，碧桂园、远洋集团、佳兆业集团等70家内地房地产企业登陆香港证券交易所。自《国务院关于坚决遏制部分城市房价过快上涨的通知》（国发〔2010〕10

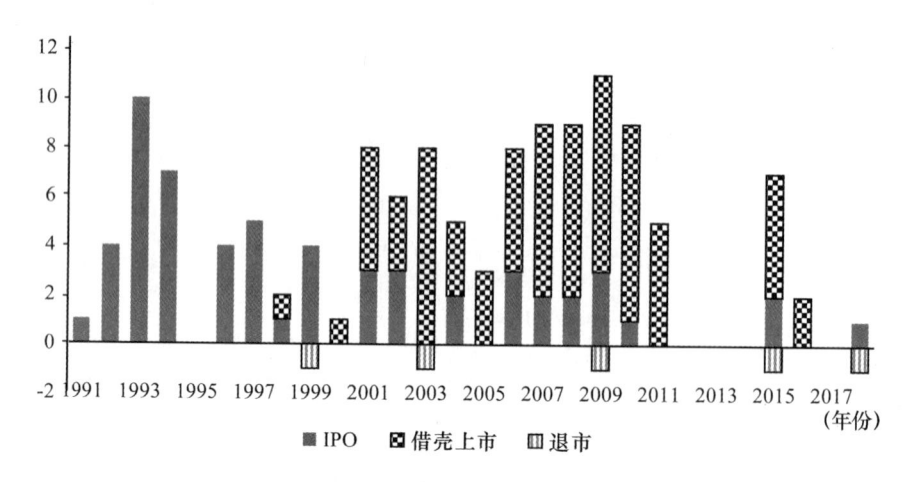

图 10-6　1991—2018 年房地产企业中国 A 股上市方式（数量）

资料来源：国泰安数据库，课题组整理。

号）发布以来，赴港上市的内地房地产企业共计 45 家，其中 2013 年 12 家，2014 年 9 家，2018 年 6 家。此外，2019 年，赴港上市排队的内地房地产企业已有十余家。在 A 股上市通道关闭、银行信贷紧缩的情况下，赴港上市或是海外上市成为内地房地产企业股权融资的重要方式。

综上，房地产企业登陆 A 股市场进行首次公开募股基本停滞，海外上市成为近年趋势。未来，国内大型房地产企业集团可以进一步拓宽海外市场，逐步走向国际化发展道路。

2. 借壳上市与股权再融资（SEO）

借壳上市也称重组上市，是指上市公司自控制权发生变更之日起 36 个月内，向收购人及其关联人购买资产，导致上市公司发生《上市公司重大资产重组管理办法》（证监会令〔2019〕159 号）第 13 条规定的根本变化情形之一的，且收购人符合《首次公开发行股票并上市管理办法》规定的其他发行条件的构成借壳上市。股权再融资

(seasoned equity offerings, SEO) 是指上市公司通过配股、增发和发行可转换债券等方式,在证券市场上进行的股权再融资。

自 2010 年 4 月以来,房地产企业 A 股股权融资基本停滞。据 Wind 统计数据显示,"国十条"发布后,房地产企业无公开增发、配股及可转债发行各发生 2 笔。股权融资主要依赖定向增发渠道,共计发生 112 笔。表 10-12 梳理了房地产企业借壳及 SEO 相关的监管政策。

表 10-12　　　　房地产企业借壳上市及 SEO 相关政策梳理

时间	文件	相关内容	政策方向
2010.4	《国务院关于坚决遏制部分城市房价过快上涨的通知》(国发〔2010〕10 号)	国土资源部门要加大专项整治和清理力度,严格依法查处土地闲置及炒地行为;对存在土地闲置及炒地行为的房地产开发企业,商业银行不得发放新开发项目贷款,证监部门暂停批准其上市、再融资和重大资产重组	房地产抑制
2013.2	《国务院办公厅关于继续做好房地产市场调控工作的通知》(国办发〔2013〕17 号)	对存在闲置土地和炒地、捂盘惜售、哄抬房价等违法违规行为的房地产开发企业,有关部门要建立联动机制,加大查处力度。国土资源部门要禁止其参加土地竞买,银行业金融机构不得发放新开发项目贷款,证券监管部门暂停批准其上市、再融资或重大资产重组,银行业监管部门要禁止其通过信托计划融资	房地产抑制
2013.9	《关于上市公司并购重组再融资涉及房地产业务提交相关报告的函》(上市一部函〔2013〕591 号)	明确需要提交专项核查报告的范围、申报材料要求	房地产强化监管

续表

时间	文件	相关内容	政策方向
2015.1	《证监会调整上市公司再融资、并购重组涉及房地产业务监管政策》（证监会）	上市公司再融资、并购重组涉及房地产业务的，国土资源部不再进行事前审查，对于是否存在土地闲置等问题认定，以国土资源部门公布的行政处罚信息为准；对于是否存在正在被（立案）调查的事项，中介机构应当充分核查披露	房地产促进
2017.2出台；2018.11修订	《关于引导规范上市公司融资行为的监管要求》（证监会）	上市公司申请非公开发行股票的，拟发行的股份数量不得超过本次发行前总股本的20%；上市公司申请增发、配股、非公开发行股票的，本次发行董事会决议日距离前次募集资金到位日原则上不得少于18个月	全行业抑制
2019.10	《关于修改〈上市公司重大资产重组管理办法〉的决定》（证监会令〔2019〕159号）	简化重组上市认定标准，取消"净利润"指标；将"累计首次原则"计算期间进一步缩短至36个月；恢复重组上市配套融资	并购重组促进

继《国务院办公厅关于继续做好房地产市场调控工作的通知》（国办发〔2013〕17号）发布后，2013年9月，中国证监会上市公司监管一部又颁布了《关于上市公司并购重组再融资涉及房地产业务提交相关报告的函》（上市一部函〔2013〕591号），明确提出专项检查要求：在国家对房地产调控政策持续期间，房地产行业上市公司、非房地产行业上市公司通过再融资募集资金投向涉及房地产开发业务

或重大资产重组置入住宅房地产开发业务的，应当提供企业土地综合信息及是否涉及闲置用地和炒地等违法违规问题的专项自查报告和保荐机构或独立财务顾问、律师的专项核查意见；通过再融资募集资金投向涉及商品房开发项目或重大资产重组置入商品房开发项目的，企业应提供企业在报告期内（最近三年及一期）的所有商品房地产开发项目是否存在捂盘惜售、哄抬房价等违法违规行为的专项自查报告和保荐机构或独立财务顾问、律师的专项核查意见。

2015年1月，证监会发布政策，上市公司再融资、并购重组涉及房地产业务的，国土资源部不再进行事前审查，对于是否存在土地闲置等问题认定，以国土资源部门公布的行政处罚信息为准；对于是否存在正在被（立案）调查的事项，中介机构应当充分核查披露。房地产企业再融资及并购融资政策监管趋松，2015—2016年共有7家企业通过重大资产重组实现借壳上市。

2017年2月，证监会修订《上市公司非公开发行股票实施细则》，同时发布《关于引导规范上市公司融资行为的监管要求》，对上市公司非公开增发股票的规模及频率进行限制，房地产企业股权再融资同样受到制约。

2019年10月，证监会发布《关于修改〈上市公司重大资产重组管理办法〉的决定》（证监会令〔2019〕159号），放松重组上市审核条件，上市公司实施并购重组的借壳上市方式出现转机。

总体来看，房地产企业上市及增发受到严格监管，但相比首次公开募股，借壳上市仍然存在机遇。尤其是国有房地产企业，通过改制借壳上市，进行股权再融资，是企业补足自有资本金的重要方式。

（三）混合类融资工具受金融政策管制

资产管理业务是指金融机构作为资产管理人，依照有关法律法规与客户签订资产管理合同，根据资产管理合同约定的方式、条件、要求及限制，对客户资产进行经营运作，为客户提供证券及其他金融产品投资管理服务的行为。近年来，基金、证券、银行、保险、信托、期货公司纷纷发行资产管理计划，我国资产管理业务得到快速发展，在满足居民和企业投融资需求、改善社会融资结构等方面发挥了积极作用。尤其对于房地产企业及其并购活动融资，资产管理计划是至关重要的融资工具。

按照监管方式，我国资产管理业务分为依照机构类型监管及依照产品类型监管两个阶段。2012年开始，证监会、原银监会、原保监会三大金融监管机构陆续出台资产管理业务管理办法及实施细则，依照金融机构类型分类监管资产管理业务。然而，资产管理计划依照机构类型监管存在部分业务发展不规范、多层嵌套、刚性兑付、规避金融监管和宏观调控等问题。

2018年4月，为规范金融机构资产管理业务，统一同类资产管理产品监管标准，有效防控金融风险，更好地服务实体经济，经国务院同意，中国人民银行、中国银行保险监督管理委员会、中国证券监督管理委员会、国家外汇管理局联合印发《关于规范金融机构资产管理业务的指导意见》（银发〔2018〕106号），金融机构资产管理业务进入依照产品类型、实施统一监管的阶段。它明确指出，资产管理业务是指银行、信托、证券、基金、期货、保险资产管理机构、金融资产投资公司等金融机构接受投资者委托，对受托的投资者财产进行投资和管理的金融服务。金融机构为委托人利益履行诚实信用、勤勉尽责义务，并收取相应的管理费用，委托人自担投资风险并获得收益。金融机构可以与委托人在合同中事先约定收取合理的业绩报酬，业绩报酬计入管理费，须与产品一一对应并逐个结算，不同产品之间不得相互串用。资产管理业务是金融机构的表外业务,金融机构开展资产管理业务时不得承诺保本保收益。出现兑付困难时,金融机构不得以任何形式垫资兑付。金融机构不得在表内开展资产管理业务。资产管理产品具体监管细则详见表10-13。

表10-13 资产管理产品具体管理规定

内容		细则
产品种类		包括但不限于人民币或外币形式的银行非保本理财产品,资金信托,证券公司、证券公司子公司、基金管理公司、基金管理子公司、期货公司、期货公司子公司、保险资产管理机构、金融资产投资公司发行的资产管理产品等。依据金融管理部门颁布规则开展的资产证券化业务,依据人力资源社会保障部门颁布规则发行的养老金产品除外[1]
产品分类	募集方式	公募产品面向不特定社会公众公开发行;私募产品面向合格投资者通过非公开方式发行[1]
	投资性质	固定收益类产品投资于存款、债券等债权类资产的比例不低于80%;权益类产品投资于股票、未上市企业股权等权益类资产的比例不低于80%;商品及金融衍生品类产品投资于商品及金融衍生品的比例不低于80%;混合类产品投资于债权类资产、权益类资产、商品及金融衍生品类资产且任一资产的投资比例未达到前三类产品标准[1]
投资范围		公募产品主要投资标准化债权类资产以及上市交易的股票,除法律法规和金融管理部门另有规定外,不得投资未上市企业股权。公募产品可以投资商品及金融衍生品,但应当符合法律法规以及金融管理部门的相关规定。私募产品的投资范围由合同约定,可以投资债权类资产、上市或挂牌交易的股票、未上市企业股权(含债转股)和受(收)益权以及符合法律法规规定的其他资产,并严格遵守投资者适当性管理要求。鼓励充分运用私募产品支持市场化、法治化债转股。[1] 公募资产管理产品除主要投资标准化债权类资产和上市交易的股票,还可以适当投资非标准化债权类资产,但应当符合《指导意见》[1]关于非标准化债权类资产投资的期限匹配、限额管理、信息披露等监管要求[2]

续表

内容	细则
期限匹配	为降低期限错配风险，金融机构应当强化资产管理产品久期管理，封闭式资产管理产品期限不得低于90天。资产管理产品直接或者间接投资于非标准化债权类资产的，非标准化债权类资产的终止日不得晚于封闭式资产管理产品的到期日或者开放式资产管理产品的最近一次开放日[1]
负债比例	每只开放式公募产品的总资产不得超过该产品净资产的140%，每只封闭式公募产品、每只私募产品的总资产不得超过该产品净资产的200%[1]
份额分级	分级私募产品的总资产不得超过该产品净资产的140%。固定收益类产品的分级比例不得超过3:1，权益类产品的分级比例不得超过1:1，商品及金融衍生品类产品、混合类产品的分级比例不得超过2:1[1]
嵌套限制	金融机构不得为其他金融机构的资产管理产品提供规避投资范围、杠杆约束等监管要求的通道服务。资产管理产品可以再投资一层资产管理产品，但所投资的资产管理产品不得再投资公募证券投资基金以外的资产管理产品。公募资产管理产品的受托机构应当为金融机构，私募资产管理产品的受托机构可以为私募基金管理人[1]
监管原则	机构监管与功能监管相结合、实行穿透式监管、强化宏观审慎管理、实现实时监管[1]

资料来源：[1]《关于规范金融机构资产管理业务的指导意见》（银发〔2018〕106号）；
[2]《关于进一步明确规范金融机构资产管理业务指导意见有关事项的通知》。

《关于规范金融机构资产管理业务的指导意见》（银发〔2018〕106号）将银行理财、信托计划及其他资产管理计划全部纳入金融机构资产管理业务的范畴进行统一管理。资产管理计划可以投资于债权类资产、权益类资产、商品及金融衍生品类资产，为企业提供多样化的融资组合。同时，资产管理计划投资需要满足期限匹配、负债比例限制、份额分级及嵌套限制。此外，资产管理业务依照机构监管与功能监管相结合、实行穿透式监管、强化宏观审慎管理、实现实时监管的原则进行管理，鼓励金融机构在依法合规、商业可持续的前提下，通过发行资产管理产品募集资金投向符合国家战略和产业政策要求、符合国家供给侧结构性改革政策要求的领域，鼓励金融机构通过发行资产管理产品募集资金支持经济结构转型，支持市场化、法治化债转股，降低企业杠杆率。

随着资产管理业务快速发展，2012年以来，金融监管机构发布的相关管理办法及实施细则数量繁多。此处将与房地产企业及其并购活动融资相关的监管政策进行梳理，详见表10-14。在房地产融资政策收紧及资产管理业务监管趋严的背景下，金融机构以资产管理计划满足房地产企业融资受到诸多限制。从并购活动的角度出发，中基协鼓励私募基金和资产管理计划参与上市公司并购重组，并对参与上市公司并购重组纾解股权质押问题的私募基金提供备案"绿色通道"服务。投资企业股权、补足自有资金的资产管理计划，成为未来房地产企业并购融资的重要途径之一。

表10-14　　　　　　　　资产管理业务相关政策梳理

时间	文件	相关内容	政策方向
2017.2	《证券期货经营机构私募资产管理计划备案管理规范第4号——私募资产管理计划投资房地产开发企业、项目》（中国基金业协会）	证券期货经营机构设立私募资产管理计划，投资于房地产价格上涨过快热点城市普通住宅地产项目的，暂不予备案；其中私募资产管理计划包括但不限于委托贷款、嵌套投资信托计划及其他金融产品、受让信托受益权及其他资产收（受）益权、以名股实债的方式受让房地产开发企业股权、中国证券投资基金业协会根据审慎监管原则认定的其他债权投资方式；	房地产抑制

续表

时间	文件	相关内容	政策方向
2017.2		热点城市包括北京、上海、广州、深圳、厦门、合肥、南京、苏州、无锡、杭州、天津、福州、武汉、郑州、济南、成都等16个城市；项目中同时包含多种类型住房的，计划募集资金不得用于项目中普通住宅地产建设	房地产抑制
2017.12	《关于规范银信类业务的通知》（银监发〔2017〕55号）	商业银行和信托公司开展银信类业务，应贯彻落实国家宏观调控政策，遵守相关法律法规，不得将信托资金违规投向房地产、地方政府融资平台、股票市场、产能过剩等限制或禁止领域	房地产抑制
2018.1	《关于进一步深化整治银行业市场乱象的通知》（银监发〔2018〕4号）	突出整治重点包括：违反房地产行业政策，直接或变相为房地产企业支付土地购置费用提供各类表内外融资，或以自身信用提供支持或通道；向"四证"不全、资本金未足额到位的商业性房地产开发项目提供融资；发放首付不合规的个人住房贷款；以充当筹资渠道或放款通道等方式，直接或间接为各类机构发放首付贷等行为提供便利；综合消费贷款、个人经营性贷款、信用卡透支等资金用于购房等	房地产抑制

续表

时间	文件	相关内容	政策方向
2018.10	《关于对参与上市公司并购重组纾解股权质押问题的私募基金提供备案"绿色通道"相关安排的通知》（中国证券投资基金业协会）	针对参与上市公司并购重组交易的私募基金和资产管理计划的新增产品备案申请，中基协将在材料齐备后2个工作日内完成备案并对外公示；针对已备案私募基金、资产管理计划因参与上市公司并购重组交易申请变更相关投资策略、投资范围等基金合同（合伙协议或基金公司章程）内容所提交的产品重大事项变更申请，协会将在材料齐备后2个工作日内完成基金重大事项变更手续	并购重组促进
2019.5	《关于开展"巩固治乱象成果促进合规建设"工作的通知》（银保监发〔2019〕23号）	整治银行机构、非银行机构（保险、信托、资产管理、金融租赁等）向"四证"不全、开发商或其控股股东资质不达标、资本金未足额到位的房地产开发项目直接提供融资，或通过股权投资+股东借款、股权投资+债权认购劣后、应收账款、特定资产收益权等方式变相提供融资；直接或变相为房地产企业缴交土地出让价款提供融资，直接或变相为房地产企业发放流动资金贷款；违规将表内外资金直接或间接投向"两高一剩"等限制或禁止领域等	房地产抑制

案例10-2 "并购基金+资产管理计划"监管要点

"并购基金+资产管理计划"交易结构,如图10-7所示。

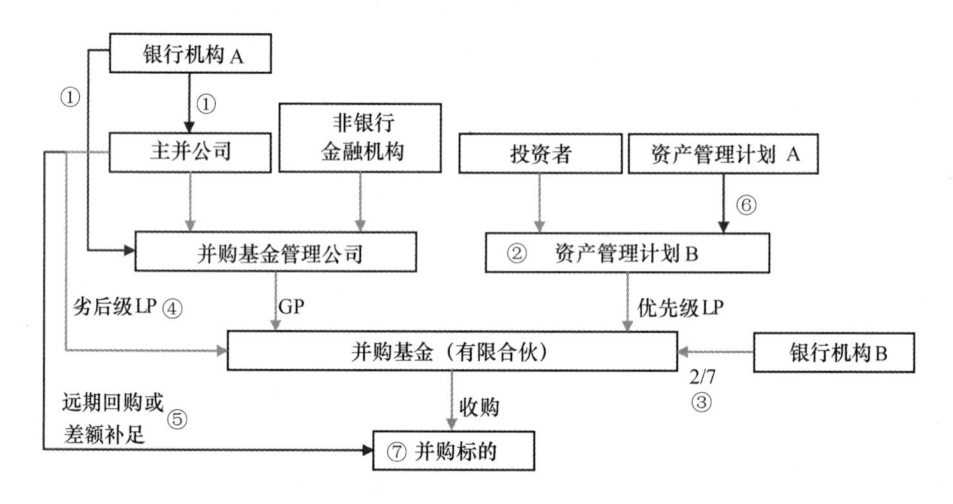

图10-7 "并购基金+资产管理计划"交易结构

监管要点:

(1)投资者不得使用贷款、发行债券等筹集的非自有资金投资资产管理产品,主并企业及并购基金管理公司均不得通过银行机构A获得贷款补足自有资金。

(2)资产管理产品直接或者间接投资于非标准化债权类资产的,非标准化债权类资产的终止日不得晚于封闭式资产管理产品的到期日或者开放式资产管理产品的最近一次开放日。资产管理计划B须与并购基金期限匹配。

(3)分级私募产品的总资产不得超过该产品净资产的140%,即负债比例不得超过2/7。

（4）权益类产品份额分级比例不得超过 1:1。固定收益类产品的分级比例不得超过 3:1，商品及金融衍生品类产品、混合类产品的分级比例不得超过 2:1。

（5）禁止名股实债，分级资产管理产品不得直接或者间接对优先级份额认购者提供保本保收益安排。

（6）禁止多层嵌套，银行理财、信托计划等资产管理计划（资产管理计划 A）禁止作为资产管理计划 B 的投资人。

（7）实施穿透监管原则，符合房地产行业政策，禁止直接或变相为房地产企业支付土地购置费用提供各类表内外融资，不得向"四证"不全、资本金未足额到位的商业性房地产开发项目提供融资；拟并购土地项目应当完成在建工程开发投资总额的 25% 以上。

在"大资管"监管日趋统一、完备的今天，房地产企业通过资产管理计划实现融资的难度逐渐增加，存量资产管理计划可能触发监管红线，未来金融机构设计金融合约更须谨防违规风险。

第二节 金融机构对房地产企业并购融资的风险控制

金融机构开展房地产并购融资除了考察融资企业本身的风险特征外，更应穿透底层标的，重点关注并购项目的潜在风险。房地产并购多以土地资源或开发项目取得为目的，在宏观调控的影响下，房地产企业融资受到严格的金融监管，合法合规是金融机构融资项目筛选的首要因素。同时，由于房地产开发项目具有融资规模大、建设周期长的特征，金融机构资金周转及资金回收至关重要。

以资金是否交付为分割点对房地产并购融资业务进行划分。对于信贷类业务，贷前阶段通常包括借款人发起融资需求、金融机构开展尽职调查、达成审批方案，贷后阶段是指从贷款发放之日起至贷款还清解除之日止，对于连续逾期的借款人需要进行贷款催收程序。对于投资类业务，投前阶段是指投资者从项目筛选、尽职调查到交易意向达成的过程，投后阶段是指投资完成、运营管理、增值服务至投资退出的过程。

金融机构在融资业务中充当债权人角色或股东角色时存在目标差异，前者以保障资金安全、收回信贷本息为目标，后者旨在通过投资活动实现资本保值增值。因而，两类金融机构对资金投放前后的工作侧重程度不同，与融资企业形成借贷关系的金融机构通常更注重贷前管理，贷后管理相对弱化；与融资企业形成投资关系的金融机构不仅需要在投前严格筛选，投后阶段仍要关注企业开发及经营状况，帮助企业培育或运营项目。

因此，金融机构控制房地产企业并购融资风险时应重点关注如下两类贷前或投前要点、一类投后要点。

一 严格项目筛选并坚守合法合规底线

房地产业受到调控政策严格限制，金融行业逐步进入统一监管时代，金融机构开展房地产并购融资业务面临多部门"组合"监管。因此，满足房地产并购项目融资时，金融机构不仅要符合金融监管要求，也须落实宏观调控及产业政策，严格项目筛选，谨防违规风险，坚守合法合规的底线。

房地产企业融资具有很强的政策导向。2010年以来，为了抑制房价过快增长，国务院下发了《关于坚决遏制部分城市房价过快上涨的通知》（国发〔2010〕10号），住房和城乡建设部、国土资源部、人民银行、银保监会、财政部等多部委联合出台"组合拳"，调控房地产市场，房地产企业融资环境总体趋向收紧。银行贷款、股权融资、债券融资及非标融资政策依照穿透原则管理，众多调控政策用以剔除投机行为，抑制房地产开发变相融资。金融机构满足房地产企业并购融资也须贯彻落实国家重大政策措施，推动落实国家货币政策、产业政策等宏观调控政策措施，充分考虑国家产业、土地、环保等相关政策，符合《中华人民共和国城市房地产管理法》《中华人民共和国土地管理法》《中华人民共和国城乡规划法》等相关法律要求。

在金融监管方面，近年来，随着金融行业壁垒逐渐消融，机构间跨行业合作越来越频繁，金融乱象推动金融监管体系改革。2018年，"一委一行两会"的新格局替代了历时15年的"一行三会"的金融监管格局。其中，"一委一行两会"即国务院金融稳定发展委员会、中国人民银行、中国证监会及中国银保监会。新格局解决了旧体制存在的监管职责不清晰、交叉监管和监管空白等问题，强化综合监管，优化监管配置，更好统筹系统重要性金融机构监管，对于统一监管标准、减少沟通成本、杜绝监管套利具有重要意义。目前，资产管理产品、影子银行、互联网金融等多种融资工具实现统一化强监管，金融机构跨行业合作中的交叉监管和监管空白基本消除。重要的金融法律包括《中华人民共和国中国人民银行法》《中华人民共和国商业银行法》《中华人民共和国公司法》《中华人民共和国证券法》《中华人民共和国票据法》《中华人民共和国担保法》《中华人民共和国保险法》《中华人民共和国信托法》《中华人民共和国证券投资基金法》《中华人民共和国银行业监督管理法》《中华人民共和国合同法》《企业债券管理条例》《贷款通则》等。

在房地产企业的资金来源中，信贷资金至关重要。据新华社报道，根据2017年中国银监系统监管处罚情况，涉及房地产的罚单共有109张，其中，违规向房地产企业发放贷款的罚单55张，违规向个人发放住房按揭贷款的罚单44张，信贷资金违规流入房地产领域的罚单12张；从处罚金额来看，违规向房地产企业发放贷款的处罚力度最大，其中，贷款资金违规用于拿地、向"四证"不齐的房地产公司发放贷款、违规向房地产企业发放流动资金贷款是三种主要表现形式，且资金通过嵌套通道流向房地产企业是监管的重中之重。2018年起，随着金融监管体系改革，监管趋于统一化、标准化，违法处罚数量及力度进一步提升。2018年超过30家银行因贷款违规"涉房"受到行政处罚，处罚对象包括国有大行、股份制银行等大中型银行和农商行、城商行、村镇银行等中小机构[1]，2019年前三季度，"涉房"罚单已超过120张，罚款金额逾亿元[2]。

在监管趋严的背景下，债权类及依托资产管理计划投资的股权类金融机构开展房地产并购融资业务需要高度审慎，严守合法合规底线。

---

[1] 经济参考报：《银监系统2018年开出逾3800张罚单》，2019年11月2日，新华网（http://www.xinhuanet.com/money/2019-01/10/c_1123969881.htm）。

[2] 中国经济网官方账号：《重锤！罚金逾亿元，罚单超120张，监管严惩银行信托资金违规"输血"房地产》，2019年11月2日，中国经济网（https://baijiahao.baidu.com/s?id=1647276501350392097&wfr=spider&for=pc）。

二 充分尽职调查并合理制定融资审批方案

金融机构针对房地产企业开展融资业务,应当进行充分有效的尽职调查。在尽职调查中,金融机构须获取企业基本资料及并购方案书,深入了解房地产企业的资质、财务结构、信用状况、以往开发经历,以及房地产项目的自有资本金、"四证"取得、开发前景及还款安排等情况,确保房地产并购业务的合法性、合规性和可行性;严格落实房地产贷款担保,保证担保真实、合法、有效,尽职调查具体要点如表 10-15 所示。同时,金融机构还须获取验资报告、审计报告、资产评估报告及法律意见书等资料,通过第三方鉴证,充分核查企业提交信息的真实性与可靠性。

表 10-15 金融机构开展房地产并购融资业务尽职调查要点

项目背景	项目概况	并购方案简介、项目取得"四证"情况、项目转让原因等
交易双方	企业基本情况	包括但不限于企业名称、成立时间、注册资金、注册地址、法定代表人、经营范围、开发资质、以往开发记录及在建项目等
	股权结构	以网状图或表格的形式列出,需要追溯到实际控制人,识别并购双方是否存在关联关系
	组织结构	以网状图的形式列出
	股东背景	介绍各股东背景,重点介绍控股股东从业经历、过往开发房地产项目情况等
	高管情况介绍	法定代表人、财务总监、项目负责人等
	财务状况	资产负债表、利润表、现金流量表
	征信情况	通过中国人民银行征信系统、行业研究报告、报纸杂志等多种方式

续表

项目背景	项目概况	并购方案简介、项目取得"四证"情况、项目转让原因等
项目分析	项目基本情况	所处城市区位、区域功能定位、项目开发面积、容积率、业态构成、开发进度等
	项目市场情况	项目所在地经济发展情况、当地房地产市场总体情况、项目周边交通和配套、周边主要土地成交情况、周边竞品分析等
	项目分析	项目投资测算、建设成本预测、资金安排、销售预测、财务效益评估、盈亏平衡分析等
还款来源	还款来源介绍	项目还款资金主要来源
	项目现金流分析	正常情况下的现金流、压力测试下的现金流
授信方案	基本要素	融资申请人、融资项目名称、申请融资金额、融资期限、融资用途、融资方式、融资息费成本、还本付息方式等
	交易结构	项目进入、项目退出、项目公司管理
风控措施	授信用途合规合理性	分析授信用途是否合法合规，并购贷款用途是否合法合规
	担保措施分析	抵押担保分析、质押担保分析、保证担保措施分析
	还款方式分析	介绍还款方案设计思路，选择按销售进度还款、按平方米备偿、按刚性节点还款等
	其他监管措施	项目预售资金管理方案，包括监管账户唯一性、用款审核、印鉴管理等

资料来源：课题组整理。

由于收并购项目通常涉及多个企业主体，金融机构、主并企业、目标企业（或项目）三者间的代理关系及信息传递机制更加复杂，也使此类项目中的信息不对称问题更为突出，进而提高违规风险，降低资金安全。结合表10-15中的尽职调查要点，金融机构开展房地产企业并购融资尽职调查时，应重点关注如下三个方面。

第一，查验主并企业合规资质，重点核实并购交易的真实性以及并购交易的原因和目的。收集并购双方的企业基本资料，获取并购双方达成的并购交易意向书（或框架协议）及相关会议纪要、原有债权债务处理方案、并购双方董事会或股东大会的并购议案及决议等项目相关资料，充分验证并购交易的真实性、可靠性。与并购双方的实际控制人或并购项目负责人进行会谈，全面了解并购交易产生的背景、交易方案设计的关键决策点，重点调查标的方出售股份或资产的原因及主并方收购企业或资产的目的。明确并购交易双方是否存在关联关系，避免关联方交易套取资金。此外，并购交易涉及国有资产的，同时获取国有主管部门关于国有资产转让的审批材料；涉及上市公司的，同时调查证监会、上交所或深交所相关程序的履行情况；涉及对外投资的，同时调查主并公司资本项下外汇进出情况、获取国家外汇管理部门的相关批复文件。

第二，调查了解并购项目的核心标的，客观、合理地评估标的价值及风险，判断并购合同中交易价格的公允性。当并购项目旨在整体收购标的企业时，金融机构应当获取并购交易双方的历史财务会计报告、核心资产产权证书及核心技术或专利认证书等企业重要资料，同时获取会计师事务所出具的审计报告、评估机构出具的资产评估报告以及律师事务所就标的方是否存在债权债务纠纷出具的法律意见书等第三方鉴证，从而全面、客观地评估并购价值，确保交易价格与市场价格间不存在显著差异。此外，由于房地产行业的特殊性，开发项目层面的并购占全部并购事件半数以上，且并购项目的核心标的多为土地。因而，金融机构开展房地产项目并购融资业务时，若判别并购项目的核心标的资产为土地，则须严格审验土地属地、属性及是否"四证"齐全，对于以出让方式取得土地使用权的土地，须同时满足土地使用权出让金足额缴纳、拟并购的房屋建设工程完成在建工程开发投资总额（不包括土地出让金）的25%以上等房地产开发监管条件。

第三，根据并购交易方案、主并企业融资方案及并购后企业（或资源）整合方案，合理制订融资审批方案。通过审核并购交易方案、主并企业融资方案及并购后企业（或资源）整合方案，金融机构掌握并购活动全部细节，进而根据并购活动进度及主并企业融资能力、担保情况、用款及还款安排设计资金审批方案。此外，根据贷前或投前尽职调查报告，针对不同的融资项目特征罗列风险提示清单，将贷前或投前所掌握的项目风险细节充分向贷后或投后管理部门反映，便于资金交付后及时衔接管理工作。

三　强化贷后管理并保障资金回收

密切监控贷款及投资情况，加强项目贷后或投后管理，保障资金回收。对于投资类业务，投后管理对提升项目价值起到关键作用，特别是对于新兴产业或政策变化快的成熟产业，高质量的项目运营、风险控制及增值服务能够显著提升项目整体绩效。对于房地产企业并购活动，尤其是城市更新、特色小镇、长租公寓等地产创新领域，传统的"拿地—盖房—卖房"的商业模式难以适应，专业的法律及公关、优质的项目管理及运营亟待注入此类创新地产项目。金融机构应当建立完善的投后管理体系及团队，集聚财务管理、生产运营、管理团队建设、信息支持、风险防控、法律顾问各方力量，协调配合，充分提高创新地产项目的运营及管理水平，同时扬长补短，提供专业的决策管理及价值增值性服务，实现投融资功能，保障权益类金融机构投资收益。

对于信贷类业务，贷前尽职调查及融资审批方案的制订与贷后管理具有一定的互补性，贷前严格把关，贷后管理则相对弱化。根据《固定资产贷款管理暂行办法》（银监会令 2009 第 2 号）第六章相关规定，金融机构开展信贷业务应当做好贷后管理，定期对借款人和项目发起人的履约情况及信用状况、项目的建设和运营情况、宏观经济变化和市场波动情况、贷款担保的变动情况等进行检查与分析，建立贷款质量监控制度和贷款风险预警体系；出现可能影响贷款安全的不利情形时，贷款人应对贷款风险进行重新评价并采取针对性措施。金融机构应当进行定期检查及专项检查，前者包括贷款用途、生产经营情况、偿债能力、抵押担保物情况等，后者涉及借款企业及企业实际控制人（或高管成员）是否存在负面报道、违规处罚或重要人事变更、工程是否出现重大安全事故等其他可能降低借款人还本付息能力的负面事件。对于房地产企业并购融资项目，金融机构还应启动工程进度追踪及预售金监管流程等。房地产行业整合是提高行业发展质量的重要方式，对于优化社会资源配置、提升土地利用效率、盘活不良资产具有积极作用。在供给侧改革和"脱虚向实"的背景下，激烈的市场竞争能够促进房地产行业优胜劣汰选择机制的构建，推动大型企业强强联合、发挥专长，专注发展房地产主业，进一步提升产品质量，提高房地产行业科技水平及服务能力。

收并购是大型房地产企业进一步扩大做强的重要手段，有利于头部企业快速实现规模经济，拓宽区域市场，发挥品牌优势，增强融资能力，在我国经济下行压力增大、产业调控及金融监管趋严、市场竞争日益激烈的外部环境中保持较强或更强的抗风险能力，全面提升企业综合实力及核心竞争力。对于小型房地产企业或房地产项目公司，并购是其安全退出市场竞争的重要出路，有利于企业盘活资产、收回投资，降低小企业的风险及损失，实现多方共赢。

当前，房地产行业整体规模快速扩张的时代基本结束，未来发展进入并购重组的关键时期，大型房地产企业的市场占有率仍会进一步提升。当然，监管部门应防范垄断，保持市场平稳、健康、可持续发展。

参考文献

崔永梅、余璇:《基于流程的战略性并购内部控制评价研究》,《会计研究》2011年第6期。

李求军:《房地产开发:从"香港模式"到"美国模式"》,《中国房地产》2008年第8期。

李曜:《公司并购与重组导论》,上海财经大学出版社2006年版。

李震邦:《香港房地产发展的周期波动及应对策略研究》,博士学位论文,江西财经大学,2019年。

刘晓洁:《当前美国房地产走势及趋势分析》,《中国证券期货》2009年第4期。

刘轩:《房地产泡沫与日本经验教训的借鉴》,《南开日本研究》2018年第00期。

吕添贵、王雅文:《发达国家房地产市场发展历程特征及其启示——基于澳大利亚、韩国和德国的对比研究》,《中国房地产》2019年第12期。

罗波、钱存华:《香港房地产企业并购与内地房地产企业并购比较研究》,《科技经济市场》2008年第8期。

骆玉兰:《德国房地产市场发展经验对中国的借鉴意义》,《北方经贸》2016 年第 12 期。

穆子犁：《提升房地产行业集中度会导致行业垄断吗?》，《上海房地》2018 年第 6 期。

普华永道咨询（深圳）有限公司：《普华永道房地产行业并购 2017 年全面回顾》，2017 年。

谭华清：《驱动我国股票市场大周期的主要因素有哪些——基于 2000 年以来历史数据的分析》，《国际金融》2019 年第 9 期。

唐清泉、韩宏稳：《关联并购与公司价值：会计稳健性的治理作用》，《南开管理评论》2018 年第 3 期。

汪宏程：《德国租购并重的房地产发展模式》，《中国金融》2018 年第 10 期。

王璇：《房地产行业政府宏观调控政策绩效研究》，硕士学位论文，南昌大学，2014 年。

王元华、张永岳：《城镇化与房地产市场发展研究——基于国际比较视角》，《山东财政学院学报》2013 年第 5 期。

夏磊：《什么是房企资产负债率的合理水平？——行业对比和国际视角》，《和讯名家》2019 年 11 月 22 日。

夏磊：《香港房地产大佬称霸史》，《地产》2019 年第 9 期。

肖遥：《房地产业集中度加速提升房企转型开拓发展新空间》，《中国建设报》2019 年 1 月 8 日。

许芷晴：《香港房地产市场状况分析》，《当代港澳研究》2018 年第 3 期。

杨公朴、夏大慰主编：《现代产业经济学》，上海财经大学出版社 1999 年版。

杨剑泳：《房地产企业横向并购动因及绩效评价研究》，硕士学位论文,河南财经政法大学,2019年。

杨剑泳、俞明轩:《房地产企业横向并购绩效评价研究——以阳光城地产为例》,《中国房地产》2019年第24期。

杨艳等:《企业生命周期、政治关联与并购策略》,《管理评论》2014年第10期。

亦云、丁晓春:《透视美国房地产四大神话》,《中外房地产导报》2006年第11期。

郑荣卿、宋华人:《中国当前房地产市场泡沫程度研究——基于国际间数据的对比分析》,《当代经济》2016年第22期。

中国指数研究院:《房企如何应对周期波动——以美国为鉴》,《中国房地产》2019年第5期。

钟小根:《严控房地产发展,控制泡沫不破——日本房地产泡沫破裂的启示》,《上海房地》2018年第12期。

周骏宇:《德国是如何做实房地产"居住"属性的》,《上海房地》2018年第7期。

邹辉文、黄明星:《基于股价异常波动的中国股市监管效率实证分析》,《财经研究》2010年第1期。

邹阳:《房地产项目并购中几种法律风险防范——基于经办案例分析》,《仲裁研究》2012年第2期。

Francesco Moscone, Elisa Tosetti, and Alessandra Canepa, "Real Estate Market and Financial Stability in US Metropolitan Areas: A Dynamic Model with Spatial Effects", *Regional Science and Urban Economics*, *MEMO*, No. 49, 2014.

John Lorinc, "Real Estate's Budding Industry", *Building*, Vol. 69, No. 1,

2019.

Hodrick, R. J., and Prescott, E. C., "Postwar US Business Cycles: An Empirical Investigation", *Journal of Money, Credit, and Banking*, *MEMO*, 1997.

Brouther K. D., Hastenburg P. V., and Joran V. D. V., "If Most Mergers Fail Why are They so Popular?", *Long Range Planning*, Vol. 31, No. 3, 1998.

Gaughan P. A., *Maximizing Corporate Value through Mergers and Acquisitions: A Strategic Growth Guide*, John Wiley & Sons, 2013.

Jensen M. C., and Meckling W. H., "Theory of the Firm: Managerial Behavior, Agency Costs and Ownership Structure", *Journal of Financial Economics*, Vol. 3, No. 4, 1976.